普通高等教育“十二五”规划教材

信息检索教程

主　编　李晓艳　赵文凯
副主编　刘　颖　齐先飞　万　岩

中国石化出版社

内 容 提 要

本书根据非图书馆学、情报学专业学生的特点和需要，结合信息传递技术与信息检索方法的变化，深入浅出地介绍了信息检索的基本理论知识；详细介绍了世界著名检索工具书的使用方法；重点推出了计算机与网络技术在信息检索中的应用以及相关的各种数据库和网络资源的使用方法。书中增加了学位论文写作的内容，希望能为学生撰写毕业论文提供一些帮助。

本书适用于石油化工、机械仪表、电气自动化、法律、经贸等专业的本科生、研究生以及教学、科研、工程技术人员等在信息检索时使用。

图书在版编目(CIP)数据

信息检索教程/李晓艳，赵文凯主编.—北京：中国石化出版社，2013.2(2017.6 重印)
普通高等教育"十二五"规划教材
ISBN 978-7-5114-1941-5

Ⅰ.①信… Ⅱ.①李… ②赵… Ⅲ.①情报检索-高等学校-教材 Ⅳ.①G252.7

中国版本图书馆 CIP 数据核字(2013)第 016174 号

中国石化出版社出版发行

地址:北京市朝阳区吉市口路 9 号
邮编:100020 电话:(010)59964500
发行部电话:(010)59964526
http://www.sinopec-press.com
E-mail:press@sinopec.com
北京富泰印刷有限责任公司印刷
全国各地新华书店经销

*

787×1092 毫米 16 开本 13.25 印张 318 千字
2013 年 2 月第 1 版 2017 年 6 月第 3 次印刷
定价:25.00 元

前　言

我们面临的是一个崭新的信息社会，信息已成为当今社会发展的重要战略资源。信息检索作为专门研究信息存储与信息获取的学科，对于提高大学生的信息素养和信息获取能力具有重要的意义。

随着出版技术和计算机技术的迅速发展，信息的生成方式更加便捷、多样、有效。信息传递和交流的渠道、服务模式也越来越复杂，可以解决的实际问题也越来越多，其社会作用也越来越大。在知识经济和高新技术迅猛发展的今天，不论是谁，也不论你是从事管理、科学研究、生产技术、教学或工商贸易等工作，要想取得理想的成绩，都必须以相应的信息作保证。而相应的信息的获得，则依赖于信息检索的方法。人们通过信息检索，可以在浩如烟海的信息中，快速、准确、有效、经济地获得有针对性的知识，及时满足人们在学习和工作中的需要，有针对性地解决科研和生产中遇到的问题，并为未来的发展制订切实可行的计划。

本书主要是针对非图书馆学、情报学专业的学生而编写的信息检索教程。教程编写的参与者都是长期从事参考咨询和信息检索教学的一线教师。这些教师不但具有熟练的信息检索技巧，同时拥有丰富的信息检索课的教学经验。这本教程无疑是他们长期工作经验的总结和释放。

教程根据非图书馆学、情报学专业学生的特点，深入浅出地介绍了信息检索的基本理论知识；详细介绍了各种著名检索工具书的使用方法；重点推出了计算机与网络技术在信息检索中的应用以及相关的各种数据库和网络资源的检索方法。为了满足学生撰写毕业论文的需要，教程中增加了学位论文写作的内容，期待为应届毕业生提供一些帮助。

全书共分 10 章，各个章节的编写人员如下。

刘颖：第 1 章、第 2 章和第 6 章。

李晓艳、李华和郭巍：第 3 章、第 4 章及第 10 章。

万岩：第 5 章。

齐先飞：第 7—9 章。

全书由赵文凯、李晓艳策划，并对书稿进行统筹、修改和定稿。

在教程的编写过程中，张凤坤老师在世时给予了很多帮助。在此，特别予以感谢！

由于时间仓促，加之水平有限，书中错误在所难免，敬请广大读者批评指正。

目　录

§1 绪　　论

1.1 信息概述

1.1.1 信息的概念

21 世纪被称为信息化时代，以知识创新为主体的知识经济将成为这个世纪社会发展的方向。在知识经济时代，信息广泛渗透到经济、科技、文化的各个学科领域乃至人类生活的各个方面，它是一种极其重要的经济资源、战略资源，人们已经将信息资源与能量资源、物质资源统称为当代社会的三大资源。我们随时随地都在自觉不自觉地接受、传递、存储和利用各种信息，毫无疑问，人类社会已经进入信息时代。

然而，对于什么是信息，人们至今也没有一个严格统一的定义。我国《辞海》中对信息的定义是："信息是指对消息接受者来说预先不知道的报道"。日本广辞苑对信息的解释是："信息是对某种事物的预报"。我国国家标准《信息与文献术语》(GB 4894—2009)中指出："信息是物质存在的一种方式、形态和运动状态，也是事物的一种普遍属性，一般指数据、消息中所包含的意义，可以使消息中所描述事件的不确定性减少。"信息论的奠基人、美国数学家克劳德·香农对信息的定义是："信息是用来消除不确定性的东西"。控制论的创始人美国科学家维纳对信息的阐述是："信息是人们在适应外部世界并使这种适应反作用于外部世界的过程中，同外部世界进行交换的内容的名称。"

从上述种种的说法可以看出，学术界对于信息的概念没有一个严格统一的意见，但通过各种对信息的解释当中，我们可以得出这样的结论：第一，信息的内容是客观的，是不以人的意志为转移的；第二，信息的形式是主观形成的，即信息是人们对客观事物的认知，是通过人们对客观事物的判断、推理而形成的主观认识；第三，信息是一切物质的基本属性，任何物质都可以成为信息源，任何物质都可以产生信息，任何物质的运动过程都离不开信息的运动过程。我们可以从上述概念归纳出信息的概念：信息是所有事物的存在方式和运动状态的反映，并借助于一定的物质载体传输和存储。

作为信息检索者来说，我们要获取和利用信息，必须具备对信息的认识能力，其中包括信息意识、信息查找技能和信息的分析评价能力等。

1.1.2 信息、知识、情报、文献的关系

1.1.2.1 知识

《辞海》中对知识的定义是："知识是人类认识的成果或结晶"。知识是人类在改造客观世界的实践中所获得的认识与经验的总结，是人的主观世界对于客观世界的概括和反映，是人的大脑通过思维对客观事物本质与规律性的认识和掌握。知识可分为感性知识和理性知识。理性知识，是人们在对客观事物认识的基础上，经过思维、逻辑加工的知识，构成知识体系；感性知识是对客观事物的描述和对现象、事实的感知，是未经逻辑加工的知识。因此，人类不仅要通过信息感知世界，认识世界，还要根据获得的信息组成知识。由此可见，知识是信息的一部分。但信息能否转化为知识，转化得是否充分、完整，则完全因人而异，这主要取决于信息接受方的认知能力。

1.1.2.2 情报

情报是人们在一定时间内为一定的目的而收集、整理、加工的有使用价值的知识或信息。情报和信息在英文中为同一个单词 Information，但信息的外延比情报广，信息包括情报。最早的情报是与军事需求密不可分的，主要是战时关于敌情的通报。随着科技情报的出现，产生了科技情报事业，并成为情报业的主流。进入现代，大多以科技信息来代替科技情报的名称。而知识性、传递性和效用性是情报的基本属性，可见文献记录中的知识不一定都是情报，而情报也不一定都是文献记录的知识，因为情报还能以语言、信号等非文献形式存在。

1.1.2.3 文献

我国的国家标准《文献著录总则》中对文献定义为："文献是记录有知识的一切载体。"从这个定义中我们可以看出构成文献的三个主要要素：知识、载体和记录手段。虽然随着科学技术的飞速发展，知识的记录手段与存储载体不断推陈出新，使文献概念的外延不断扩大，但构成文献的三个基本要素没有改变。文献的主要作用是存储、传播、交流知识和信息，是人们了解过去、认识现在和预测未来的重要依据，是传播知识和信息的主要手段和途径。因此，人们已经习惯于从文献中获取知识和信息，将其视为知识或信息的源泉。

综上所述，信息、知识、情报、文献的关系是相辅相成，互相包含又独立存在的，可以这样说：信息是事物运动的状态和方式及其反映；知识是人类通过信息对自然界、人类社会及其思维方式与运动规律的认识，是人的大脑通过思维重新组合的系统化的信息；情报是对用户有利用价值的知识信息；文献是记录、存储、传播知识信息的载体，也是信息和情报的载体。简单地说，知识是系统化的信息；文献是静态的、记录的知识；情报是动态的、传递的知识。它们在一定条件下是可以相互转化的。学术界比较一致的看法是：信息 > 知识 > 情报，而文献与情报的关系十分密切，有所交叉。

1.1.3 信息的特性

分析研究信息的特性，不仅有利于加深对信息概念的理解，而且更有助于对信息资源的利用。通过对信息概念及含义的分析，我们可以总结出信息具有以下特性：

1.1.3.1 客观性

信息是客观存在的，因为信息是产生于物质的，信息产生后又必须依附于物质。信息

的根源是物质世界，信息是物质的基本属性，由于物质是客观存在的，因此信息也是不以人的意志为转移的客观存在。它的存在可以被人们感知、获取、传递和利用，客观、真实是信息最重要的本质特性。

1.1.3.2　时效性

信息具有较强的时效性。由于客观世界是不断发展变化的，而反映事物存在方式和运动状态的信息也必然会随之改变。在现代社会中，信息的使用周期在不断地缩短，信息的价值实现取决于对其及时地把握和利用，如果不能及时地利用最新的信息，信息的价值就会随着时间的推移而贬值甚至毫无价值，如时效性很强的天气预报、股票信息、交易信息、科学信息等。这就是信息的时效性，即时间与效能的统一。

1.1.3.3　传递性

信息依附在一定的载体上进行流通和传递，才能被广大的信息用户接受和使用。信息的运动过程，就是信息传递和反馈的过程，信息的获取必须依赖于信息的传递。它依附的载体是多种多样的，如声波、电磁波、纸张、化学物质等等，其表现方式也可以多种多样，如文字、语言、符号、图像、代码等等。不同载体和形式的信息可以通过多种手段传递给大众，信息可以全向传递，也可以定向传递。这种传递特性是实现信息资源共享的基础，是将信息最大化利用的保证。

1.1.3.4　共享性

信息的共享性是指同一内容的信息，可能在同时或不同时被两个或两个以上的用户使用，并且信息的提供者并不因此而损失原有信息内容和信息量。我们对信息的收集、整理、加工、存储，其目的主要就是使信息能够被共享。信息的共享性可以提高信息的利用率，人们可以在他人的研究成果的基础上进行研究创造，避免重复劳动。但信息的共享性并不排除某些特殊信息的独占性和利用的有偿性，如军事、商业、专利信息等。

1.2　信息资源

1.2.1　信息资源的概念

在了解信息资源的概念之前，我们要先知道什么是信息源。信息源，顾名思义，就是信息的来源，是信息产生的起始点。人类对于自然界和社会知识的认识无不来源于科研生产实践，科学研究人员、工程技术人员和一切参与物质资料生产的人们所从事的科技活动、生产活动及其成果，都是信息发生的源泉。这就是说只有客观世界才是信息真正的源头，这也是信息的特性之一——客观性，但并非所有的信息源都是信息资源，只有经过人类加工后，可以被利用的信息才能称为信息资源。信息资源是可利用的信息的集合，是高质量、高纯度的信息源。

信息资源的概念是随着现代信息技术的发展而被人们广泛接受的。有美国学者这样阐述信息资源：信息资源等于文献信息；信息资源等于数据；信息资源等于多种媒介和形式的信息(如文字、图像、声音、印刷品、电子信息、数据库)；信息资源等于信息活动中各种要素的总称(包括信息、设备、技术和人等)。国内有学者认为：从信息资源所描述的对象来看，信息资源由自然信息资源、机器信息资源和社会信息资源、实物信息资源组成；

从载体和存储方式来看，信息资源由天然型信息资源、智力型信息资源、实物型信息资源和文献型信息资源等组成；从信息资源的内容来看，信息资源由政治、法律、军事、经济、管理、科技等信息资源组成；从信息资源的反映面来看，信息资源由宏观信息资源、微观信息资源组成；从信息资源的开发程度来看，信息资源由未开发的信息资源(信息原料)和已开发的信息资源(信息产品)组成。

信息资源是经过人类的选择、整理、有序化的有用的信息的集合。与其他资源相比，信息资源具有可再生性和可共享性。可再生性是指它可以反复利用而不失去或减少它的使用价值；可共享性是指能够为多人同时分享并不失去信息量。而且随着人们对其不断的开发利用，其信息含量和内容还会更加丰富和充实。

1.2.2 信息资源的类型

随着现代科学技术的进步，信息的表现形式也呈现多种多样的发展态势，进而形成各种信息类型。了解不同的信息形式，不仅有助于我们加深对信息内涵及其特征的认识，也为利用信息打下坚实的基础。

信息资源的类型，从不同的标准来划分，可以得出不同的信息资源。按照信息资源的开发程度来划分，可以将信息资源分为潜在信息资源和现实信息资源；按载体形式划分，可以得出印刷型、缩微型、声像型、电子型信息资源；按照信息的出版形式来划分，信息资源可以被分为：图书、期刊、会议论文、专利文献、科技报告、学位论文、标准、技术档案等类型；按照加工级别来划分，可以得出一次信息资源、二次信息资源、三次信息资源等等。

1.2.2.1 按照信息资源的载体形式来划分

(1) 印刷型信息资源

它是以纸张为载体、利用各种印刷技术把文字或图像记录存储在纸张上而形成的一种传统的信息资源类型，如图书、期刊、报纸、印刷型检索工具等。其优点是便于阅读和流通，符合人们传统的阅读习惯；缺点是因为载体材料所存储信息的密度低，收藏和管理需要较大的空间和人力。

(2) 缩微型信息资源

这是为了弥补印刷型信息资源的不足而产生的一种信息资源，就是以感光材料为载体(缩微胶片或平片)，利用缩微摄影技术将信息内容按照一定的比例缩小后存储在感光材料上，并借助于缩微阅读机进行阅读的信息资源。目前已经出现存储量高达22.5万页的全息缩微片。其优点是存储密度大、体积小、质量轻、生产迅速、成本低、保存期长、便于收藏和管理；缺点是必须要借助于缩微阅读机才能阅读，设备投资大。

(3) 声像型信息资源

又称视听资料。它是以磁性和感光材料为载体，利用磁录技术和光录技术将声音和图像记录存储在磁性或光学材料上的一种信息资源。如唱片、录音或录像带、电影胶卷、幻灯片等。其优点是存储密度高、直观亲切、表达力强、易于被接受和理解；缺点是须借助一定的设备才能利用。

(4) 电子型信息资源

电子型信息资源是指通过编码技术将信息转换成为计算机可识别的语言，并将信息记录在磁带、磁盘、光盘上并通过计算机阅读的信息资源，如各种电子图书、电子期刊、电子邮件、电传文本、联机数据库、网络数据库等。其特点是信息存储量大、存取速度快、出版周期短、传递迅速、易复制、共享性好。

(5) 多媒体信息资源

这是随着计算机技术与通信技术的发展与融合，而产生的一种新型载体的信息资源。多媒体就是多种信息媒体，它利用计算机、通信、数字技术、超文本或超媒体技术，不仅实现了文字、图像、动画、声音等的多位一体及人机交互对话，而且使全球信息共享成为可能。多媒体型的信息资源实际上是以上数种载体形式的混合型，是一种新型、立体式的信息资源。

1.2.2.2　按照信息资源出版形式划分

(1) 图书(Book)

图书是历史最悠久、最传统的信息资源类型。它多是作者在大量收集、整理信息的基础上，对所研究成果、生产技术或实践经验进行的全面归纳、论述和概括的结果。其内容多是总结性的，具有全面、系统、成熟、理论性强的特点。但由于出版周期长，报道速度慢，相对滞后，而且老化速度快。

(2) 期刊(Periodical，Journal，Serial)

期刊又称杂志、连续出版物，它是在一定题名之下，定期或不定期连续出版的出版物。相对于图书来说，它的出版周期短、报道速度快、数量大，内容丰富新颖，能及时反映某一科研领域的最新发展水平和动向，为广大信息用户所重视。随着电子信息资源的大量开发，信息用户将主要通过期刊全文数据库实现检索目的。

期刊的种类很多，根据其重要程度可分为核心期刊和非核心期刊。所谓核心期刊是根据"布拉德福定律"确定的。核心期刊是指论文学术水平较高的、论文被引用较多的、能反映该学科当前研究状态的期刊，核心期刊能集中某一学科的大部分重要文献，是获得专业信息的主要来源。

(3) 会议论文(Conference Paper)

会议论文又称会议文献，是指在学术会议、专业会议上发表或交流的论文和报告，将其结集编辑出版的信息资源。会议论文内容新颖、专业性和针对性都较强，信息传递速度快。能反映某一专业领域当前的学科进展和发展动向，是获取最新信息的重要来源。但不经公开发行的会议文献往往难以获得。

(4) 专利文献(Patent Document)

专利文献是指与专利制度有关的所有专利文件，包括专利说明书、专利公报、专利分类表、专利检索工具以及专利的法律文件。其中专利说明书是专利文献的主体部分，专利说明书特指专利申请人向专利主管部门呈交的有关发明创造的详细技术说明书，它包含了丰富的技术情报，含金量极高，是具有知识产权特性的信息资源。专利文献具有技术水平高、内容可靠的特点，是一种集技术性、法律性、经济性信息于一体的重要的信息资源。专利说明书主要由专利文献馆和省级以上的信息所收藏。

(5) 科技报告(Scientific and Technical Report)

科技报告又称技术报告或研究报告。它通常是由政府部门出版，因此也称为政府报告。它是某一科研项目研究阶段性进展情况或取得最终成果的正式记录或书面报告。如科技报告书、技术备忘录、技术通报等。科技报告内容专深、可靠、研究课题尖端、新颖，是重要的科技信息资源。但由于大部分科技报告是保密或控制发行的，解密前不易获得原文。只有少数可以公开或半公开发表，因此它又被称为“灰色文献”。

在全世界的科技报告中，美国的四大报告以出版量和影响力巨大而最为著名。它们是PB报告(美国政府出版局报告，以民用工程为主)；AD报告(美国军事技术情报局报告，以军用工程为主)；NASA报告(美国航空航天局报告，以航空和空间科学为主)；DOE报告(美国能源局报告，以能源保护、利用为主)。在我国，国家图书馆、上海图书馆、中国科技信息研究所和国防科技信息研究所等收藏有较全面的科技报告。

(6) 学位论文(Dissertation，Thesis)

学位论文是高等学校或研究机构的毕业生为获得某种学位而撰写的论文。主要包括学士学位论文、硕士学位论文和博士学位论文。学位论文大多内容独创、论题新颖、研究专深，尤其是博士论文利用价值比较高。有的论文后面所附的参考文献，几乎可以是一个专题的目录索引。学位论文一般不公开出版发行，只在学位授予单位和国家图书馆收藏。目前我国有《优秀博士、硕士论文全文数据库》可供检索使用。

(7) 标准文献(Standard Literature)

标准文献主要是指技术标准，是对各种产品、元件、工程建设质量、规格、检验方法等作出的技术规定，具有约束性、法律性、时效性和针对性，是各类生产建设工作的共同依据。标准分为国际标准、区域性标准、国家标准、行业标准、地方标准、企业标准。如ISO(国际标准)、IEC(国际电工标准)、IEEE(美国电气电子标准)等都是国际间通行的标准。我国目前将标准分为国家标准、行业标准、地方标准、企业标准四级。自标准实施之日起，至标准复审重新确认、修订或废止的时间，称为标准的有效期。由于各国情况不同，标准有效期也不同，我国国家标准的有效期一般为5年。中国标准化综合研究所标准馆、省级技术监督部门的文献资料馆、科技信息所及图书馆收藏有标准文献。

(8) 技术档案(Technical Records)

技术档案是在生产建设和科技部门的技术活动中形成的，是某个工程的技术文件、图样、图表、照片或原始记录等。它内容真实、详尽、准确，具有很高的情报价值，但具有明显的保密性。我国国家级和省级的档案馆收藏有技术档案。

(9) 产品资料(Product Literature)

产品资料是国内外生产厂商或经销商为推销产品而印发的企业出版物，是用来介绍产品的情况，以产品目录、产品样本、产品说明书、企业介绍等多种形式对外宣传，直观性强、数据翔实。

会议文献、专利文献、标准文献、学位论文、科技报告、技术档案和产品资料均为出版形式特殊的非书非刊类型的文献，又称为特种文献。

1.2.3 信息资源的级别

由于信息资源越来越呈现数量庞大，种类繁多的特点，广大信息用户想要快速准确地从大量无序的原始信息中获取有针对性的信息就如同大海捞针一样。因此，为了便于人们利用信息，信息工作者将信息进行加工处理，由于加工处理的程度不同，也就形成不同的等级的信息资源，即一次信息、二次信息、三次信息。信息的级别如图1-1所示。

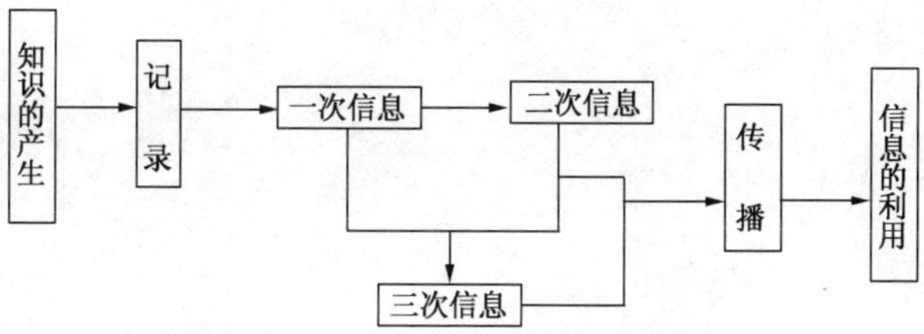

图 1－1　信息级别示意图

1.2.3.1　一次信息资源

一次信息资源又称原始信息。它是以著作者本人研究成果为基本素材而撰写并公开发表的信息资源。包括专著、期刊论文、会议论文、专利文献、学科论文等。一次信息资源大多内容新颖，论题前沿、详尽、系统，提供了新的知识信息，具有直接参考价值，是信息检索的最终目标。

1.2.3.2　二次信息资源

二次信息资源是对一次文献信息进行整理、加工后的产品。就是将大量分散、无序的一次信息资源进行整理、提炼、浓缩，并按外部特征(题名、著者、出版社等)或内容特征(如分类号、关键词等)将其整理为有序化的信息资源。如印刷型书目、索引、文摘、题录，以及电子型的书目数据库、文摘数据库等都是属于二次信息资源的范畴。通过阅读二次信息资源可以快速地了解一次信息的大致内容，选择并查找所需的一次信息。信息检索主要讲述的就是二次信息资源的编排体系和使用方法。

1.2.3.3　三次信息资源

三次信息资源是根据一定的目的和需求，利用二次信息资源，选择有关的一次信息资源，进行综合、分析、提炼、重组而产生的再生信息资源。如专题报告、综述、词典、手册、百科全书、年鉴等。三次信息资源具有系统性、综合性、知识性和概括性的特点，因此，要在浩如烟海的信息资源中查找到相关的一次信息资源，往往离不开二次信息资源和三次信息资源。

除此之外，还有人将那些没有以公开形式进入社会流通使用的会议记录、手稿、书信、笔记、实验记录等称为零次信息资源。它具有内容新颖、不成熟、不定型的特点，但因不公开流通而不易获得。

从零次到一次、二次、三次信息资源，是一个从不成熟到成熟，由分散到集中，由无序到有序，由博而略，由略到深，对知识信息进行不同层次加工的过程。每一过程所包含知识信息的质和量都不同，对人们利用知识信息所起的作用也不同。

习题

1. 什么是信息？它有什么特点？
2. 什么是信息资源？信息资源的类型是如何划分的？
3. 什么是一次信息资源、二次信息资源、三次信息资源？各自特点是什么？
4. 按照出版形式可以将信息资源划分为什么类型？各自特点是什么？

§2　信息检索原理及方法

2.1　信息检索的含义

“检索”一词的含义就是“寻求、查找”。广义的信息检索就是指将数量庞大、高度分散的信息资源按照一定的方式组织、存储起来，并根据用户的需求找出所需信息的过程，而狭义的信息检索就是指信息的查找过程。

实际上信息检索包含“存储”和“检索”两个过程，存储过程就是对有关的信息进行选择，并对信息特征进行著录、标引和组织，建立信息数据库的过程；检索过程就是根据提问制定检索策略和表达式，利用信息数据库查找信息资源的过程。存储是检索的基础，检索是存储的反过程。我们将“信息检索”定义为：从信息集合中迅速、准确地查找出所需信息的程序和方法。这里所说的信息集合指的是有组织的信息整体，它可以是数据库的全部记录，也可以是某种检索工具，还可以是某个图书馆的全部馆藏。信息检索就是从数据库、检索工具或馆藏中查找所需信息的活动。

2.2　信息检索的原理

由上面所述，可以看出信息检索是针对已存储好的二次信息库进行的，是存储的逆过程。存储是为了检索，而为了快速而有效地检索，就必须存储，它们之间是相辅相成、相互依存的辩证关系。但是由于知识水平、所从事职业、个人素质甚至检索习惯等因素的差异，信息存储人员（标引者）与信息检索用户（检索者）对同一信息的分析、理解也会存在不同。比如《AutoCAD 2010 中文版机械设计基础与实战》标引者将其归入“机械设计”类中，而检索者可能到“计算机辅助软件”类中去查找。这样检索者与标引者之间就不能产生一致性，导致检索失败。如何保证信息存储和检索之间的一致性，使检索者和标引者都能够顺利地进行信息的存储和检索，这就要求检索和存储所依据的规则必须一致，也就是说，标引者与检索者必须遵守相同的标引规则。这样，无论什么样的标引者对同一信息资源的标引其结果都是一致的，而检索者也都能查到这一信息资源。

信息存储与检索共同遵循的规则称为信息检索语言。只要标引者和检索者使用同一种检索语言来标引要存储的信息特征和要查找的检索提问，使它们变成一致的标识形式，信息的存储和检索过程就具备了相符性。只有检索提问标识和信息特征标识一致时，相关的信息资源才能被检索出来。

信息检索正是以信息的存储与检索之间的相符性为基础的，如图 2-1 所示。如果两个过程不能相符，那么信息检索就失去了基础。检索不到所需信息，存储也就失去了意义。

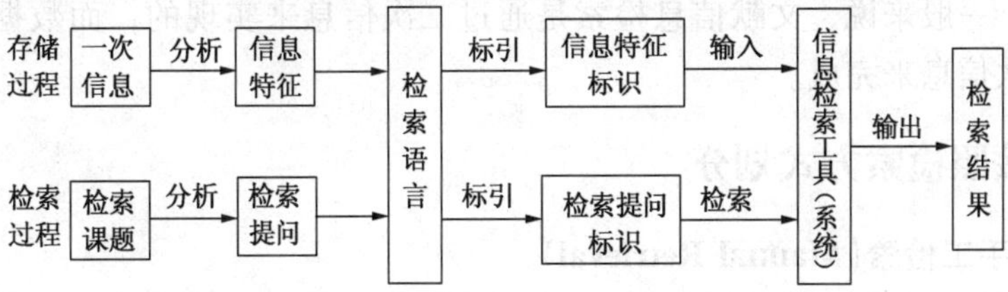

图 2-1 信息检索原理图

2.3 信息检索的类型

信息检索可以按照不同的标准划分为各种类型。

2.3.1 按照检索内容划分

2.3.1.1 文献信息检索(Document Retrieval)

文献信息检索是从一个文献集合中查找出专门包含所需信息内容的文献，是以文献为检索对象的信息检索类型。凡是利用目录、文摘、索引等二次信息查找某一课题、某一著者、某一地域、某一机构、某一事物的有关信息以及这些信息的出处和收藏单位等属于文献信息检索范畴。其检索结果是文献，并且为用户提供的是与用户的信息需求相关的文献的线索或全文。例如："设计公路铁路两用桥梁有哪些参考文献?"就属于文献检索。

文献检索是信息检索的核心部分，它较数据检索和事实检索内容更为丰富，方法更为多样。文献检索根据检索内容不同又可分为书目检索和全文检索。书目检索是以文献线索为检索对象的文献检索，即检索系统存储的是"二次文献"。它们是对文献的外表特征与内容特征的描述，是文献的"浓缩体"。信息用户通过检索获得的是与检索课题相关的一系列文献线索(多为题录或文摘)，然后通过阅读这些线索决定取舍。与其他检索方式相比，书目检索产生较早，发展也比较完善。

2.3.1.2 数据信息检索(Data Retrieval)

数据信息检索是以特定数据为检索对象和检索目的的信息检索类型。即凡是利用参考工具书、数据库等检索工具检索包含在文献中的某一数据、参数、公式、图表、化学分子式等，统称为数据信息检索，其检索结果为数据信息。数据检索与文献检索有许多共同之处，文献检索的许多方法也适用于数据检索。完成数据信息检索主要借助于各种数值数据库和统计数据库。例如："某一新型汽车的发动机型号、百公里油耗是多少?"就属于数据检索。

2.3.1.3 事实信息检索(Fact Retrieval)

事实信息检索就是利用百科全书等各种检索工具从存储事实的信息系统中查找出特定事实的过程的信息检索类型。其检索结果为基本事实，包括事物的基本概念、基本情况，事物发生的时间、地点、相关事实与过程等。例如："美国'9·11'事件发生的经过及处理结果"、"世界上最长的跨海大桥是哪座？何时建成投入使用?"就属于事实信息检索。

文献信息检索是一种相关性检索，检索的结果是文献线索，还必须进一步查找才能检索到有关的一次信息；数据和事实信息检索是一种确定性检索，检索的结果是可供用户直接利用的信息。一般来说，文献信息检索是通过二次信息来实现的，而数据和事实信息检索则多通过三次信息来完成。

2.3.2 按照检索方式划分

2.3.2.1 手工检索(Manual Retrieval)

手工检索简称"手检"，指用人工来存储和检索所需信息的检索方法。多是使用印刷型检索工具，如目录、索引、文摘及各类工具书。手检直观，不需要辅助设备，但速度慢、漏检情况较多。

2.3.2.2 计算机检索(Computer Retrieval)

计算机检索简称"机检"，指利用计算机技术和现代通信技术，通过光盘、联机和网络等载体进行信息的存储和检索。与手工检索相比，计算机检索速度快、效率高、查全率较高、不受时空限制。其检索过程是在人机的协同作用下完成的。由用户根据课题提出检索提问，计算机系统会从其存储的数据库中自动抽取出与用户提问相匹配的信息，完成检索过程。其检索的本质没有发生变化，发生变化的只是信息的载体形式、检索手段、存储方式和匹配方式。

2.4 检索工具

2.4.1 检索工具的概念

为了从数量剧增和专业高度分散的信息中及时获得特定需要的信息，必须借助于一定的检索工具。检索工具是为了解决庞大的信息和对其特定的需求之间的矛盾而产生的，当这种矛盾不断加深、信息利用变得越来越困难时，检索工具的功能也不断完善，应用领域不断扩展。从传统印刷书目型检索工具到计算机检索工具以及联机检索、光盘检索、网络检索等数据库检索系统的出现，为信息用户查找信息资源提供了一个全新的应用领域。

检索工具就是用来揭示、存储和查找信息的工具。包括传统的印刷型二次、三次检索工具，以及利用计算机和网络系统的数据库检索系统、光盘数据库系统和搜索引擎等网络检索工具。我们这里主要讲述的是手工检索工具(计算机检索系统在后面的章节里介绍)。

2.4.2 检索工具的类型

与信息资源和信息检索的类型一样，从不同的标准划分，可以得出不同的检索工具的类型。例如：按载体形式划分可以将检索工具分为：印刷型、卡片型、缩微型、机读型检索工具；按收录范围划分，可以将检索工具分为：综合性、专科性、基础学科检索工具等等。我们主要按照检索工具的内容划分，将其分为目录、索引、文摘。

2.4.2.1 目录(Catalogue)

目录又称为书目，是对图书、期刊或其他单独出版的文献信息的系统化的记载及内容的揭示。目录是历史上最早出现的一种检索工具类型。它是以出版机构出版的文献为报道对象，如一部图书、一种期刊、一部会议录等，主要揭示文献信息的外部特征，如文献题名、责任者、版本、卷册、页数、出版者、出版时间及地点等。

根据目录编制的目的及收录的内容范围，可以将目录分为以下类型：

(1) 综合性目录

综合性目录是以各个学科门类的图书或报刊文献为揭示对象的目录。如《全国总书目》《全国新书目》《中国报纸名录》《中国期刊名录》等都属于这个范畴。

(2) 专题目录

专题目录是根据用户的特定需要，围绕一定的专门课题或专门研究方向而编制的目录，它不仅包括本单位的收藏，也网罗国内外的其他文献信息中所著录的有关文献线索编制而成，具有很强的针对性，如《大学生导读书目》等。

(3) 馆藏目录

馆藏目录是揭示一个图书馆或情报机构收藏图书报刊情况的目录。如《＊＊大学馆藏报刊目录》等。馆藏目录所揭示的内容代表实有之书。

(4) 联合目录

联合目录是汇总和报道某个地区、某一专业系统或若干图书情报部门文献收藏情况的目录。如《西文图书联合目录》《全国中文期刊联合目录》等。它的作用是把分散在各处的藏书从目录上联成一体，从而为充分发挥藏书潜力、开展馆际互借和复制、进行采购协调等工作创造有利条件。检索者一次检索就可以了解多个图书馆的文献收藏情况，免去分别查阅各馆藏目录的麻烦，扩大检索范围。

2.4.2.2 索引(Index)

索引是报道和检索文献内容和外表特征的检索工具。它是将文献信息中所包含的论文题名、著者姓名、主题词、分类号、专利号等信息提炼出来，并注明它们在所在图书、期刊或检索工具中的位置，然后按照一定的规则编排组织起来所形成的检索工具。如各种检索工具常见的“主题索引”、“著者索引”等。索引作为各种检索工具的辅助检索手段，是检索者与检索工具之间的桥梁，目的是指引某知识单元所在的位置，即起到指南和示址的作用。在揭示书刊内容方面，索引比目录更深入细致，可以帮助读者检索到散见于书刊中的资料。

索引按所揭示的对象可分为期刊索引、报纸索引、引文索引、书评索引、文集索引等等，其中引文索引是基于文献间的相互引证关系建立的，利用引文索引能检索到某一作者一定时期内论文被引用次数，可以将其作为评价该文价值水平的重要指标。

2.4.2.3 文摘(Abstract)

文摘又称摘要。文摘以简明扼要的文字对一次文献信息进行概括性、准确性的描述。它是将一次文献信息中的主要论点、数据、观点、结论等内容摘录出来，注明出处，并按一定方式编排的检索工具，它是检索工具的主体，二次信息的核心。美国的《工程索引》(Ei)和英国的《科学文摘》(SA)等都属于以文摘为主体的检索工具。通过阅读文摘，读者可以快速了解一次文献信息的基本内容，节省检索者的时间和精力。

文摘通常分为两大类：指示性文摘和报道性文摘。指示性文摘是对原文献信息的主题和内容作简单梗概，主要起为读者检索和选择文献信息提供线索的作用，也可作解题的作用，以读者对论文内容不产生误解为原则，一般在100～150字左右。报道性文摘是对原文献信息的浓缩，能反映原文的基本内容，包括研究对象、目的、性质、手段、方法及结论等，一般在500～800字左右。

文摘是信息检索中常用的主要检索工具，它既可以查找信息线索，又可以简要地了解信息内容。尤其是报道性文摘，一般情况下不需要查找原文就可以了解到文献内容的基本轮廓。实际上，许多文摘性检索工具并不仅仅采用一种著录方式，而是几种兼用。

2.5 信息检索的方法与程序

2.5.1 信息检索的方法

检索方法是指为节约时间和成本，又可获得最佳效果而采用的检索方法。信息检索的方法有很多种，用户可以根据课题的性质、研究目的及检索工具的编排体例选择恰当的检索方法。

2.5.1.1 常用法

常用法也称为常规法、直接法。就是利用检索工具直接查找信息的方法，因在信息检索中经常使用而得名。按照使用检索工具时间的先后顺序，分为顺查法、逆查法和抽查法。

（1）顺查法

顺查法就是利用检索工具、根据课题需要，按时间顺序由远及近逐年查找信息的方法。顺查法的优点是检索的信息比较全面、系统、可靠，查全率比较高，漏检和误检率较低，检索出的信息在一定程度上可以反映该课题研究发展的全过程，因此多用于撰写综述、述评及学科发展动态等类型文献；缺点是费时费力，劳动强度大，效率低。

（2）逆查法

逆查法又称倒查法。就是与顺查法相反，它是利用选定的检索工具由近及远的进行检索的方法。检索时，从当前开始，逐年向前进行查找，直到查找到满意的信息为止。当检索者的要求是获得近期文献信息时，最好采用逆查法。这种方法的查准率较高，查全率比顺查法低。

（3）抽查法

抽查法是针对检索课题在不同时期的发展情况，确定其发展的高峰阶段而进行的信息检索。这种方法有较高的检索效率，但使用该方法的前提是必须事先了解该学科或研究课题的历史背景。

2.5.1.2 追溯法

追溯法又称引文法、引证法。就是利用一次信息后面所附的参考文献查找到一批文献线索，再利用所查到的这批文献后面所附的参考文献追溯查找文献的方法。检索时可以先查找出几篇与课题或专业有关的专著或综述，将其作为起点进行检索，逐级追溯，不断扩大信息线索，直到满足检索需求为止。这种方法不需要利用检索工具，简便易行，但工作量大，效率低，且漏检率大。主要在检索工具不齐全或不占有检索工具时使用。

2.5.1.3 交替法

交替法又称分段法。就是将追溯法和常用法交替使用来检索信息的方法，先利用检索工具查找出一批有价值的相关文献信息，然后利用查出的文献中所涉及的重要线索进行追溯查找，扩大线索，由此获得更多信息。两种方法交替使用，分期分段地检索，直到检索结果满意为止。交替法比前两种方法的检索效果好，是一种立体型的检索方法。当检索工具缺失时，采用这种方法也可以连续获得所需年限以内的信息。

2.5.2 信息检索的途径

由于文献信息具有多种不同的特征，检索工具就是提取各种不同的特征将其按照一定的方式编排而成的，因此检索工具也就具有多种不同的检索途径。常见的检索途径有：分类途径、主题途径、著者途径、题名途径、关键词途径、摘要途径、号码途径等等。用户检索时从信息的不同特征出发，将其与检索工具中的标引进行比较，通过匹配达到检索目的。因此检索途径的广泛与否也是评价一个检索工具质量的标准之一。

2.5.2.1 分类途径

分类途径是根据文献信息主题内容所属的学科属性分类编排，将类目按照学科知识体系的内在逻辑关系来排序，以学科属性为分类标准，属族性检索。它能反映主题概念上的等级、派生和平等关系。分类号简明易记、层次分明，同类书集中排列，便利检索，查全率较高。但交叉学科或分化较快的学科不易反映，专指性不强。主要利用工具有《中国图书馆分类法》《资料法》以及各种分类索引等。

2.5.2.2 主题途径

主题途径是将文献信息的主题内容分析出不同的主题词，按照主题词字顺排列进行查找。它打破按学科分类的束缚，使分散在各个学科领域里的有关同一课题的信息集中在一起，便于用户在检索时选取。其特点是适应性、直观性及通用性强，表达概念准确，系统性没有分类法强，但适用于交叉学科的检索课题。使用工具是各种主题词表以及各种主题索引。不同的检索工具的主题词表不尽相同，使用时要注意其中的各项说明及注释。

2.5.2.3 著者途径

著者途径是按照文献信息著者姓名编制的索引进行检索的一种方法。著者包括个人著者和团体著者，个人著者广义上还应包括翻译者、汇编者、主办者等。个人著者编排顺序上是姓在前，名在后，外国著者姓名之间用逗号标识；团体著者按原名字顺排列，加国别用以区分。主要使用的检索工具如“个人著者索引”和“团体著者索引”等。著者索引编辑简便、出版及时、内容集中、使用方便。

2.5.2.4 题名途径

题名途径是按文献信息的名称进行检索的方法，是最方便的途径之一。使用的工具如《图书题名目录》《期刊刊名目录》等。这类目录索引，均按书刊资料的名称字顺来排列。由于文献篇名较长，检索者难于记忆，加之按名称字顺排列，造成相同内容文献信息分散，不能满足族性检索的要求。

2.5.2.5 号码途径

号码途径是通过已知文献信息的号码特征查找信息的途径。号码包括专利文献的专利号、化学物质登记号、科技报告的报告号、图书的国际标准书号(ISBN)、期刊的国际标准刊号(ISSN)、技术标准的标准号、馆藏文献的入藏号等。无论哪种号码索引，都具有编制简便、易于查找的特点，但必须事先掌握文献号码。

除此之外，根据学科性质和各自专业特点，有些检索工具还编制独具特色的检索途径，如美国《科学引文索引》中有“引文索引”、美国《化学文摘》有“分子式索引”、美国《生物学文摘》编制的“属种索引”和“生物分类索引”等等。在检索中，根据所使用的检索工具和研究课题的需要，灵活运用各种检索途径，将各种检索途径配合使用，以便达到最佳检索效果。

2.5.3 信息检索的程序

信息检索的结果是获得关于某一课题的一批相关信息线索或原始文献。根据不同的检索课题、检索目的和检索要求，选用不同的检索工具和检索方法，制定检索策略。信息检索通常要包括以下几个程序。

2.5.3.1 分析检索课题，明确检索要求

课题分析是信息检索过程中最基本的出发点，也是检索效率高低成败的关键。在着手检索信息之前要对课题进行分析，主要包括分析检索目的、分析检索要求、分析主题内容等。

(1) 分析检索目的

根据课题要求，首先要了解所需信息的用途，是为撰写学术论文、编写专著或是进行专题综述系统搜集信息？还是为申请专利或科研成果鉴定而进行新颖性和创造性的查新？或是为了制定相关政策提供背景资料等等。只有充分了解检索的目的，才能为下一步具体实施检索奠定基础。

(2) 分析检索要求

分析检索要求就是要明确所需信息的类型、语种、时间范围、数量等，以控制对查新、查全、查准率的指标要求及侧重方向。

如果要了解科技的研究方向、学科进展、学术前沿、探索求知，要求信息要“新”；如果要解决技术开发中的具体问题或论文中的数据等，则要求“准”；如果是进行综述写作、科研鉴定或报送研究成果，则要求全面、系统、详尽地回溯检索大量信息，这就是“全”。分析查找年代，确定检索的时间范围，可避免浪费时间和精力。根据课题要求，判断所需信息最合适的时间段进行检索。如为解决某个具体问题的最新进展研究，近几年的文献就可以；如果是专利的查新检索，回溯年限则相对要长些。检索要求不同，对信息需求的类型也不尽相同，因为不同的检索工具对信息的收集数量也不同。如果进行基础理论课题的研究，应侧重于检索期刊论文、专著和会议论文；如果是技术应用和开发的课题，侧重于检索专利文献、标准文献及科技报告等。

(3) 分析主题内容

分析主题内容就是要确定文献的学科范围和属性，找出课题研究需要解决的关键问题，提取主题概念或相关概念，了解其含义和相互之间的联系，选择恰当的主题词或关键词作为检索词。分析主题内容获得的是反映课题主要内容的概念，而不是文献篇名中字面简单的罗列，即选择主题词时，不能简单地以字面组配，要用概念组配。如果有专指性的概念，就不要用其上位词(广义词)来组配，也不能用下位词(狭义词)来替代。同时要注意在提取

主题概念时要注意挖掘隐含的主题概念，将表达同一概念的同义词列出。例如：用“互联网”这个主题词检索时，同时要考虑使用“因特网”、“英特网”、“万维网”、“Internet”，防止漏检。

2.5.3.2 选择检索工具

检索工具在收录范围、报道形式、编排体系、著录格式和索引系统等方面不尽相同，使用时，要根据具体检索要求加以选择。主要注意以下几点：①收录文献覆盖面要广；②报道文献数量要大；③出版周期要短；④辅助索引齐全；⑤文献著录体系要标准。

2.5.3.3 选择检索途径，确定检索标识

检索途径就是检索入口。检索工具选择好以后，要进一步选择检索途径，以确定检索标识。各种检索工具一般都有分类、著者、主题等检索途径，必要时，还可以选择其他检索途径，如专利号索引、化学登记号索引、属种索引等。因此，根据课题的目的和要求，充分利用已知条件，选择恰当的检索途径，配合使用，可以达到良好的检索效果。

每一个检索途径都对应着一种检索标识，如主题途径的检索标识就是主题词，分类途径的检索标识就是分类号，著者途径的检索标识就是著者姓名等等。选择检索标识时，应注意各种检索工具中检索途径的特点及编制规则，如主题标识应注意正确使用主题词表，利用词表将非规范化的主题词，指引到规范化的主题词，避免漏检；分类标识应注意分类表的族性关系和相关参照类目；著者标识应注意不同国家和民族著者姓名的特点和索引编制规则，以达到检全检准的目的。

2.5.3.4 选择检索方法

前面已经介绍了常用几种检索方法。根据具体检索课题的目的、要求、条件和背景等因素，确定采取哪种方法进行检索。

2.5.3.5 索取原始文献信息

利用检索工具查找出的结果，只是题录或文摘等信息，要进一步了解文献的详细内容，必须根据文献线索去索取原始文献。索取原始文献信息时要注意以下几点：

① 判断信息类型。要了解检索的信息是图书、期刊论文、专利文献还是会议论文、学位论文等，因为不同的信息类型收藏地点不同。

② 语言转换问题。检索工具对不同语言的处理不同，其中使用了大量的音译和缩略语，应将原文出处中的缩略语还原成全称，音译的非拉丁文字(日文、俄文等)还原成原文的名称。

③ 如果原文无法在本地找到，可以利用“馆藏目录”、“联合目录”等进行馆际互借或代购；还可以通过全文数据库获取。

2.5.4 检索结果评价

一般说来，经过对检索课题的分析、检索工具及方法的选择直至索取原文等一系列活动，最终检索者会得到一批数量不等的文献信息资源。分析和鉴别检索结果，发现检索工具中实际拥有的切题的文献信息量与已经检索出来的文献信息量并不完全一致。因此我们引入检索效果要领，对检索结果进行评价。

检索效果是指利用检索工具(或系统)实施检索服务所产生的有效程度，反映信息资源检索系统的能力。常用的评价指标有：查全率(Recall Ratio)、查准率(Precision Ratio)、漏检率(Omission Ratio)、误检率(Fall - out Ratio)、新颖率(Novelty Ratio)、有效率(Availability Ratio)、检索速度(Time Ratio)等。我们主要利用下面几个指标，用 R 表示查全率、用 P 表示查准率、用 O 表示漏检率、用 F 表示误检率，假定在一个特定检索系统中，检索出来的切题的信息量为 a，系统中相关切题信息总量为 b，检索出的信息总量(包括不切题信息)为 c，它们之间的关系如图 2 - 2 所示。

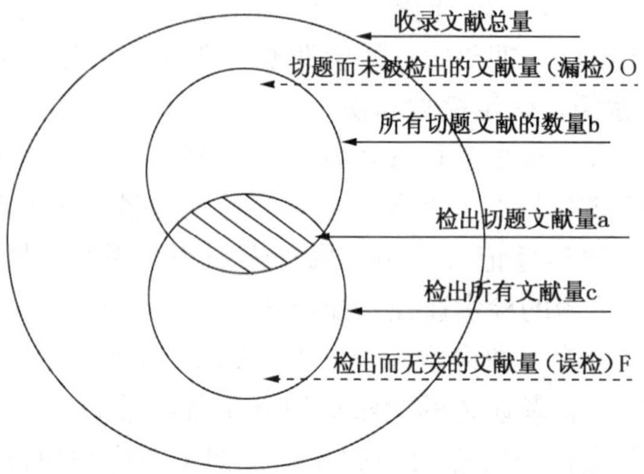

图 2 - 2　检索结果评价示意图

它们之间的结果可以用以下公式表示：

查全率 R = (a/b) × 100% = (检索中切题信息量/系统中所有相关切题信息量) × 100%

查准率 P = (a/c) × 100% = (检索中切题信息量/检索出的信息总量) × 100%

漏检率 O = (1 - a/b) × 100%

误检率 F = (1 - a/c) × 100%

从公式上看，查全率和漏检率、查准率和误检率是互补关系，查全率与查准率之间是互逆关系，即查全率高，查准率就低，反之亦然。因为如果要提高查全率，需要对检索范围和限制放宽，其结果必然会把很多不相关的文献也检索出来，影响了查准率。要提高查准率，就会付出查全率降低的代价。具体实施检索过程中，应当根据课题的要求，合理调节查全率和查准率，保证检索效果。

在影响查全率和查准率的因素中，除了标引质量外，还与检索人员的水平、技巧有关。检索人员分析课题能力、检索途径选择、检索程序设计及对检索工具熟悉程度和外语水平等都直接影响着查全率和查准率。因此，要提高检索质量，保证检索效果，还要从检索工具(系统)质量和用户利用检索工具(系统)的能力两个方面努力。一是要提高检索工具的质量，要求检索工具收录信息资源范围要广泛、著录内容详细准确、辅助索引完备、索引语言的专指性和网罗性要高。二是要提高用户利用检索工具的能力，要求检索者具备一定的检索知识，能制定优良的检索策略、选择合适的检索途径及正确的检索词、合理调节查全率与查准率、灵活运用各种检索方式和检索功能，使检索工具最大限度地发挥作用。

2.6　检索语言

检索语言又称标引语言或索引语言等，是信息检索中用来描述信息资源特征和表达检索提问内容的一种专门人工语言。其作用是沟通信息标引人员和信息用户，使标引人员和信息用户在不同时间和不同情况下描述同一信息资源特征时保持一致，以达到信息资源存储和检索的一致性，提高检索效率。

各种检索语言的基本原理是相同的，但它们在表达各种概念其及相互关系时所采用的方式不同，因而形成了不同类型的检索语言。就其表达文献的有关特征而言，可分为描述文献外部特征的检索语言和描述文献内容特征的检索语言。文献的外部特征包括：题名、著者、专利号、报告号等；内容特征是指文献的主题概念、文献所属的学科范畴等。在揭示文献内容和表达检索提问方面，内容特征比外部特征更具有深度。而描述信息资源内容特征的语言主要有：分类语言和主题语言。这也是我们要主要介绍的两种检索语言。

2.6.1 分类语言

分类语言是用分类号来表达主题概念，并将文献按学科性质和逻辑层次结构分门别类地系统组织起来的一种检索语言，主要有体系分类语言和组配分类语言。利用分类语言编制的检索工具主要有《中国图书馆分类法》《中国图书资料分类法》，美国的《十进制图书分类法》、印度的《冒号分类法》等。

体系分类语言是最常见的一种先组式检索语言。它是建立在学科分类的基础之上，以标记符号为概念标识并按类编排的检索语言。就是将知识门类从综合到具体、从高级到低级，从总到分、从上到下，依据逻辑次序层层划分，逐级展开组成分类表，以分类表来标引、存储信息资源和检索信息资源。《中国图书馆分类法》就是典型的体系分类语言。

分类语言的优点是：学科和专业集中，系统地揭示文献信息资源，便于查全某学科或专业的所有信息资源，具有较高的查全率，可以获得较好的族性检索效果；分类法将概念逐级划分，具有等级结构，便于扩大和缩小检索范围；用分类号检索，不受语种的限制；它是组织分类目录、分类索引和分类排架的共同依据。

分类法的缺点是：由于采用标记符号系统来标识信息资源，对于不熟悉分类表的检索者来说，不容易找到所需类目；由于学科之间相互渗透和相互融合越来越多，直线序列的分类表难以反映多元性的知识空间，在表达复杂主题概念时不够准确，影响到查准率；由于分类法不能经常修订，类目不能随时修改和补充，因而不能及时反映新兴学科的信息资源。

2.6.2 主题语言

主题语言是指使用经过规范化或非规范化的自然语言的语词，作为描述文献信息资源内容概念的检索标识的一种检索语言。以主题语言来描述和表达信息内容的信息处理方法称为主题法。主题语言可分为标题词语言、单元词语言、叙词语言、关键词语言。

2.6.2.1 标题词语言

它是传统的主题语言。标题词是指从自然语言中选取并经过规范化处理的、表示事物概念的词、词组或短语。标题词语言就是用经过规范化处理的名词术语来直接表达文献信息所论述的事物或主题，并将全部标题词按字顺排列起来而形成的一种检索语言。使用标题词语言一般都要遵循标题词表进行标引和检索。标题词表是对标题词进行规范化处理和管理的工具，通过参照系统显示词与词之间的逻辑关系。美国《工程索引》中的《工程主题词表》(简称 SHE)就是使用标题语言的典型代表。

标题词语言适宜进行特性检索，因其是从特定事物的角度来揭示事物的，能将与特定事物相关的各个方面的信息都集中在描述该事物概念的主标题之下；另外它的直接性好，检索中不必进行检索标识(如分类号)的转换，节约时间，避免转换过程中的误差。但标题词语言不利于族性检索，因其按同一事物主题集中信息，而把同一学科性质的信息分散；另外由于是先组式语言，检索者只能机械地使用已经固定的语言，不能自己组配，遇到词表中没有的主题概念就不易解决。

2.6.2.2 单元词语言

单元词语言又称元词语言。单元词是指能够用以描述文献信息所论述主题的最小、最基本的(不能再细分的)词汇单位。单元词语言是未经过规范化或少量经过规范化的能表达信息主题的单元词集合组成一种检索语言。它是通过若干个单元词的组配来表达复杂的主题概念的方法，多用于机械检索。

2.6.2.3 关键词语言

关键词就是指出现在文献信息标题、摘要、正文中，对表现文献信息主题内容具有实质意义的词语。关键词语言是将文献信息中原有的、能反映其主题概念的具有检索意义的词汇抽取出来，并按字顺排列起来的一种检索语言。关键词是一种未经过规范化处理的自然语言词汇，用它表达事物概念，具有直接、准确等特点。利用关键词语言编制的关键词索引主要有三种类型：单纯关键词索引、题内关键词索引、题外关键词索引。如美国《化学题录》(CT)中的“题内关键词索引”、《化学文摘》(CA)中的“关键词索引”等都是关键词索引中的典型代表。

2.6.2.4 叙词语言

叙词又称主题词，是从自然语言中提取的经过规范化处理的词汇，是将自然语言中的词汇进行统一规划、控制和管理，使词汇与概念一一对应。叙词语言就是以叙词作为信息内容标识和检索依据的一种检索语言。它是一种后组式语言，即表述文献主题概念的标识在检索之前没有固定组配，而是在检索时根据实际需要按规则临时组配的检索语言。这是在分类语言、标题词语言、关键词语言和单元词语言的基础上产生出来的一种新型信息检索语言。

叙词语言是多种信息检索语言的综合，体现了检索语言的发展趋势。它既适合于手工检索也适合于计算机检索。目前世界上用叙词语言编制的叙词表很多，常见的有我国的《汉语主题词表》《机械工程主题词表》，美国《工程索引》(Ei)中的《工程信息叙词表》(Ei Thesaurus)等。

习题

1. 什么是信息检索？它有哪些类型？
2. 信息检索工具的类型有哪些？简述其主要特点。
3. 信息检索方法有哪些？各自特点是什么？
4. 简述检索途径的各类。
5. 简述信息检索程序。
6. 什么是查全率和查准率？如何调节它们之间的关系？
7. 简述主题语言的种类及特点。

§3 国外著名检索工具书介绍

国外著名的检索工具书很多。这些工具书历史悠久，文献源收录范围广，检索体系完备，是收集国外文献信息比较理想的检索工具书。

3.1 《工程索引》的检索方法

《工程索引》(The Engineering Index，简称 Ei)，创刊于 1884 年，由美国工程信息公司(The Engineering Index Inc. USA)出版发行。这是一部广泛报导工程技术各个领域文献信息的著名综合性检索工具。它所摘引的文献都是美国工程学会图书馆(The Engineering Society Library)所收藏的工程技术文献，基本是全世界范围内非常有权威性的文献，涉及的学科包括应用物理、光学技术、航空航天、土木、机械、电工、电子、计算机、控制、石油化工、动力能源、汽车船舶、采矿冶金、材料等。《工程索引》的来源出版物主要是期刊以及会议文献，另外也报导一些科技报告、专著等。它收录有世界主要刊物 4500 种，会议录 200 多种，覆盖 50 多个国家，文献信息量近千万。专利文献不在《工程索引》收录的范围之内。

《工程索引》有悠久的历史，它不仅是一部经典的检索工具，而且也是当前世界上一种鉴定、评价科学研究人员、工程技术人员论文学术成果的权威性工具。

《工程索引》名曰索引，其主体实为文摘。文摘具有周刊、月刊、年刊及光盘和网络等多种出版形式，读者可以挑选自己喜欢的出版形式进行阅读。不论哪一种出版形式，其著录格式基本是一致的。

3.1.1 文摘部分

《工程索引》的文摘部分有两种编排形式。第一种是 1992 年以前的文摘。1992 年以前，《工程索引》采用主标题词和副标题词的二级标题词形式，首先按主标题词的字顺排列，在同一主标题词下再按副标题词的字顺排列，主、副标题词下按文摘号由小到大的顺序排列文摘。在主标题词下列出的文摘是论述关于主标题词总论性质的文献，在副标题词下列出的文献是关于主、副标题词专论性质的文献。例如：

CHMICAL PLANTS①
Boilers
Chemical Analysis②
01678③ Get into line and analyses on stream. ④ To anyone concerned with industrial safely…The author takes a look at some of the methods available. ⑤

Dunhill Steve. ⑥ *Process Eng*(*London*) v65 n1 Jan 1996 p37⑦
Compressor⑧ see COMPRESSORS – Performance⑨
Computer Applications see also COMPUTER⑩

其中：① 主标题词，采用大写的黑体字母；② 副标题词；③ 文摘号；④ 文献题目；⑤ 文摘正文；⑥ 作者；⑦ 文献出处；⑧ 非副标题词；⑨ 正式主标题词；⑩相关主标题词。

读者通过主标题词、副标题词、文献题目及文摘正文的阅读，可以判断检索出的文献是否切题。如果切题，可以按照文献出处索取原文献。如果不切题，可以考虑利用参见体系，或重新选择标题词再次检索。

1993 年以后，《工程索引》采用了第二种编排格式，即按照主题词(叙词)的字顺来编排文摘，同时取消了主标题词和副标题词的二级标题排列形式。读者可以通过主题词、文献题目及文摘正文的阅读来判断取舍。

《工程索引》文摘的著录格式也是在不断地变化。曾经将非英文文献的题目，以原文语种题目首先加以著录，并在其后的方括号内著录英译题目；如果源文献非属拉丁语系，如中、俄、日文，则将原文篇名音译，再在其后的方括号内英译篇名。现在，文摘的著录格式已经统一，不再有上述格式出现。

3.1.2 索引部分

3.1.2.1 作者索引(Author Index)

该索引按作者的姓名字顺进行排列，姓在前，名在后，名用缩写的字头表示。例如：

Bekker. M. G. ①	M088838②
Godingho. M. J.	M076654
Jiang，Tao	M082325

其中：①作者姓名；②文摘号(M 代表月刊)。

3.1.2.2 作者工作单位索引(Author Affiliation Index)

该索引按照作者工作单位的名称缩写字顺进行排列，用以考察读者所熟悉的单位近期的研究成果或开发动态。例如：

Qinghua Univ. ,①Beijing,②China③	034646	053780④
Quality Progress，Milwaukee，Wis	037154	036245
Quantum Electronics，S Afr	025162	

其中：①作者的工作单位缩写；②单位所在地；③单位所属国；④文摘号。

3.1.2.3 主题索引(Subject Index)

该索引按照主题词的字顺排列，是《工程索引》最重要的索引。例如：

PLASTICS①
　Applications②
　　Plastic packaging is highly reliable③ A233615④
　　Biphene end capped polyaromatics A023362

其中：①一级主题词；②二级主题词；③文献题目；④文摘号(A代表年刊)。

使用主题索引的时候应该注意以下一些问题：

本索引的一级主题词一般由经过规范的事物的名称或过程的名词和术语构成，采用大写形式。规范的结果发表在《工程标题词表》(Subject Heading for Engineering 1987，简称SHE)、《工程索引词汇表》(Ei Vocabulary 1990)及《Ei叙词表》(Ei Thesaurus 1993)中。这些词表不但给出规范的结果，还会展示一些词的规范过程。例如：

Aeroplane see Aircraft
Alloy Steel see Steel
Aluminum Titanium Iron Alloys see Mangnese Titanium Iron Alloys

上面例子中，see前面的词是非主题词，see后面的词才是正式的主题词。检索《工程索引》时应该使用see后面的词进行检索。

值得一提的是，在《工程索引》的一级主题词中含有大量的复合主题词。这些复合主题词的构成可以是正叙的，也可以是倒叙的，还可以是并列的。为此，在选择复合型一级主题词的时候，应该考虑到各种构成型式的可能。例如：

BOLTS AND NUTS
COMPUTERS，ANALOG
SILVER AND ALLOYS

二级主题词是一些修饰、限制一级主题词的过程、方式、方法或区域等的词汇，用以表达一级主题词的一个方面及某种关系，采用小写形式。例如：

WATER POLLUTION Analyses
MACHINE TOOLS Reliability
PLASTICS Discoloration

为了揭示主题词之间的相互关系，《工程索引》在主题索引中设置了大量的“参见”体系。通过“参见”主题词下文摘的阅读，可以扩大检索范围，提高检全率。例如：

AEROPLANES See also AIRCRAFTS
GAMERAS Exposure Control See also PHOTOMETERS
SIGNS See also RANGE FINDERS

上面例子中，see also前后的词都是主题词，而且是相关的主题词。当检索其中一个主题词的文献的时候，同时检索一下相关主题词的文献，会得到更多有价值的参考文献。

3.1.3 辅助索引

（1）工程出版物索引(Publication Indexed for Engineering PIE)

这个索引实际上是出版物名称的缩写、全称及代号的对照表，所以也叫出版物一览表。此外，刊名的变化也在此表中予以表示。例如：

ABBREVIATION	TITLE	CODEN
Adv Appl Mech	Advance in applied Mechanics	AAMCAY
Eng Fract Mech	Engineering Fracture Mechanics	EFMEAH

（2）文摘号转换索引(Number Translation Index)

《工程索引》的年刊是月刊的累计，但同一篇文摘在两个版本上的文摘号却不同。为了方便读者选择有馆藏的版本阅读文摘，在该索引中给出了年刊(A)与月刊(M)对同一篇文摘设定的文摘号的对照关系。例如：

M033265	A145125
M002251	A013641
M003285	A015483

（3）缩写、代号及全称对照表(Abbreviation，Units and Acronyms)

例如：

at. %	atomic percent
c to c	center to center
dwt	deadweight

（4）机构名称的缩写与全称对照表(Acronyms，Initials and Abbreviations of Organizational Names)

例如：

NASA	National Aeronautics and space Administration(US)
NATO	North Atlantic Treaty Alliance
NBS	National Bureau of Standards

3.1.4 检索实例

以检索课题"数字计算机在电力系统中的应用"为例。

（1）分析课题，选择主题词

数字计算机　　Digital Computers

电力系统　　Electric Power System

（2）使用《工程标题词表》核对主题词

DIGITAL COMPUTERS　See　COMPUTERS，DIGITAL

ELECTRIC POWERS SYSTEM　See also　ELECTRIC NETWORKS

（3）检索《工程索引》

可以根据核准的主题词，利用主题索引得到文摘线索，然后去阅读文摘；也可以根据主题词字顺直接查阅文摘。例如：

COMPUTERS, DIGITAL
009992 APPLICATION OF COMPUTERS TO THE ELECTRICAL SUPPLY INDUSTRY. Discussion of the use of digital on – line computers in power generation and power distribution.

Walker, R. A. *Certif Eng v46 n1 Jan 1973 p3 –8.*

（4）索取原文献

利用“期刊一览表”，将期刊缩写还原成全称：

Certif Eng—Certificated Engineer

然后到馆藏单位索取刊名为 Certificated Engineer 的期刊 1973 年 46 卷 1 期 3 ~8 页上的源文献。

习题

1. 利用《工程索引》检索化工厂事故分析与预防方面的文献信息。
2. 利用《工程索引》检索最新的聚酯合成工艺方面的文献。
3. 利用《工程索引》检索计算机在化工厂中的应用方面的文献。
4. 利用《工程索引》检索化工厂压缩机方面的文献。

3.2 美国《化学文摘》的检索方法

3.2.1 简介

美国《化学文摘》(Chemical Abstracts 简称 CA)，是美国化学文摘服务社(CAS)编辑出版的一种专业报导世界各个国家化学化工文献信息的检索工具书。该文摘创刊于 1907 年，在世界两千多种文摘刊物中首屈一指，享有盛名。特别是在吞并了德国的《化学文摘》以后，更是受人瞩目。如下的评价指标可以说明美国《化学文摘》的标引特点及出版情况。

（1）摘引量

《化学文摘》服务社共有三千多名特邀文摘员，遍布世界各地。收录全世界 98% 的化学化工文献，年报导量约 60 多万条。

（2）报导速度

《化学文摘》的出版速度非常快，与源文献只有一周至三周的时滞。在出版印刷型索引文摘的同时，还出版光盘版索引文摘，并在全球联网，读者可以借助于多种载体来检索《化学文摘》。

（3）检索功能完备

《化学文摘》的卷、期索引共有 10 个，从主题、化合物名称、分子式等多个途径为读者提供检索线索。另外，《化学文摘》还有累计索引版本，为回溯检索提供了方便。

此外，《化学文摘》版面清晰、著录标准、语种易懂。为此，人们习惯地称呼美国《化学文摘》是“打开化学文库的钥匙”。

3.2.2 出版情况

自 1907 年创刊以来，CA 每年出版的卷期数及版面格式发生了很大变化。刚刚创刊时，文摘每年出版一卷，每卷 24 期，每半个月出版一期。后经不断改进，现在为每年二卷，每卷 26 期，每周一期，如表 3-1 所示。CA 将全部的化学化工的文摘分成生物化学类、有机化学类、高分子化学类、应用化学与化学工程类、物理化学、无机化学及分析化学类等分别加以报导。每期文摘之后都附有关键词索引、专利索引和作者索引，以供检索现期文摘之用。每卷文摘全部出版之后，还要出版卷的主题索引等多种卷索引，供检索全卷的文摘内容之用。

表 3-1 CA 卷期数及出版时间

年　代	年卷数	卷期数	刊　期
1907~1960(1~50 卷)	1	24	半月
1961(55 卷)	1	26	双周
1962~1966(56~67 卷)	2	13	双周
1967(68 卷~)	2	26	周刊

文摘最初的版面设置是每页的若干篇文摘只有一个页码作为标识，所有的文摘依次排列。后来，将一页的版面分成九个区域段，每个区域段给出一个符号。此时的文摘号是“页数+区域代号”。从 66 卷起，便取消了上述的编排方法，用“文摘顺序号+计算机核对号码”来标识每一篇文摘，即每一篇文摘具有一个文摘号。文摘号从每卷第一期 1 号开始给出，直至该卷最后一号为止。

3.2.3 文摘部分

《化学文摘》的文摘部分按分类目次表(content)所包含的内容进行划分，同时以文摘号由小到大的顺序排列。《化学文摘》的文摘共分为五大类、八十小类，分别为：生物化学类(1~20 小类)、有机化学类(21~34 小类)、高分子化学类(35~46 小类)、应用化学与化学工程类(47~64 小类)以及物理、无机和分析化学类(65~80 小类)。每一小类内的文摘款目根据源文献出版的类型不同而分为四部分。它们分别是：①期刊论文(包括会议文献、科技报告、档案资料、学位论文等)；②新书通报；③专利文献；④与本小类内容相关的参考文献。各个部分之间用虚线分隔。

由于源文献的类型不同，文摘中文献出处的表达形式也不同。下面的文摘实例展示了几种主要的文摘类型。

(1) 期刊文摘

105：43832b① Flame retardants for acrylic polymers.② Cai, Yangyuan③ (Tianjin Munic. Inst. Synth. Mater., Tianjin, Peop. Rep. China).④ *Xiandai Huagong*⑤ 1986, 31-4, 36⑥ (ch)⑦. A review with 20 refs. With emphasis on prepn., properties, and uses of flame retardants for acrylic polymers⑧.

其中：①卷号、文摘号；②文献题目；③作者姓名；④作者工作单位；⑤期刊名称；⑥出版年份、卷期、页数；⑦语种；⑧文摘正文。

(2) 会议文摘

85: 83628q① Catalytic effect of platinum (or of platinum grump metals) on the hydrogen reduction of various metal oxides. ② Frety, R. ; Bolivar, C. ③ (Inst. Rech. Catal. Villeuranne, Fr.) ④ *React. Kinet. Heterogeneons chem.. Sys. Pric. Int. Meet. Soc. Chim. Phys. 25th.* ⑤ 1974 (Pub. 1975) ⑥ 681 – 90⑦ (Fr.) ⑧ Edited by Barret, Pierre. ⑨ Elsevier: Amsterdam, Neth. ⑩ During the study of the activation of bimetallic...

其中：①卷号、文摘号；②文献题目；③作者姓名；④作者工作单位；⑤会议录名称；⑥会议召开日期(会议录出版时间)；⑦页码；⑧语种；⑨编者；⑩出版单位。

(3) 学位论文文摘

116: 106974z① Degradation behavior of polyurethane studies by linear temperature programmed pyrolysis FTIR spectroscopy②. Herzog, Klaus③ (Dep. Chem., Univ. Technol. Dresden. 0 – 8027 Dresden, Dermany)④. *1996*⑤ *176*pp.⑥ (*Eng*)⑦. *Avail. Univ. Microfilms Int., Order No. DA9608605. From Diss Abstr. Int., B 4996, 56(11), 5614*⑧

其中：①卷号、文摘号；②文献题目；③作者姓名；④作者工作单位；⑤论文完成时间；⑥论文总页数；⑦ 论文语种；⑧论文来源。

(4) 专利文摘

116: 107031b① hermotropic copolymer hydrogels from N, N – dimethy – lacrylamide and methoxythyl (meth) acrylate. ② Mueller, Karl F. ③ (Cib – Geigy corp) ④ **U. S. US 5057560**⑤ (Cl. 524 – 22; C08B89/00), ⑥ 15 Oct 1991, ⑦ US Appl. 105, 070, 05 Oct 1987; ⑧ 6pp. ⑨ The title copolymers which show temp. – dependent sharply defined clear – to – opaque transitions in the H_2O – Swollen state, ... ⑩

其中：①卷号、文摘号；②专利题目；③发明人姓名；④专利权人；⑤专利号；⑥专利分类号；⑦公布日期；⑧申请号和申请日期；⑨说明书页数；⑩专利文摘。

(5) 新书预告

92: 5669j① Carbonyl compounds – structure, properties, preparations, and use② (Karbonilni Suedineniya – Struktura, Svoistv, Polucha Vane i Prilozhenie) ③ Angelova. I④ (Narodna Prosveta; Sofia, Bulg.) ⑤ 1979⑥ 160pp⑦ (Bulg.) ⑧

其中：①卷号、文摘号；②英文译名；③原书书名；④作者姓名；⑤出版单位；⑥出版年份；⑦全书总页数；⑧原文语种。

(6) 档案资料

95: 64466a① Effect of conditions of nitric acid treatment of nepheline on filtration of slurries. ② zakharov, V. I. ③ (Inst. Khim. Technol. Redk. Elem. Miner. Syr' Ya, Apatity, USSR) ④. *Deposil de Doc.* ⑤ 1980, ⑥ VINITI 1506 – 80, ⑦ 18pp, ⑧ (RUSS). ⑨ Avail VINITI. ⑩ The filter ability of...

其中：①卷号、文摘号；②档案资料名称；③作者姓名；④作者单位及地址；⑤档案资料；⑥年份；⑦该档案资料存储单位及编号；⑧原文页数；⑨语种；⑩资料来源。

(7) 技术报告

92: 42471j① Chromate - free method of preparing aluminum surfaces adhesive bonding. An etchant composition of low toxicity. ② Russel, William J. ③ (Large Caliber Weapon Syst. Lab., Army Armament Res. Dev. Command, Dover, NJ. USA). ④ Report 1978. ⑤ ARLCD - TR 78001 AD - E 400160, Order No. AD - A 056241, ⑥ 25pp⑦ (Eng.). ⑧ *Avail NTIS.* ⑨

其中: ① 卷号、文摘号; ② 报告题目; ③ 作者姓名; ④ 作者单位及地址; ⑤ 报告年; ⑥ 报告编号; ⑦ 总页数; ⑧ 语种; ⑨ 资料来源。

3.2.4 《化学文摘》的索引体系

《化学文摘》索引体系在所有的检索工具中最为完备。这些索引按出版周期可分为期索引、卷索引和累计索引三种; 按使用功能可分为主题途径索引(包括关键词索引、普通主题索引、化学物质索引)、辅助索引(作者索引、专利索引、分子式索引)和指导性索引(索引指南、资料来源索引、登记号索引)。

3.2.4.1 Keyword Index(关键词索引)

这是一个期索引。索引款目中的词汇是从源文献中抽出的起关键作用的自然词汇。抽出的关键词之间不考虑语法联系和规律, 只按关键词字母顺序轮流排列。索引中的检索词是主要关键词。同一篇源文献中有几个关键词就能在索引中检索词的位子反映几次。即无论从哪个主要关键词着手检索, 都能查到同一篇文献。次要的关键词不能作为检索词。

例如:

PEG①

fatty acid ester②　　4197r③

其中: ①关键词; ②说明语; ③文摘号。

使用关键词索引时应当注意以下几个问题:

① 本索引所用的关键词是未经规范的自然词汇, 关键词选自一次文献的篇名、文摘和原文。对于同一主题内容, 不同的作者可能采用不同的术语(同义词)来表达。这样, 同一主题的文献就可能被分散开来, 编排在不同的检索词下。因此, 检索某一主题的文献时, 应当将相关的词汇全部选做检索词, 才能避免漏检。

② 本索引采用大量的缩写词, 且无缩写标志, 如 ato , org 等等。若要还原这些缩写词, 可查阅文摘前的 Abbreviations and Symbols Used in CSA Publications(缩写词表)。

③ 有机化合物的取代基位置和立体异构现象的冠词, 在该索引中从略。

④ 当关键词是化合物名称时, 可选择化合物名称的基本结构单元作为独立词, 如: Calcium hydroxide 分别用 Calcium 和 hydroxide 作为关键词。

检索实例: 检索"汽油的制备及生产"方面的文献。

① 分析课题, 确定主题词: 本课题的关键词是"汽油"、"制备"和"生产"。其中, "汽油(petrol)"为主要关键词。

② 检索索引:

Petrol

Manuf methanol hydrogenation catalyst p1658d

③ 到文摘部分阅读 p1658d 号文摘。

从实例的索引款目中不难看出，关键词索引中的各个关键词之间，没有任何的语法联系，不易较完整地反映一次文献的主题内容特征。但由于关键词索引紧附于每期文摘之后，方便阅读文摘正文。所以，关键词索引对于检索最新文献信息，可以称得上是简单易查的工具。

3.2.4.2 General Subject Index(GS)(普通主题索引)

该索引是以规范化的主题词作为检索词，以卷和累积的型式出版的索引。普通主题索引基本的著录格式如下：

Gasoline,① preparation②

from methanol by hydrogenation catalyst for,③26554q④

其中：①为一级主题词，一般为规范了的科技名词，规范的结果出自于《Index Guide》，整个索引按一级主题词字顺排列；

② 为二级主题词，这是一些修饰限制一级主题词的词。二级主题词将同一个一级主题词下的文献按更窄的主题范畴进行归类编排，从而提高了索引的专指性。当一级主题词为化学物质类名时，与其相对应的二级主题词有两种：一是限定性的，包括：analysis(分析)、biological studies（生物学研究）、occurrence(存在)、preparation（制备）、properties(性质)、reactions（反应)、uses and miscellaneous（用途及其他)；二是功能性的，包括：compounds 和 polymers ，功能性的二级主题词编排在限定性的二级主题词之后。此外，其他类型的一级主题词所具有的二级主题词各不相同，这里从略。

③ 为说明语。说明语与一级、二级主题词一起，共同描述一篇源文献主题内容的完整含义。说明语采用锯齿型错行的形式，将各条索引中相同的特征词抽出，列于这些条索引之上为它们所共用，以免重复著录。在同一条索引的标题之下，按主要说明语的字母顺序排列。

④ 为文摘号。文摘号前的英文字母的含义分别为：B 新书，P 专利，R 综述。按文摘号的大小顺序，就可以到相应年卷的文摘中找到该条索引所报导的文摘内容及文献出处。

使用主题索引时，必须注意该索引所收录文献的范围。普通主题索引只收录如下主题的源文献：①化学成分不固定的物质；② 化学物质的大类名称；③ 概念性主题(包括分析、生物化学、化学和物理性能、工业化学和化学工程的装置及过程等等)；④ 生化、生物及植物的俗称；⑤ 未定名的化合物。

3.2.4.3 Chemical Substance Index（CS)(化学物质索引)

这个索引是随着《化学文摘》报导量增加而从普通主题索引中分离出来的，以卷索引和累积索引型式出版。所以，化学物质索引的著录格式与普通主题索引的格式基本相同。例如：

Hexanoic acid①[142 -62 -1]②, reaction③

addn. of, with butane. ④p84533h⑤

_______, compounds

Barium salt⑥ [24557 -05 -9], absorption of;
xylene - water interface, 206984d

其中：① 一级主题词。化学物质索引的一级主题词为化合物的系统名称，母体在前，取代基在后。所谓系统名称是采用《化学文摘》自己的一套命名方法所得到的索引名称。这种命名方法得到的名称与人们常用的学名、俗名、商品名等都不相同。为此，使用化学物质索引的关键在于如何确定化合物的索引名称。化学物质索引所采用的化合物索引名称全部编著在《Index Guide》(索引指南)中，也可以参照《Formula Index》来确定。整个化学物质索引按化合物名称字顺排列。

② 化合物登记号。《化学文摘》对每一个成分固定、结构清楚的化学物质都冠以一个登记号，用以统一对一个化合物的各种不同命名，并区分各个同分异构体。

③ 二级主题词，除了普通主题索引所用的二级主题词之外，化学物质索引还有一些自己特有的功能性二级主题词。这主要是由于化合物具有大量各式各样的衍生物造成的。化学功能性二级主题词是按衍生物的归属对同一化合物下的文献进行细分的第二级主题。它们编排于限定性二级主题词之后，其归属及排列顺序如下：

Acetals(缩醛) 仅用于天然产物的醛和酮主题词

Anhydrides(酐)仅用于酸的主题词

Anhydrosulfices(硫代酐)仅用于硫代酸(thioacides)主题词

Compounds(化合物) 仅用于加合物、络合物、盐固溶物和包括在其他功能衍生物中的不常用的功能基衍生物主题词

Derivatives(general) (一般衍生物)指非化学功能基衍生物主题词

esters (酯类)用于酸醇类主题词

ethers (醚类)用于三种糖类(即 cellulose , dextan, starch)主题词

hydrazides(酰肼类)用于酸类主题词

hydrazones(腙类)用于醛类和酮类主题词

lactones (内酯类)用于羟基酸立体母体类主题词

oxides(氧化物)用于胺类主题词

oximes (肟类)用于醛类和酮类主题词

polymers(聚合物)用于低聚物、均聚物和共聚物主题词

由于一级主题词所述化合物的性质不同以及收录文献的情况不同，每个主题词下的化学功能性二级主题词也不相同。检索时应当注意到这些特点。

④ 说明语。

⑤ 文摘号。

⑥ 一种新的化合物名称。

使用化学物质索引时，应当注意该索引的收录范围。该索引所收录的文献是描述那些原子、原子数、价键、立体结构已经确定的化合物。具体包括：① 所有已知的元素和化合物；② 确定组成的合金；③ 已知成分的矿物；④ 已知组成的化合物的混合物和聚合物；⑤ 已知的抗菌素、酶、激素、蛋白质(朊)和多糖；⑥ 基本粒子。

3.2.4.4 Formula Index (分子式索引)

该索引是以化学物质的分子式为检索标识的单独的卷索引和累积索引。使用分子式索

引的前提条件是必须已知化学物质的分子式。

作为检索标识的一个分子式内部，首先要将原来分子式中相同元素的个数合并叠加，并按字母的顺序重新排序。例如：H_2SO_4应以H_2O_4S来表示；$C_9H_{19}COOH$应以$C_{10}H_{20}O_2$来表示。而各个分子式之间，也严格按照分子式的字母顺序排列。但这里有一种情况例外，即含有碳元素，或者同时含有碳、氢元素的分子式，须将碳或碳氢元素提到其他元素的前面排列，然后，再按顺序排列分子式中的其他元素。如果几个分子式元素相同，则按照原子个数从小到大的顺序排列。例如：

Al_3V

BBr_3

CAgN

C_4H_4BrS

分子式索引的著录格式有两种形式。一是分子式之后直接给出文献线索，按此线索可以进一步阅读文摘。例如：

BBr_3
Borane, tribromo -[10294 -33 -4] 34171u

二是在索引款目中没有给出文献线索，而编著的是一个参照款目。例如：

$C_{14}H_{10}$
Anthracence [120 -12 -7] see Chemical Substance Index

这个款目指明该物质的文献都已收集到《化学物质索引(Chemical Substance Index)》中了，请到《化学物质索引》中检索该物质的文献信息。

在使用分子式索引的时候，应当注意以下几个问题：

① 分子式索引是化学物质索引的辅助索引，它收录了一个化合物在化学物质索引中没有报导的那部分文献。要提高检索的查全率和查准率，必须将分子式索引和化学物质索引对照着使用。

② 分子式索引除了能够提供一部分化合物的文献线索之外，还具有对化合物索引名称的规范作用。例如：

$C_2H_4O_2$
Aceted dehyde, hydroxyl -[141 -46 -8] See Chemical Substance Index

分子式下面给出的化合物名称就是《化学文摘》所采用的索引名称，可以使用此索引名称去检索《化学物质索引》。

③ 检索时应当仔细区分同一分子式下的多个同分异构体。分子式越大，同分异构体越多。例如：

$C_2H_4O_2$
Aceted dehyde, hydroxyl -[141 -46 -8] See Chemical Substance Index
Acetic acid - [64 -19 -7] See Chemical Substance Index

示例中分子式下的两个不同的登记号代表着虽然分子式中元素相同、但结构完全不同的两种物质。使用分子式索引的时候一定要弄清楚究竟哪一个索引名称是读者要检索的化合物。

④ 注意：当化合物为酸、醇和胺的金属盐时，分子加层化合物、聚合物时，某些氢化物时，酚、醇的金属盐时，只能以母体分子式作为检索线索，金属元素和结晶水等不计入索引标题的分子式中。例如：欲检索“乙醇钠”的文献信息，不要直接用乙醇钠的分子式去检索，而应该将乙醇钠还原成乙醇，用乙醇的分子式作为检索词去检索。然后在说明语的位置检索其钠盐，得到的信息便是“乙醇钠”的文献信息。

3.2.4.5 Index of Ring System（环系索引）

该索引是1967年66卷起随着分子式索引出版的。它是以环系有机物的环数、环上主要原子数及环上主要元素成分为检索依据，专门查找环系化合物母体名称的索引。例如：如图所示的一个三环化合物，三个环上主要原子个数由少到多分别为6、6、8，三个环上主要元素成分分别为 C_6、C_6、C_8。根据上述线索，便可以在环系索引中查到该物质的母体名称：

3 Ring System
6，6，8
C_6, C_6, C_8
Dibenzo[a,c]cyclooctene (1)

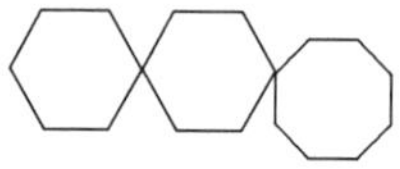

则式(1)给出的名称即为上述环系物质的母体名称。若要得到化合物的全称的索引名称，必须按母体字顺转查化学物质索引，或按环系物质完整的分子式转查分子式索引。

环系索引只收录那些不常见的环状化合物。常见的环状化合物一般可见于《Index Guide》(索引指南)。使用环系索引要求注意以下几个问题：

① 环间必须有共用原子；

② 共用原子重复计数；

③确定环数的时候，要使每个环上含有元素最少、总环数最少，且环数排列按由小到大的顺序。

3.2.4.6 Patent Index（专利索引）

该索引是以期索引、卷索引和累计索引形式出版、以专利号作为检索线索的工具书。其编排格式首先按照专利国(组织)的国别(组织)代号的字母顺序排列，部分国家专利国别代码如表3－2所示。

表3－2 部分国家专利国别代码

代码	国别	代码	国别	代码	国别	代码	国别
AR	阿根廷	DE	德国	JP	日本	RU	俄罗斯
AT	奥地利	DK	丹麦	NL	荷兰	SE	瑞典
AU	澳大利亚	FR	法国	NO	挪威	SK	斯洛伐克
BE	比利时	GB	英国	NZ	新西兰	TW	中国台湾
BR	巴西	HU	匈牙利	PH	菲律宾	US	美国
CA	加拿大	IL	以色列	PL	波兰	ZA	南非
CH	瑞士	IN	印度	PT	葡萄牙		
CN	中国	IT	意大利	RO	罗马尼亚		

同一国别(组织)代号下面按专利号的大小顺序排列。例如：

JP① 54/012643② $A_2$③ (56/007346B4)④ [79 12643]⑤ 92：18065j⑥

AT 337140B⑦

FR 2270206A1

54/012643B4⑧ See US3986977A⑨

其中：①专利国别代号；② 专利顺序号；③专利类型符号；④ 该件专利的另一级专利号；⑤用公元年表示的专利号；⑥文摘号；⑦同族专利号；⑧相同专利号；⑨基本专利的专利号。

使用专利索引可以达到两个目的：一是在已知专利号的情况下，在《化学文摘》中阅读专利文摘；二是可以查找某一已知专利的所有同族专利。《化学文摘》的专利索引将所有同族专利列于基本专利之后。基本专利之后还提供该件专利在《化学文摘》中的文摘号。同族专利的发明内容基本相同。所以，可以利用专利索引从同族专利中挑选自己熟悉的语种以及可以找到馆藏的专利文献来阅读。

3.2.4.7 Author Index(作者索引)

这是根据已知的作者姓名检索《化学文摘》的工具。本索引将作者、合作者、团体作者及编者按姓名字顺进行排列，姓氏在前、名字在后，名字只取缩写字头，以期、卷和累积版型式出版。如果一篇文献有两个以上的作者，文摘号只著录在第一作者之下。例如：

Smithson J. H.①23047r②

Smithson J. R.

Removal of thiophene from benzene,③ 3015f

Wang J.③ See Smithson J. R.⑤

其中：①作者姓名；②文摘号；③文献题目；④次要作者；⑤主要作者。

使用作者索引时需要注意：当作者姓名用非拉丁语系语种表示时，作者索引采用音译的形式将其译成英文字母。音译时可借助于表3-3所示的“俄—英字母转译对照表”以及表3-4所示的“黑本式日文—罗马字母音译对照表”。中文作者的姓名在《化学文摘》中用汉语拼音表示。

表3-3 俄—英字母转译对照表

俄 文	英 文	俄 文	英 文	俄 文	英 文	俄 文	英 文
Аа	a	Зз	z	Пп	p	Чч	ch
Б б	b	Йй	i	Рр	r	Шш	sh
Вв	v	Ии	i	Сс	s	Щщ	sh, ch
Г г	g	Кк	k	Тт	t	Ъъ	,(在字末省略)
Д д	d	Лл	l	Уу	u	Ыы	y ui
Е е	e	Мм	m	Фф	f	Ьь	,(在字末省略)
Ё ё	e	I Iн	n	Хх	kh	Ээ	E
Ж ж	zh	Оо	o	Цц	ts	Юю	yu
						Яя	ya

表 3-4 黑本式日文一罗马字母音译对照表

a(ア)	i(ィ)	u(ウ)	e(エ)	o(オ)	kya(キヤ)	kyu(キユ)	kyo(キヨ)
Ka(カ)	ki(キ)	ku(ク)	ke(ケ)	ko(コ)	sha(シャ)	shu(シユ)	sho(シヨ)
sa(サ)	shi(シ)	su(ス)	se(セ)	so(ソ)	cha(チャ)	chu(チユ)	cho(チヨ)
ta(タ)	chi(チ)	tsu(ツ)	te(テ)	to(ト)	nya(ニャ)	nyu(ニユ)	nyo(ニヨ)
na(ナ)	ni(ニ)	nu(ヌ)	ne(ネ)	no(ノ)	nya(ヒャ)	hyu(ヒユ)	hyo(ヒヨ)
ha(ハ)	hi(ヒ)	fu(フ)	he(ヘ)	ho(ホ)	mya(ミャ)	myu(ミユ)	myo(ミヨ)
ma(マ)	mi(ミ)	muム	me(メ)	mo(モ)	rya(リャ)	ryu(リユ)	ryo(リヨ)
ya(ヤ)	—	yuユ	—	yo(ヨ)	gya(ギャ)	gyu(ギユ)	gyo(ギヨ)
ra(テ)	ri(リ)	ruル	re(レ)	ro(ロ)	ja(ジャ)	ju(ジユ)	jo(ジヨ)
wa(ワ)	—	—	—	—	ja(ヂヤ)	ju(ヂユ)	jo(ヂヨ)
n(ン)	—	—	—	—	bya(ビャ)	byu(ビユ)	byo(ビヨ)
ga(ガ)	gi(ギ)	guグ	ge(ゲ)	go(ゴ)	pya(ピャ)	pyu(ピユ)	pyo(ピヨ)
za(ザ)	ji(ヅ)	zuズ	ze(ゼ)	zo(ゾ)			
da(ダ)	ji(ヂ)	zuヅ	de(デ)	do(ド)			
ba(バ)	bi(ビ)	buブ	be(ベ)	bo(ボ)			
pa(パ)	pi(ピ)	Puプ	pe(ペ)	po(ポ)			

3.2.4.8 Registry Handbook(登记号手册)

这是用已知化合物的登记号检索化合物的分子式及系统名称的工具。

由于化学物质不断增加，并且命名方法繁多，使得一个化合物有多个名称。为了解决这个问题，《化学文摘》将报导过的化学成分完全肯定的化合物登记下来，每个化合物给定一个登记号。这样，不管这种结构的化合物有几种名称，其登记号只有一个，从而保证了工具书著录和检索的统一性，为读者区别、判断化合物结构提供了方便。登记号手册按登记号数字大小顺序排列。例如：

[124-04-9]① $C_6H_{10}O_4$② Hexanedioic acid③

其中：①登记号；②分子式；③化合物的系统名称。

利用登记号后面给出的分子式可以去检索分子式索引；而化合物的系统名称可以用来检索化学物质索引。所以说，登记号手册实际上是一部指导性工具书。它可以帮助读者确定已知登记号的化合物的分子式和系统名称，以便正确使用分子式索引和化学物质索引。

3.2.4.9 Index Guide(索引指南)

这是一个不定期出版物。它不提供文献线索，只解决一些在确定检索词时遇到的疑难问题。索引指南的主要功能有以下几点：

(1) 规范检索词

化学文摘的普通主题索引和化学物质索引所采用的检索词都是经过规范化的优选词汇。

规范的结果就著录在索引指南的正文中。为此，开始检索之前，一定要利用索引指南规范检索课题的检索词，以便与检索工具书中所用的检索词相一致。例如：

Dacron①
  See② Polyester③
Gasoline④
Petrol
  See Gasoline
Polyethylene
  See Ethene, polymers, homopolymer[9002-88-4]⑤
Wastewater
  treatment See Wastewater treatment

其中：①非主题词；②见；③主题词；④主题词；⑤登记号。

规范检索词的另一部分任务可以由附录 I 是普通主题词从属等级表。从表中可以确定部分普通主题词。例如：

54 SOLIDS
a Amorphous Substance
  crystals
  . crystal defects
  .. color centers

示例等级表中的每个词都可以作为主题词。主题词间的从属及相邻关系反映了主题内容之间的内在联系。为此，根据检索要求，适当地选择相关的主题词，以便调节检索的查全率和查准率。

(2) 扩大检索范围

例如：

AF163F①
  See also② Epoxy resin③
Wastewater
  from paper industry
  See also Paper
    Paper board
    Pulp cellulose

其中：①主题词；②参见；③相关主题词。

通过"See also"对照参考款目，引出相关主题词。如果希望提高检索的查全率，便可以利用相关主题词继续检索。

(3) 注释作用

索引指南中含有大量的注释语言，可以帮助检索者确定正确的检索词。为此，不可忽视索引指南这一功能。

(4) 增加或删改主题词

由于时间的推移以及科学技术的进步，过去已经确定的主题词需要删去，而有些新的主题词要不断地扩充进来。这些工作都是由索引指南来完成的。

3.2.4.10 Chemical Abstracts Service Source Index (CASSI)(资料来源索引)

所谓的资料来源，是指《化学文摘》摘录的文献的原始出版物名称。《化学文摘》中著录的出版物名称都采用缩写形式。这就给读者索取原始文献带来很大的不便。为了帮助读者将已知的出版物缩写还原为全称，自1920年起，《化学文摘》不定期出版资料来源索引。该索引的主要著录格式如下：

Chemical **Eng***ineering and* **Process***ing*① CEPRAS. ② ISSN 0360-7275③
In Eng;④Eng sum. ⑤

其中：①出版物全称，黑体字为出版物缩写部分，资料来源索引按缩写字顺排列；②刊名代号；③国际标准期刊号；④原文语种；⑤文摘语种。

另外，从61卷起，在双号期的文摘索引之后，附有出版物名称的变更情况汇总，可作为资料来源索引的补充。1970年以后，单独出版资料来源索引的“季度增刊”，用以报导资料来源的最新变更。

除了上述10种索引之外，《化学文摘》还曾出版过“杂原子索引”、“专利对照索引”和“专利号索引”等，现已合并或停刊，这里不再提及。

3.2.5 《化学文摘》的使用程序

《化学文摘》文摘内容的选择与阅读主要是通过对各种索引的检索来确定。每一条索引都有一篇与其相对应的文摘。所以，掌握了索引的著录格式及使用方法，就可以直接按索引款目给出的文摘号到相应的文摘中阅读文摘正文。当然，也可以根据文摘本身的分类目次表直接到检索课题所在类目的文摘部分去阅读文摘。检索《化学文摘》的完整程序可以用如下的框图3-1表示：

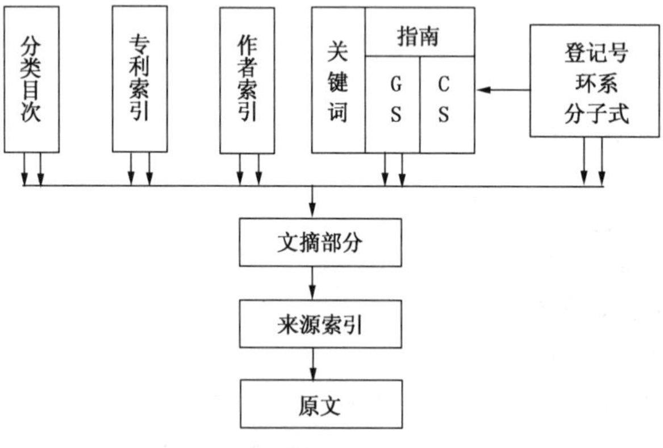

图3-1 《化学文摘》检索程序框图

3.2.6 检索实例

课题名称：聚氯乙稀泡沫材料的挤压成型工艺

(1) 分类途径

由于聚氯乙稀是塑料的一种，所以选择第三类“大分子类”作为检索类目：

Macromolecular Chemistry Sections

36 Plastics Manufacture and Processing

37 Plastics Fabrication and Uses

逐期逐条阅读两个类目下面的文摘，选择切题的文摘，并按照文摘中标明的出处索取原文献。

(2) 主题途径

1) 分析课题，确定主题词。与本课题有关的检索词如下：

聚氯乙烯——PVC(polyvinyl chloride)

泡沫材料——Foamed materials (cellular)

挤压成型——Extrusion

工艺——Technology

2) 用 Index Guide 核对主题词：

PVC(polyvinyl chloride)

  See Ethene chloro - polymers, homopolymer [9002 - 96 - 2]

Extrusion

  See Extrusion of Plastics and Rubbers

Foamed materials

  See plastics cellular

Technology 不能作为主题词。

3) 根据核准的主题词，利用索引进行检索。

① 检索 General Subject Index(GS)。

Extrusion of plastics and rubbers

  of cellular pvc

    blowing agents for, 80: p134296m

  of pvc

      cellular rigid 81: 78849d

② 检索 Chemical Substance Index。

Ethene chloro - polymers, homopolymer [9002 - 96 - 2]

  cellular modeling of blowing agents for, p134279h

4) 根据切题索引的文摘号，在相应卷期的文摘部分阅读文摘。

① 81 卷：

78849d Developments in vinyl foam extrusion. Brenis K. L. (Plast. Diu. Diamod ShamrochChem. , Co. ElenelandOhio) *Soc. Plast. Eng. Tech. Pap.* 1974, 20, 629 - 34.

(Eng)...

② 80 卷：

134279h Foamed molding. Yamguchi mmneaki. (Agency of Industrial Science and Technology) Japan 73 21352 (Cl C08fB29d) 28 Jun 1973. Appl. 70 11398, 10, Dec 1970, 3pp...

5) 索取原文献。

通过阅读文摘内容，判断已检索出的文献是否适合检索课题。如果切题，便可以利用

《化学文摘资料来源索引(Chemical Abstracts Service Source Index)(CASSI)》将出版物缩写还原为全称：

Soc. Plast. Eng. Tech. Pap——*Society of Plastics Engineers Technical Papers* 最后到文献的收藏单位去索取上述的期刊 1974 年 20 卷 629 至 634 页的论文，以及日本 73 21352 号专利说明书。

(3) 分子式、序号和作者途径

1) 分子式途径。

用 Formula Index 按聚氯乙烯母体的分子式字顺检索，得到：

C_2H_3Cl

Ethene chloro - polymers, homopolymer[9002 - 96 - 2]See Chemical Substance Index

该索引款目提示读者，有关聚氯乙烯的文献去"见"化学物质索引，在分子式索引中没有聚氯乙烯的文献信息。

2) 序号途径。

已经检索出日本专利 JP 73 21352 号专利切题。但读者不熟悉日文。欲查找与其等同的英文语种的专利，便可以利用序号途径，去专利索引(Patent Index)中检索：

JP 73 21352A2 80：134296

US 2176355A

这条索引款目说明日本 73 21352A2 专利与美国 2176355A 专利是同族专利。这样，可以通过阅读美国 2176355A 专利来了解日本 73 21352A2 专利的内容。

3) 作者途径。

已经检索出作者 Brenis, K. L. 在本课题有研究论文发表，考察该作者还有无其他文献，可以按作者姓名字顺，检索作者索引(Author Index)：

Brenis, K. L 78849 d

该条索引标明，该作者只有一篇文献，已阅读，不再重阅。

习题

1. 利用作者索引，检索一篇王氏作者的文献题目及出处。

2. 利用专利索引，任选一个日本相同专利。并检索其等同的美国基本专利的专利号、文摘号及全部同族专利。

3. 利用关键词索引，检索一篇有关聚酯或乙二醇的文献题目及出处。

4. 在普通主题索引、化学物质索引、分子式索引中，分别摘引一条索引款目，并指出索引款目中各项的含义。

3.3 《金属文摘》的检索方法

《金属文摘》于 1968 年创刊，月刊，由英国金属学会(Institute of Metals)和美国金属协会(American Society of Metals)联合编辑出版。该刊分为文摘和索引两部分，并且分别单独出版，年终还出版累积的主题索引和作者索引。

该刊报导了世界各国 1000 多种有关金属专业的期刊、研究报告、会议录、专刊和图书等文献信息。与一次文献出版的时差约为4到6个月。收录的内容主要是关于铁与非金属和合金的生产、特性、分析、检验和加工等方面的文献。年文摘量近30000条左右。

3.3.1 《金属文摘(Metals Abstracts)》(简称 Met. A)单期结构

每期的《金属文摘》都包括类目表、文摘正文和作者索引三个部分。分述如下:

3.3.1.1 类目表

《金属文摘》每期前都有"类目表(List of Sections)"。该表分为33个类别，其中包括结构、晶体特性、晶体缺陷、结构硬化、辐射效应、金属物理、金相学、实验与控制、分析、力学性质、物理性质、电磁现象、化学与电化学特性、腐蚀、矿物与原材料、提炼与熔化、精炼与提纯、提炼与精炼的物理化学、成型加工、机械加工、粉末工艺、接合、热处理、表面加工(光制)、工程构件和结构、复合物、电子装置等。

3.3.1.2 文摘部分

《金属文摘》的文摘部分按33个类号的顺序进行排列。在每页文摘的左右上角标有类号和类目名称。每个类目下的文摘分别从每年的第一期的0001号编起，然后逐月逐期各自按照本类目的文摘号的大小顺序连续编号。

每期文摘的著录格式如下所示:

31 Mechanical Properties①

31 –0004②The Question of the Scale Factor in Fracture Mechanics③

(Translation)④See⑤Met. A, 8107 –31 –2155. ⑥

I. P. Gnyp. ⑦ *Sov . Mater. sci.* ,⑧ Nov. – Dec. , 1980, 16 (6), 542 – 546,⑨ [in English]⑩

其中:①文摘所属的类号及类目;②文摘的类号和文摘号;③文摘题目;④表示该篇文献是译文;⑤见;⑥原文献线索;⑦译者;⑧出版物名称;⑨文献出版的年、卷、期及页数;⑩语种。

利用每期文摘的类目去检索文献，优点是能够迅速检索出许多同类性质的文献。缺点是不易迅速检索出相同主题的文献。查找相同主题的文献的任务，主要由《金属文摘索引》来完成。

3.3.1.3 作者索引

每期的《金属文摘》，除了按类编排其文摘之外，还可以从作者的姓名入手，查找已知作者的文献线索。例如:

Gnyp, I. P. ① 31 –2155②

其中:①作者姓名;②文摘的类号和文摘号。

期作者索引给出的文摘号，都可以在本期的文摘中查到文摘正文。

3.3.2 《金属文摘索引》(Metals Abstracts Index) 单期结构

《金属文摘索引》分为主题索引和作者索引两部分。从出版的形式看，该索引与上述的《金属文摘》是分开单独出版的。但实质上，它们之间是不可分割的。使用它们检索文献时，必须将"文摘"和"索引"两部分相互配合才行。

3.3.2.1 主题索引

该索引的主题词来自于“Metals Information Thesaurus of Metallurgical Terms（冶金叙词表）”。主题索引采用一、二级两级主题词，两级主题词之间用逗号分开。例如：

Fatigue failure,① Cooling effects②
Failure of structures by creep③ 31 −2145④
其中：①一级主题词；②二级主题词；③文献题目；④文摘号。

通过阅读主题词和文献题目，可以大致了解文献是否切题。如果认为切题，就可以到相应的卷、期的《金属文摘》上阅读文摘正文，并进一步确认其文献的原文出处。

3.3.2.2 作者索引

该索引分为个人作者索引和团体作者索引两种。索引的著录格式与《金属文摘》中的作者索引格式完全一致。该索引只能检索到已知作者文献的类号和文摘号。读者欲了解其篇名和文摘，必须根据索引提供的类号和文摘号，去《金属文摘》部分查找。

3.3.2.3 年度索引

该索引将一年12期的《金属文摘索引》分别按主题索引和作者索引重新编排，单独出版。

累积索引与单期索引的结构及其使用方法基本一致。不同之处是在每条索引款目中增加了“年”和“期”两项内容。例如：

Failure①
Failure of structures by creep② 77 −07③31 −2145④
其中：①主题词；②文献题目；③文摘所在的年、期；④类号、文摘号。

此外，年度累积索引中还附有《金属文摘》“引用期刊与缩写对照表（List of Journal Abstracted by Metals Abstracts）”。利用此表可将文摘中的刊名缩写还原成全称。

3.3.3 《金属文摘》和《金属文摘索引》的使用方法

使用《金属文摘》和《金属文摘索引》检索文献信息时，可以单独使用《金属文摘》，最好是将《金属文摘》和《金属文摘索引》联系起来使用。其具体的使用方法如框图3−2所示：

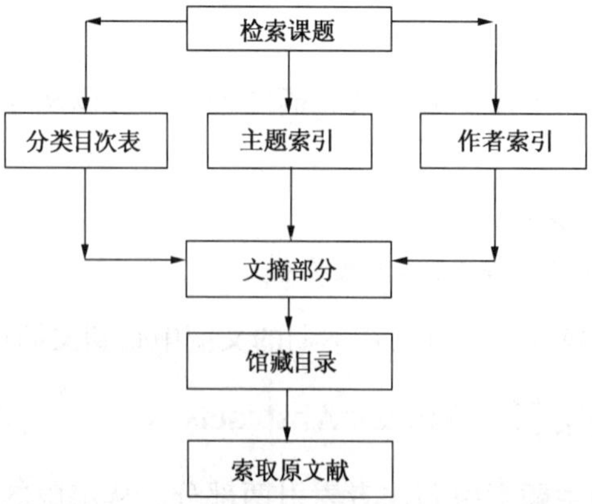

图3−2 《金属文摘》及《金属文摘索引》使用框图

习题

1. 利用《金属文摘》和《金属文摘索引》检索金属替代物方面的文献信息。
2. 利用《金属文摘》和《金属文摘索引》检索塑料及复合材料是否在合金领域有所应用。
3. 利用《金属文摘》和《金属文摘索引》检索钛金属方面的文献。
4. 利用《金属文摘》和《金属文摘索引》检索金属建筑材料的文献。

3.4 《科学文摘(Science Abstracts)》的检索方法

3.4.1 概况

英国的《科学文摘》(简称 SA)创刊于 1898 年。现由国际物理学和工程学界服务部(Information Service in Physics, Electro - Technology, Computer and Control, 简称 INSPEC)编辑出版。《科学文摘》收集的文献包括世界各主要国家的期刊、科技报告、会议文献和图书。

《科学文摘》现分三个分册:

(1) Series A - Physics Abstracts (简称 PA)(物理文摘)

该分册专门报导物理学专业的文献。

(2) Series B—Electrical and Electronics Abstracts (简称 EEA)(电气与电子学文摘)

该分册报导的内容是普通电子学、线路和电子学、电子器件和材料、电磁学和通讯、仪器和专门应用、动力系统和应用等等。

(3) Series C—Computer and Control Abstracts (简称 CCA)(计算机与控制文摘)

该分册报导的内容是总论和管理、系统和控制理论、控制技术、计算机程序和应用、计算机系统和设备等等。

《科学文摘》主要由期文摘、主题索引、作者索引及一些辅助索引等组成。

3.4.2 《科学文摘》的文摘内容及编排

《科学文摘》的文摘部分是按类编排的。每分册的文摘之前均有"Classification and Contents (分类及目次表)",如表 3 -5 所示。

表 3 -5 《科学文摘》分类及目次表

类号	类 目	页码
0000	GENERAL AND MANAGEMENT TOPICS	1
3000	CONTROL TECHNOLOGY	35
3300	CONTROL APPLICATIONS	102
3370	Communication techniques	210
3370J	Television	315

上表是从《科学文摘》C 分册的目次表中摘制而成的。整个目次表共分四级,前三级类号采用四位数字表示,第五位采用英文字母表示第四级类号。读者根据分类表指引的分类号、类目、页码,便可以迅速找到所需文献的线索。

每一条文摘的款目是按如下的格式著录的：

3078① An interactive approach to the optimization of integrated circuits.② K. Antreich ③(Lehrstuhl fuer Rechnerge-stutztes Entwerfen, Tech. Univ. Munchen, Germany)④ . *Arch. Elektron. & Uebertragung Stech.* ⑤ (Germany) ⑥, Vol. 36, no. 9, P327 –39⑦(Sept. 1982)⑧In German. Presents an approach to the nominal design problem of integered circuits by interactive optimization...⑨... (21 refs)⑩

其中：①文摘号；②文献题目；③作者；④作者工作单位；⑤出版物名称缩写；⑥出版地；⑦卷、期、页数；⑧出版时间；⑨文摘正文；⑩参考文献数。

在每类文摘的最后，列有“参见款目(See Entry)”，参见款目中给出的文摘号，是与本类目相关的文摘，可以扩大读者的阅读范围。

当读者确定检索课题的类别有困难时，《科学文摘》三个分册分别在每期分类表之后附有“Subject Guide (主题指南)”。指南按主题词字顺排列，帮助读者从主题概念入手确定检索课题的类别。例如：欲检索“计算机辅助电路设计”方面的文献。若想知道这类文献所在的类别，可以使用“主题指南”：

Computer –aided circuit design 7410

该款目表示：计算机辅助电路设计的文献可能在《科学文摘》的 7410 类。根据查到的大类类号，再从“分类和目次表”中进一步确定更小的类号：

7410 Electrical engineering 182
7410D Electronic engineering 185

这个款目说明，“计算机辅助电路设计”的文献应该在 7410 或 7410D 类中检索，其文摘正文应该在第 182 页或 185 页。值得注意的是：《科学文摘》主题指南中所用的主题词是未经规范化处理的自然词汇。

帮助读者确定正确分类号的工具还有《INSPEC 叙词表》。该表对大多数主题词均给出了在《科学文摘》各分册的分册代号及该分册的分类号。读者可以按此分类号直接检索文摘正文。例如：欲检索“激光束焊接 (laser been welding)”的相关文献，若不知被摘引在《科学文摘》的哪个分册中以及所使用的分类号是多少时，可借助于《INSPEC 叙词表》。叙词表显示结果为“激光束焊接”的文献所在的分类号为 B4360 和 B4362。也就是说检索该主题的文献应该在 B 分册，其分类号为 4360 和 4362。

3.4.3 索引部分的内容及编排格式

3.4.3.1 主题索引

《科学文摘》的主题索引是个累积索引，累积时间可能是半年，也可能是几年。该索引按主题词字顺排列，其主题词选自《INSPEC 叙词表》。例如：

Optimization①
  adaptive optimal output feedback control②3 –8151③
  advertising, differential game models②3 –16011③

其中：①主题词；②说明语；③文摘号，而其中的“3”表示公元年的最后一位数。至于究竟是 83 年还是 93 年，还要由累积索引的累积时间来判断。

主题索引能够帮助读者从主题词着手，快速、准确地检索《科学文摘》。

3.4.3.2 作者索引

作者索引含期索引和累积索引两种型式。期作者索引只给出作者所著文献的文摘号，例如：

Fujioka，H+①40837②

其中：①作者姓名，“+”表示第一作者；②文摘号。

而累积作者索引则给出文献内容的简要说明语。若遇合作者，著录事项只著录在第一作者名下，合作者用“see”指向第一作者。例如：

Crowe，J. E.① See② Melling，J. R.③ 3 -12563④

Crowe，M. k.⑤ An incremental Compiler⑥ 3 -2403

其中：①合作者；②见；③第一作者；④文摘号；⑤第一作者；⑥说明语。

3.4.4 辅助索引的内容及编排

① Bibliographical Index（参考文献索引）。《科学文摘》的编辑将附有较多参考文献的文章编成索引，以引起读者的注意和使用。

② Book Index（图书索引）。揭示该期文摘所摘引的新书。按简略书名字母顺序排列。

③ Conference Index（会议索引）。按会议名称字顺排列，给出被摘引的会议论文的文摘号。

④ Corporate Author Index（团体作者索引）。介绍以团体名义发表的论文。按团体名称字母顺序排列，著录篇名、报告号、文摘号。

⑤ List of Journals（摘引期刊一览表）、Supplementary List of Journals（摘引期刊增补一览表）和 List of Other Serial Sources（连续出版物一览表）。根据上述三表，可以将文摘著录中的出版物名称缩写还原为全称，以便索取原文献。

3.4.5 《科学文摘》的使用方法

如图 3 -3 所示，《科学文摘》主要提供了三条主要检索途径：分类途径、主题途径和作者途径。现举例说明这三种途径的使用方法。

检索课题：欲检索有关“计算机辅助集成电路设计”的文献。

3.4.5.1 分类途径

第一步　分析课题，确定分类号。

查阅“Subject Guide（ 主题指南）”，得到：

Computer -aid circuit design 7410

Integrated Circuits 5110C，5120

通过期文摘内容的阅读核准上述三个类号是否切题。经核准，发现 7410 类较适宜。选中 7410 为检索类号。

第二步　按分类号逐期检索文摘。

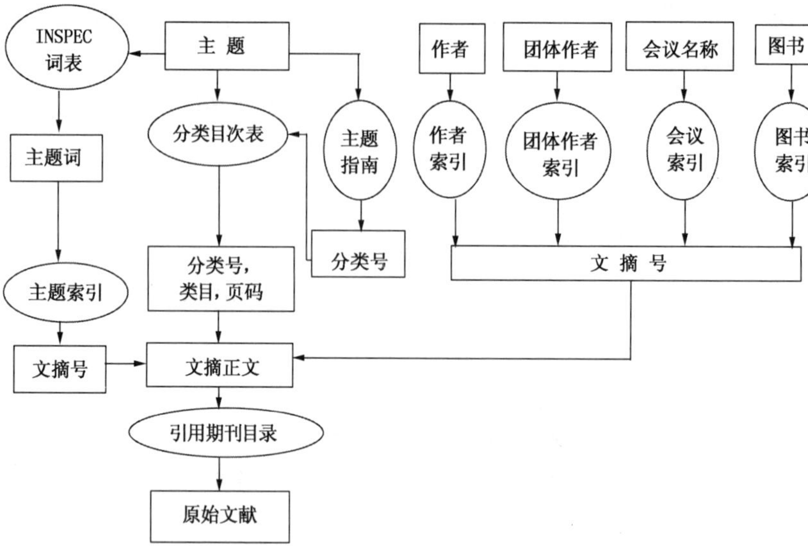

图 3-3 《科学文摘》检索框图

利用每期的“分类和目次表”查到切题类目的文摘所在的页码，再根据页码阅读文摘正文。

7410 Electrical engineering 1541

7410D Electronic engineering 1545

分别到 1541 页和 1545 页阅读 7410 和 7410D 类下的文摘，筛选出切题的文摘内容，加以摘录。如：

25364 CAD forintegrated circuits. W. Hottinger (Faselec A G, Zurich, Suiterland). *Bull. ASSOC. Suisse Electr.* (Switzerland), Vol. 74, No. 5, p. 234-7 (5 March 1983), In German. Because of the lack of suitable tools for CAD, it is hardly possible to exhaust the... (7 refs.)

按照同样的方法可以在不同的时间出版的《科学文摘》上检索到若干篇相关文摘。

第三步 根据文献出处，经过还原处理，到馆藏单位索取原文献。

3.4.5.2 主题途径

第一步 分析课题，通过《INSPEC 叙词表》确定主题词：

Computer - aided circuit design

USE circuit CAD

该款目说明：在主题索引中，未设“Computer - aided circuit design”一词。若检索该主题的文献，需使用“circuit CAD”一词作为主题词。

第二步 按主题词字顺，在《科学文摘》累积索引中进行检索，便会得到若干切题的文摘号。

第三步 阅读文摘。根据已检索到的文摘号阅读文摘正文，进一步取舍。同时摘录文献出处。

第四步 索取原文献。将文献出处的缩写还原，到文献收藏单位索取选中的切题原文献。

3.4.5.3 作者途径

欲检索已知作者 W . Hottinger 是否还发表过其他相关文献，可利用累积索引中的作者索引进行检索。结果得到：

Hotting W. Computer – intensive test serve increasing complex IC 3 – 42052

阅读文摘及索取原文献的方法与上面所述相同。

习题

1. 利用《科学文摘》检索一篇微型计算机方面的文献信息。
2. 利用《科学文摘》检索一篇压缩机方面的文献信息。
3. 利用《科学文摘》检索一篇无线电方面的文献信息。
4. 利用《科学文摘》检索一篇单片机方面的文献信息。

3.5 美国《科学引文索引》的检索方法

《科学引文索引》(Science Citation Index)，简称SCI，是由美国科学信息研究所(Institute of Scientific Information，ISI)制作的世界著名的大型检索工具。创刊于1961年，现为双月刊。有印刷版、光盘版和网络版等版本。

3.5.1 概况

所谓引文，通俗地说就是参考文献。例如，有文献A和文献B两篇文献。A文献发表在先，B文献发表在后。B文献的作者在其文献中引用了A文献，则称A文献是B文献的参考文献或被引文献，简称"引文(Citation)"；文献A的作者称为"引文作者(Cited author)"。文献B使用了引文被称为"引用文献(Citing item)"或"来源文献(Source document)"；称文献B的作者为"引用作者(Citing author)"或"来源作者"。

《科学引文索引》除了与其他检索系统一样，为读者提供文献的作者、题目、源文献、摘要、关键词等信息之外，还为读者提供了文献的引文信息，从而把一篇文献和与其相关的文献通过引文有机地联系在一起，构成一个具有引文关系的文献网络，向读者提供一种不同于分类、主题以及其他方法的检索途径。同时，引文信息也将前后不同文献的作者之间的学术内容联系在一起，以便通过文献的被引次数去判断一篇文献和文献所记录的学术内容的科学价值，判断文献的作者的学术成就的价值。一直以来，许多国家都利用《科学引文索引》进行统计分析，从一个侧面评价一个国家或一个学术组织或一个学者的学术成就，同时进行科学预测。《科学引文索引》也是期刊评价的最有利的依据。为此，《科学引文索引》被称为文献计量学和科学计量学的重要工具。

《科学引文索引》主要摘录期刊和专利文献，但也摘录正式出版的会议录、论文集、专著丛书、通讯、摘要、评论等。

3.5.2 《科学引文索引》的内容与编排格式

《科学引文索引》主要由引文索引、来源索引和轮排主题索引三个部分组成。

3.5.2.1 引文索引(Citation Index)

该索引是《科学引文索引》的主要索引，可以利用这个索引检索出某一作者历年来所发表文献的出处，以及引用过这个作者文献的其他作者的信息。该索引是按引文作者的姓名字顺排列的。姓名之后，列出了引文发表的时间、文献的出处以及引用该文献的作者和引用文献的文献出处。同一引文作者的各篇文献按照文献发表的时间先后顺序列出。例如：

	Vol	Pg	Vr
CHABNEL M①			
68 CR ACAD SCI A B226 419②			
ONO H③ J MAGN MAGN④	118	352	93⑤
90 PURE APPL CHEM 62 35			
CORSET J J AM CHEM S	115	1684	93

其中：①引文作者的姓名；②引文的出处(包括出版年、刊名缩写、卷期、页码)；③引用作者姓名；④引用文献刊名缩写；⑤引用文献的卷期、页码、出版年。

如果引文没有注明作者姓名，则被编入“匿名索引(Anonymous Cited Items)”。该索引按照被引文献发表的年代顺序排列。既无作者又无发表年代的引文，按文献出处名称或报告的编号排列在匿名索引的最前面。

如果引文是专利文献，则被编入“专利引文索引(Cited Patent)”。该索引按照引文专利的专利号顺序排列。

3.5.2.2 来源索引(Source Index)

“引文索引”能够检索引文作者的引文被哪些引用作者在哪篇文献中引用。而来源索引则可以进一步查证引用文献的信息。

《科学引文索引》的“来源索引”包括主体“来源索引”和辅助的“来源出版物目录”及“团体作者索引”三个部分。

“来源索引”按照引用作者的姓名字顺排列。同一作者的多篇文献，按文献题目的字顺排列在该作者姓名的下面。如果是合作者的文献，为了避免重复，只在第一作者的名下著录文献题目和其他信息，而在其他合作者的姓名之后仅注明“见(See)第一作者姓名”的形式，引见至第一作者款目，来阅读他们共同的引用文献的信息。“来源索引”的著录项目包括：引用文献的作者姓名、合作者的姓名、引用文献的题目、引用文献的出处等。例如：

CORSET J①
FROMENT F LAUTIE MF②—STRUCTIRAL STUDY OF METHYL AND TERT - BUTYL PHENYLACETATE ENOLATES IN SOLUTION③
*J AM CHEM S 115 (5)：1684 - 1694 93 85R*④
CNRS SPECTROCHIM INFRAROUGE & RAMAN LAB. BP 28. F -94320 THIAIS, FRANCE⑤

其中：①引用文献的第一作者；②引用文献的合作者(本例为2人)；③引用文献篇名；④引用文献出处(包括刊名缩写、卷期、起止页码、年份及参考文献数)；⑤第一作者的单位及地址。

在“来源索引”的前后，分别附有“来源出版物目录”和“团体索引”。“来源出版物名录”列出了来源出版物缩写与全称的对照，按照刊名缩写的字顺排列，可以帮助读者将刊名缩写还原为全称。“团体索引”收录的是团体作者的文献信息，分为地理部分和机构部分，前者按引用作者单位所在的地名字顺排列，后者按引用作者所在的机构名称字顺排列。

3.5.2.3 主题轮排索引（Permuterm Subject Index，PSI）

为了便于读者从主题途径检索《科学引文索引》，从1966起，增加了"主题轮排索引。"该索引是从引用文献的题目中抽出几个起关键作用的词汇作为主要主题词和配合主题词来轮流组排，主题词的组排之后给出这篇引用文献的作者信息。例如：

SPECTROSCOPIC（CONT）①
　DETERMIAT②—ANDREW BE③
　　　　　　—CORSET J
　　　　　　—LIU GJ
　　　　　　—REDMOND G

其中：①主要主题词；②配合主题词；③引用作者。

3.5.3 《科学引文索引》的使用方法

"引文索引"、"来源索引"和"轮排主题索引"是一个有机的整体，既可以单独使用，也可以相互配合使用。至于究竟如何使用，需要由读者的已知条件和检索目的来决定。如果已知引文作者的信息，可以使用"引文索引"并配合"来源索引"来检索该作者的文献被引用的情况；如果已知引用作者的信息，则可以使用"来源索引"进一步确认引用作者文献的详细信息；如果已知研究课题的主题内容，则可以利用"轮排主题索引"来系统检索究竟有哪些学者发表了相同或相似主题的文献，哪些文献之间有引用和被引用的关系；同时也可以通过"来源出版物目录"，来考察哪些出版物被《科学引文索引》选作源文献，以便了解出版物的层次与分量；此外，还可以通过《科学引文索引》来了解某个机构或团体的研究现状及发展方向等等。《科学引文索引》总体的使用程序如图3－4所示。

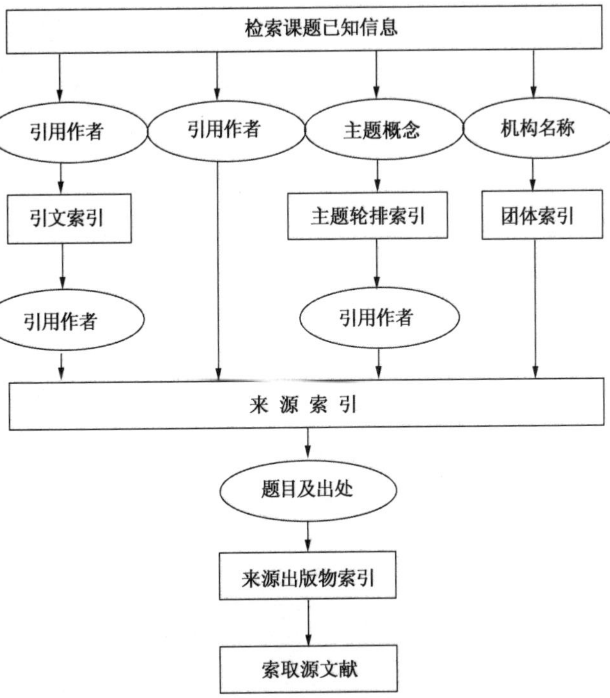

图3－4 《科学引文索引》检索框图

习题

1. 利用《科学引文索引》的“引文索引”，检索张老师2000年至2010年之间文献的引文信息。

2. 利用《科学引文索引》的“团体索引”，检索大连化学物理研究所文献的发表信息以及引文信息。

3. 利用《科学引文索引》的“来源出版物索引”，考察一下我国出版物被《科学引文索引》收录的信息。

§4　科技参考工具书介绍

科技参考工具书简称工具书，是作为工具使用的一种特殊类型的图书。它用特定的编制方法，将大量分散在原始文献中的知识、理论、数据、图表等信息，用简明扼要的形式，全面、系统地组织起来，供读者迅速检索。简单地说，科技参考工具书是那些能够帮助读者查找到数值型数据和事实性答案的三次文献信息。例如：字典、辞典、手册、百科全书、年鉴等等。这些工具书能提供给读者一些前人准确测量的、精密计算的、规范绘制出的数据以及相对准确的答案。

4.1　科技参考工具书的编排结构

科技参考工具书类型不同，著录的内容也各不尽相同。科技参考工具书一般由前言、凡例、目录(目次)、正文、辅助索引及附录六部分组成。

(1) 前言

一般位于工具书的最前面，开宗明义地阐述该工具书的性质、作用、编写意图、版本变动情况、收录的信息范围及读者对象等等。

(2) 凡例

主要介绍该工具书的编排格式和使用方法，有简短的说明和举例。通过凡例列出的条目选例、直观视图和文字解释等内容，可以大致了解该工具书的编排格式及使用方法，以便指导读者正确使用。有一些参考工具书没有单独的“凡例”部分，而是将有关内容放在“前言”或“导言”中一并著录。无论如何，读者一定会在参考工具书的正文之前找到该工具书的编排格式与使用方法的描述。

(3) 目录(目次)

目录决定了工具书正文的编排内容和顺序，是正文的总览和缩影。工具书的目录主要是以分类和主题字顺体系编排的类目表、词目表，用以提供查阅工具书正文的分类或主题词检索途径。实际上，目录可以视为检索工具书正文内容的指南。

(4) 正文

正文是工具书的主体部分，按篇目或条目顺序排列。科技参考工具书的正文的编排大致有四种编排型式：

① 字顺排列法。这是指按工具书所收条目的字顺来著录的一种方法。一般包括形序法、音序法和号码法三种。

形序法是根据汉字的形体结构，按照字形的某一共同点，将汉字序列化的一种排列方法。它包括部首法、笔画法和笔顺法。

音序法是按照语言的读音及表示读音的语言符号排列的方法。它包括汉语拼音顺序法和英文字母顺序法。

号码法是根据汉字的形体结构，用数码代替一定的部位的笔形，并按数码大小为序的排列方法，最常用的号码法就是四角号码法。

近期出版的国内、国外的参考工具书一般都采用音序法排列。

② 分类排列法。这是指将工具书中的知识单元或文献信息按内容性质或学科体系分门别类地加以组织编排的一种方法。一般包括学科体系排列法和事物性质排列法。

学科体系排列法，一般是按图书资料分类方法进行排列的。该分类法是将词目、条目或文献按知识内容、学科属性分门别类地加以归并集中，按逻辑原则排列顺序的一种排列方法。

事物性质排列法是按事物性质分类排列的一种方法。

③ 自然顺序排列法。这是按照某种自然规律或顺序排列的方法。一般包括时序法和地序法两种。

时序法是按时间顺序编排、检索信息的一种比较简便的方法。

地序法是按一定时期的地区顺序编排文献信息的一种方法。

④ 主题排列法。这是指以规范化的自然语言为标识符号来标引文献中心内容的一种方法。这些规范化的自然语言是代表事物或概念的名词术语。它们能够揭示文献记述的中心内容或对象。整个工具书按主题词的读音或笔画排列。

每一条目下所包含的内容，视工具书的不同而各异。例如：化学化工类的参考工具书，每个条目下一般含有化合物的中、英文名称，分子式，结构，登记号，化合物性质，生产方法，用途，生产厂家，产品规格，分析方法，产品毒性，储运方式，参考文献等等。例如：

己二酸
Hexanedioic acid
124 -04 -9
OC(=O)CCCCC(=O)O　$C_6H_{10}O_4$
摩尔质量 146. 14g · mol^{-1}
物性：外观 白色晶体；密度 1. 36g/cm^3；熔点 152℃(425K)
沸点 337℃(610K)；溶解度(水) 微溶；闪点 232℃。
制备方法：己二酸是以油脂氧化法制造。目前商业己二酸是从环己烷经两个氧化步骤大量制造：
(1) 环己烷 + O_2 ⟶ 环己醇和环己酮
(2) 环己醇/环己酮 + 硝酸 + 空气 ⟶ 己二酸 + 一氧化碳
用途：目前主要使用己二酸生产尼龙 6。先制得己内酰胺，再由缩聚反应形成尼龙 6。其他用途包括生产聚氨酯以及反应形成增塑剂和润滑油的组成。

(5) 辅助索引

一般排列在正文之后。由于工具书大多由多卷册构成，为了便于读者快速检索，每部工具书都附有多种索引和参照体系，如分类索引、主题索引、作者索引、分子式索引、各种序号(登记号、标准号、报告号、专利号等)索引等等。有的工具书还附有不同字顺的索引和不同文种的对照索引。这些辅助索引为读者提供了多种检索正文的途径，大大方便了读者对工具书的熟悉与使用。

(6) 附录

一般附在工具书的最后，主要是扩大工具书的查考功能。附录往往以缩略语表、简表、述评等形式出现，介绍与本工具书相关的知识性资料。

合理使用工具书的各个组成部分，才能获得更好的检索效果。

4.2　科技参考工具书的补充和更新

由于受编撰时间和出版时间的影响，科技参考工具书中的内容往往与当前最新的科技知识和信息有一段时滞。为了解决这个问题，各种工具书的编辑及出版人员会定期或不定期的出版补编(如《Beilstein 有机化学手册》)，出版新的版本(如《CRC 化学和物理手册》)，出版年鉴(如《大英百科全书》)。这些补充和更新，为读者提供了主体参考工具书出版以后科学技术的最新进展情况。为此，读者一定要注意你所使用的工具书的出版时间，弄清楚该工具书有无补充和更新，以确保检索到最新的知识和信息。

4.3　常用的科技参考工具书

4.3.1　百科全书

百科全书是概要介绍人类一切门类知识或某一门类知识的工具书。供查检所需知识和事实资料之用。但也具有扩大读者知识视野、帮助系统求知的作用。它是一个国家和一个时代科学文化发展的标志。百科全书可以是综合性的，包含所有领域的相关内容(例如《大不列颠百科全书》)，也可以是专科的百科全书(例如医学或哲学百科全书)。

4.3.1.1　《中国大百科》

这是由中国大百科出版社按学科类目分类分册出版的参考工具书。该书从 1978 年开始编撰，历时 15 年，到 1993 年陆续完成。这是我国第一部现代综合性百科全书。全书共有条目 7.8 万，文字 125 万，插图 5 万。全书按学科共分为 74 卷。其中，前 73 卷为正文，后 1 卷为索引。正文包括：数学、物理、力学、化学、天文学、地质学、固体地球物理学、测绘学、空间科学、大气科学、海洋科学、水文科学、地理学、中国地理、世界地理、生物学、现代医学、中国传统医学、农业、水利、交通、矿冶、机械工程、土木工程、建筑、园林、城市规划、电工、电子学与计算机、自动控制与系统工程、航空航天、化工、轻工、纺织、环境科学、经济学、财政、金融、税收、物价、哲学、宗教、心理学、政治学、社会学、法学、军事、民族、中国历史、外国历史、考古学、中国文学、外国文学、美术、音乐舞蹈、戏剧、戏曲、曲艺、电影、教育、语言、文字、新闻出版、文物博物馆、图书馆学、档案学、情报学、体育等。

该书各卷正文前有“条目分类索引”和“彩图插页目录”，正文之后附有“内容索引”、“条目外文索引”和“条目汉字笔画索引”。大多数卷中有学科综述、大事年表和人名、地名、机构名及名词的中外文对照表等。索引卷是各卷条目的总汇，以汉语拼音字顺排列，并注释英文，同时给出该条目所在的卷号和页码。

《中国大百科全书(第二版)》是对《中国大百科全书》的修订再版。1995 年开始编纂，历时 14 年，于 2009 出版。第二版百科全书知识内容全面更新，从原来一版的大类分卷编法，改为全书条目统编法，从黑白图加彩图插页改进为全书彩印的完美形式。全书共 32 卷，5000 万字，80 余个学科，6 万个条目，3 万幅配图。

1998 年该书出版了简明版。简明版全书共有 12 卷，按条目的拼音顺序编排。

1999 年该书出版了光盘版。光盘版具有分类目录检索、主题词检索、外文检索、模糊检索等十余种检索功能，大大方便了读者的阅读。

目前，中国大百科全书出版社建立了网址为 www. ecph. com. cn 网站，读者可以免费浏览检索到的条目的题目。若想阅读条目的全部内容，需申请账号，网站受理及用户付费后，就可以进一步阅读了。

4. 3. 1. 2　The new Encyclopaedia Britannica (英国大百科)

该书也称《新不列颠百科全书》，1768 年开始由 Encyclopaedia Britannica 公司出版。

该书的最新版本出版于 1999 年。它是世界历史上出版最早、影响最大的一部综合性的百科全书 。该书的内容侧重于人文、社科。但新版中科技方面的内容有所增长。该书第 15 版的内容共分 32 卷册，由四个主要组成部分。

第一部分：《百科简编》(Micropaedia)

《百科简编》包括第 1 –12 卷，共 12 卷册。《百科简编》的条目较短，按其条目字顺编排。每条款目提供基本概念和解释，有大量的参见索引指向《百科详编》。因此，《百科简编》既可作为独立的百科全书使用，也可用作《百科详编》的条目索引。

第二部分：《百科详编》(Macropaedia)

《百科详编》包括第 13 –29 卷(共 17 卷册)。该部分的每个条目解释得非常详细，也按条目字顺编排。

第三部分：《百科类目》(Propaedia)

《百科类目》为第 30 卷(共 1 卷册)，是全书的分类目录。《百科类目》将其内容分为 10 大类，以下又细分为 14 个部类，189 个门类。每个类目都有类目释义及类目在《百科详编》中的卷号、页码和页内的分区号。读者可以从分类途径去检索英国大百科。所以，《百科类目》实际上是《百科详编》的分类索引。

第四部分：《关键词索引》(Keyword Index)

《关键词索引》为第 31 –32 卷(共 2 卷册)。该索引在关键词的后面著录有《百科简编》和《百科详编》的卷号、页码及页内的分区号，从主题途径为读者提供检索线索。

1994 年，《新不列颠百科全书的 CD – ROM》版本出版，并提供网络版本的《Britannica Online》，其网址为 ：http：//www . eb. com 。网络版是收费系统，需要有用户账号才能使用。

4.3.1.3 《大英科技百科全书》(中文版)

该书是由台北光复书局翻译出版的，共收入科技词条1240条，分15分册出版。其中，1—14分册为正文部分，15分册为索引部分。正文和索引都是按汉语笔画顺序排列的，并附有中、英文对照索引。该书包含的内容有数学、物理、化学、资讯、天文、生化等46种范畴。除了解释每个条目的意义，还将由来、演变及发展过程附图解加以详细说明。该书还附有参见项，为读者提供了相关信息。

4.3.1.4 《化工百科全书》

《化工百科全书》(化学工业出版社，1991—1998)，是化工领域一部重要的工具书，由陈冠荣等4位院士主编，全国1800多名知名专家、学者和高级工程技术人员历时近10年编撰，全书4800多万字，较全面、准确地反映了化工领域最新的技术和发展趋势。《全书》覆盖内容齐全完备，所涉及的专业和学科十分广泛，包括无机化工、基本有机化工、精细化工、高分子化工、染料、农药、橡胶、纤维、涂料、造纸和制革、摄影和感光材料、日用化工、油脂和食品、石油、材料科学和工程、半导体、电子和信息材料、冶金、纺织和印染、生物技术、化学工程、化工机械、化工仪表和自动化、电子计算机技术、分析方法、安全和工业卫生、环境保护以及化学和物理的一些基本问题，所收录主词条达800余条。《化工百科百书》的词目包括一切运用化工过程进行生产的产业以及化工产品的各个应用领域，因此涉及到农业、工业、国防和交通等许多领域。全书词目约有半数以上为物质类词条，从多方面对化学品、系列产品进行阐述，包括物理和化学性质、用途和应用技术、生产方法、分析测试、贮存运输、经济统计、环境保护和劳动保护等。其余词目为应用、过程和技术概念等方面的词条。本套全书共20册，包括化工百科全书19册(1—19册)，化工百科全书索引一册(20册)。

类似的科技百科全书还有很多，择选部分列于表4-1所示。

表4-1 常见科技百科全书一览

序号	书　名	作者	出版社	出版时间
1	中国化工产品大全	本书编委会	化学工业出版社	2005
2	国际标准常规分析方法大全	周同惠主编	科学出版社	1998
3	有机化工原料大全	魏文德主编	化学工业出版社	1989—1994
4	中国化工产品大全	本书编委会	化学工业出版社	1998
5	世界塑料材料大全	谢荣华主编	中国轻工业出版社	2002
6	中国医学百科全书	本书编委会	上海科学技术出版社	1992
7	中国冶金百科全书	本书编委会	冶金工业出版社	2001
8	中国电力百科全书	本书编委会	中国电力出版社	2001
9	中国煤炭工业百科全书	范维唐主编	煤炭工业出版社	1999
10	计算机工程与科学百科全书	许镇宇等主编	天津科学技术出版社	1991

4.3.2 手册

手册(Handbook; Manual)是一种便捷式参考书，它的信息、知识密集，是一些经常要查阅、参考的知识和数据。专业手册更是参考工具书的一大门类。专业手册包括数据型手册、知识型手册、设计手册及产品手册等等。数据型手册提供各种常数、参数、计算公式、曲线、图表、图示、线路图等，是一种简明、实用的参考工具。知识型手册则以文字叙述为主，阐述科学原理、专业技术、物化性能等学科知识，也配有适当公式和图表。知识型手册既可检索也可阅读。而设计手册为读者提供的知识和数据，是他们在工作中经常使用的资料。产品手册具有产品说明书作用，介绍产品名称、技术指标、标准、生产厂商等。

4.3.2.1 《Beilstein 有机化学手册》

《Beilstein 有机化学手册》由德国化学会拜尔斯坦因(亦被译成贝尔斯登或拜尔斯坦)研究院编辑出版，是当前国际上最系统、最全面、最权威的有机化合物巨型手册。手册中主要包含以下内容：

① 化合物基本信息，如化合物名称、登录号、分子式、相对分子质量、化合物类型、化学结构等；

② 化合物的生物活性数据、化学性质、物化数据、谱图信息、相关反应、相关文献等；

③ 化学反应的各种反应条件，如所用的溶剂、试剂、催化剂、温度、压力、反应时间、反应产率等，以及相关文献；

④ 文献的作者、出处、摘要，以及文献中报道的所有化合物、反应列表。

手册的的第一版于 1881—1882 年出版，以后又完成了第二版和第三版。1910 出版了第四版作为正编，之后相同的内容不再再版，只出补编。第五补编于 1984 年开始出版，内容包括 1960—1979 年的文献，并全部改为英文版。

《Beilstein 有机化学手册》是按照拜尔斯坦因分类体系进行编制的。这个体系包括以下四个部分：部、分部、类别及系统号。

① 部。根据每一个化合物的母体化合物来确定其部别。合成有机化合物分为三大部别，它们依次是：无环化合物(如脂肪烃)、碳环化合物(如芳香族化合物)、杂环化合物。天然有机化合物单独列为一个部类，即第四部类。

② 分部。杂环化合物部类内部确定分部的原则是：由杂环母体中所含杂原子种类和数目确定分部，其顺序为 O、S、Se、Te、N。如果一个化合物有多个母体，需根据母体的位号，按最后位号优先的原则排列。

③ 类别。根据母体确定部别(杂环类还需确定分部)以后，再根据母体化合物所连接的官能团类型和数目来确定其部内的类别顺序。

④ 系统号。各种类型的有机化合物根据上述编排原则排列之后，再依次给出一个固定的号码作为系统号。同一系统号的化合物是相同类型的化合物，按从简单到复杂的顺序排列。全书共有 4877 个系统号，此号在正编与各个补编中相互一致。

根据以上的划分方法，可以确定某一化合物的部别、分部、类别及系统号。因而也就能够确定这个化合物所属的卷册号，进而完成检索工作。但是，这个检索方法难度很大。最佳的检索方法是利用辅助索引。手册的各卷册都编制有主题索引和分子式索引。同时还有这两种索引的累计索引。读者可以根据主题途径和分子式途径，快速地检索《Beilstein 有机化学手册》。

总之，《Beilstein 有机化学手册》是按有机化合物结构分类编排的，每卷(册)末都有本卷(册)编写的索引，每册前介绍本册编写的经过、使用说明、文献来源和采用文献的年份表以及全手册各卷系统编号及分类系统编排的指导思想。要想顺利地查到某个化合物，不是从全手册任意选取一卷或一册就可以查到，还必须利用拜尔斯坦因系统分类法或通过索引方能直接查到。

例如：欲检索三聚乙醛的数据信息。

以三聚乙醛(Paraldehyde)为主题词检索主题的累计索引，结果如下：

Paraldehyde 19，358，I806，II394

这条索引款目说明：三聚乙醛(Paraldehyde)的信息分别记录在第19卷正编358页、第一补编806页、第二补编394页。

目前，《Beilstein 有机化学手册》已经建立了自己的数据库（http://www.beilstein.com/），付费以后，读者可以借助于计算机很方便地进行检索。

4.3.2.2 《机械工程师手册》

《机械工程师手册》由《机械工程手册》和《电机工程手册》编辑委员会编辑，机械工业出版社出版。该手册是非常有影响的专业手册。手册的内容包括基础理论、机械工程材料、机械设计、机械制造工艺、机械制造过程的机械化和自动化、机械产品等内容。2007年出版第三版。第三版在第二版的基础上，将近年来比较成熟的新技术成就和发展动向，采精摘要，面向生产实际，更新了现有的名词、符号、标准，以实用、便查、便携为特点编写的单卷小型综合性工具书。全书从机械设计、机械零件设计与计算、机械制造、装配过程开始，突出机械工程师的日常工作需要，内容包括常用的工程材料、测量与控制、常用其他设备、工业工程、劳动安全与卫生以及电工、电子和力学、数学等基础知识备查的资料。与第二版相比，第三版的内容做了重组、补充和更新。本书主要为机械工程师现场备查引据使用，也适合于广大工程技术人员和院校师生的案头浏览、提示方向、创新思维、编制软件、扩大知识面、综合快速处理技术问题之用。

4.3.2.3 《化学工程手册》

《化学工程手册》由本书编委会编辑，化学工业出版社1989年出版。《化学工程手册》是一部叙述化学工程原理实际应用的大型综合工具书。从实用角度出发，手册以化工单元操作为主要内容，分篇逐一叙述流体输送、搅拌和混合、传热、蒸馏、吸收、萃取、干燥、粉碎和制团以及化工过程自动控制等知识信息。每项单元操作内容基本包括原理、有关过程数据、过程和设备的计算方法、设计方法、选用以及效果数据等等。《化学工程手册》根据化学工程学科的新进展以及实际应用的需要，把实用性的单元操作和理论性的化工热力学、动力学、化学反应工程、流体力学、颗粒学等学科有机地结合起来。《化学工程手册》内容全面，叙述深入，实用的理化数据和工程数据、计算公式、图表、设备资料等一应俱全，既保证了手册的实用性，又顺应学科发展的趋势，检索方便。《化学工程手册》的另一特点是具有我国的特色，即取材和内容符合国情，适应我国工程技术人员的习惯和需要，尽可能采取我国的生产实践中积累的实际经验和数据，总结反映出我国化学工程专家科学技术成果。

4.3.2.4 《塑料实用手册》

《塑料实用手册》由丁浩主编，化学工业出版社2001年出版。手册阐述了各种合成树脂和塑料的特征、性能、加工及应用，国内产品标准、产品质量指标、国内商品名和生产厂；介绍了塑料用添加剂的作用和品种，塑料使用环境及加工条件对配方的要求和配方设计；

阐述了加工原理和熔体的流变行为、加热和冷却、干燥和运输等技术原理，并阐述了塑料的共混、填充、增强、复合的原理和国内外发展水平。介绍了塑料机械和电器控制以及产品设计，阐述了模塑、注塑、挤出、吹塑模具的设计，CAD/CAE 的应用。同时也阐述了塑料在农业、建筑、包装、汽车、防腐工程、兵器、航空与航天、电气、电子、医疗卫生及其他方面的应用。

类似的专业手册很多，一般按照不同的专业分别出版。读者可以按照自己的需要，选择适合自己的手册进行阅读。常用的科技手册如表 4 –2 所示。

表 4 –2　常见科技手册一览

序号	书　　名	作者	出版社	出版年份
1	精细有机化学品技术手册	章思规主编	科学出版社	1991
2	CRC Handbook of Chemistry and Physics	D. C. Petty 主编	美国橡胶公司	1996
3	化工产品手册	本书编委会	化学工业出版社	2000
4	有机化学实验常用数据手册	吕俊民主编	大连工学院出版社	1987
5	数控加工技师手册	张秀玲主编	机械工业出版社	2005
6	化学工程师手册	袁一著	机械工业出版社	2000
7	精细化工产品分析方法手册	郑淳元主编	化学工业出版社	2002
8	电机工程手册	本书编委会	机械工业出版社	2009
9	表面活性剂应用手册	刘程主编	化学工业出版社	1999
10	化工安全技术手册	冯肇瑞主编	化学工业出版社	1993

4.3.3　年鉴

年鉴(Annual，Yearbook，Almanacs)是系统汇集一年内的重要时事、科学进展以及统计资料，并按年度出版的连续出版物。年鉴常常是百科全书的补充性工具书，用以提供现时性的重大事件、主要成果和进展，包括最新的资料、详尽的数据，涉及政治、经济、文化和科技等各个领域。为此，年鉴也被称为一年一版的百科全书。年鉴一般由目录、正文和索引三部分组成。读者可以借助于目录和索引的帮助快速查阅所需要的事实答案及数值型数据。科技年鉴主要类型如表 4 –3 所示。

表 4 –3　常见科技年鉴一览

序号	书　　名	作者	出版社
1	中国百科年鉴	本书编委会	中国大百科全书出版社
2	中国计算机年鉴	本书编委会	年鉴出版社
3	中国塑料工业年鉴	本书编委会	中国石化出版社
4	中国化学工业年鉴(上下册)	本书编委会	化学工业出版社
5	中国建筑材料年鉴	本书编委会	中国建筑材料工业年鉴社
6	中国科学技术协会年鉴	本书编委会	中国科学技术出版社
7	中国科技统计年鉴	本书编委会	中国统计出版社
8	中国通用机械工业年鉴	本书编委会	机械工业出版社
9	中国石油石化设备工业年鉴	本书编委会	年鉴出版社
10	电力自动化行业年鉴	本书编委会	年鉴出版社

4.3.4 名录

名录是提供学术机构、政府部门、事业单位、公司企业、城市地区和知名人士的有关资料和信息的参考工具书。虽然各个名录的出版形式不同，但是主要的内容基本相似。名录大致包含以下内容：机构名称、机构的宗旨、组织结构、权限、业务和研究工作的范围、地址、职能、人员、资信等等。如果是人名录，还要列出姓名、出生年月、学历、职称、所在国别、民族、工作单位、从事的专业、论文和著作、主要科研活动和成果等等 。由于这些信息每天都在不断地变化，所以名录一般都是年刊。常见科技名录如表4－4所示。

表4－4 常见科技名录一览

序号	书 名	作者	出版社
1	学术界(The world of learning)	本书编委会	欧罗巴出版社
2	中国学术机构指南	王钰龙等	世界图书出版公司
3	中国工商企业名录大全	杨塑主编	中国国际广播出版社
4	北京市石油化工企业名录	本书编委会	机械工业出版社
5	辽宁省石油化工企业名录	本书编委会	机械工业出版社
6	中国化工企业名录大全	本书编委会	化学工业出版社
7	2008 中国化工企业名录	本书编委会	化学工业出版社
8	世界大学名录	本书编委会	Macmiian 出版社

4.3.5 辞典

辞典是主要用来解释词语的意义、概念、用法的参考工具书。辞典的整体结构一般由前言、凡例、正文、附录、索引等部分组成。正文以词条的形式解释词目，词条实现有序化编排。常用的科技辞典如表4－5所示。

表4－5 常见科技辞典一览

序号	书 名	作者	出版社	出版时间
1	新编化学化工大辞典	唐敖庆等编	长春出版社	1996
2	化工辞典	王箴主编	化学工业出版社	2000
3	精细化工辞典	吴大全主编	化学工业出版社	1998
4	汉英化学化工辞典	程前等编	化学化工出版社	2001
5	化合物辞典	王积涛等编	上海辞书出版社	2002
6	中国实用科技成果大辞典	沈国荣主编	西南交通大学出版社	1995
7	实用有机化学辞典	高鸿宾等	高等教育出版社	1997
8	机械加工工艺辞典	丁年雄等	学苑出版社	1990
9	中国医学大词典	谢观等编	中国中医药出版社	1994
10	农业大辞典	本书编委会	中国农业出版社	1998

习题

1. 利用参考工具书检索聚乙二醇酯的物理性质及常规的制备方法。
2. 利用参考工具书检索国内石油化工企业的情况。
3. 利用参考工具书检索阻燃剂的毒性的文献信息。

§5 专利文献检索方法

5.1 专利的基本知识

5.1.1 专利的概念

5.1.1.1 专利制度的产生和发展

专利制度是一种鼓励发明创造、促进科学技术发展的法律制度。这个制度的基本内容是依据专利法，对申请专利的发明，经审查和批准，授予专利权，同时把申请专利的发明内容公诸于世，以便进行发明创造的信息交流和有偿技术转让。专利制度起源于欧洲，代表是1723年颁布的《垄断法规》，它被视为现代专利法的鼻祖。继而，美国于1790年，法国于1791年，荷兰于1809年，德国于1877年，日本于1885年陆续颁布了专利法。现在专利法已经遍及世界160多个国家，我国于1985年4月1日起开始实施《中华人民共和国专利法》。

5.1.1.2 专利的概念

在日常生活中，“专利”一词至少含有三个方面的含义：一是指申请受法律保护的发明创造的本身；二是指载有发明创造详细内容的专利说明书；三是指专利权。实际上专利的确切含义应该是第三个，即专利权。专利权是指一项发明创造由申请人按照法律程序向国家主管部门提出申请并经审查合格后，由国家主管部门向申请人授予的一定期限内对该发明创造享有的专有权。

5.1.1.3 专利作为一种知识产权具有三个基本特性

（1）时限性

指专利权人享有的专利权不能无限期的延续。即专利权人只能在一段有限的时期内享有排他的专利权，一旦期满，任何人都可免费使用该发明创造。

（2）地域性

指专利权人只能在批准授予其专利权的国家的管辖范围内受到保护。例如：取得英国专利的专利权人只能在英国国土及英国法律所管辖的范围内享有专利权，而在其他国家，任何人均可自由使用该发明，而无需征得专利权人的同意。我国于1985年4月1日正式实施专利法，在此之前在国外有效的那些外国专利，我国不予保护。凡在我国专利法正式实施后，在我国申请并得到批准的专利可受到我国专利法的保护。专利权具有严格的地域性，这是专利权作为知识产权与其他产权的不同之处。

（3）专有性

专利权的专有性首先是指专利权的排他性。也就是说，专利权被授予后，任何单位和个人未经专利权人许可，都不得实施其专利。即不得为生产经营的目的制造、销售其专利产品或使用其专利方法。这是专利权人最基本的权利。专利权的专有性的另一个含义是指对于每一项发明，其专利权只能授予一次，当某人就某项发明获得专利权后，其他人再做出同样的发明就不能再取得专利权，这就是专利权与其他产权的不同之处。

5.1.2 专利的类型及专利的三性

5.1.2.1 专利的类型

在我国，专利因保护对象的不同而分为发明专利、实用新型专利和外观设计专利。

（1）发明专利

是指对产品、方法或者其改进所提出的新的技术方案。如产品的制造方法或工艺、材料的配方、药品的配方等。发明专利的技术含量最高，发明人所花费的创造性劳动最多。新产品及其制造方法、使用方法都可申请发明专利。世界上的发明可分为两大类型，一类是开拓型发明，这是一种完全开辟了一个全新的技术领域，使之从无到有的发明；另一类是改进型发明，是对现有技术或产品进行的改进和发展，世界上绝大部分发明属于这种类型。这种专利在我国的保护期限是20年。

（2）实用新型专利

是指对产品的形状、构造或者其结合所提出的适于实用的新的技术方案。要注意的是，只有设计产品构造、形状或其结合时，才可申请实用新型专利。这是一种水平较低的发明创造，一般是一些小改革，亦称小发明或小专利。如早期的电话听筒与话筒是分离的，后来有人将其合二为一，改造成为我们今天用的电话，这种发明就属于实用新型。实用新型专利一般不进行实质审查，这种专利在我国的保护期限是10年。

（3）外观设计专利

是指对产品的形状、图案、色彩或者其结合所做出的富有美感并适于工业上应用的新设计。这里强调“外观”，即外表。如工艺品、包装箱、包装袋、包装盒都是属于外观设计。这种专利在我国的保护期限是10年。

发明成果只在专利保护期限内受到法律保护，期限届满或专利权中途丧失，任何人都可无偿使用。一项发明在哪个国家获得专利，就在哪个国家受到法律保护，别国则不予保护。

5.1.2.2 专利的“三性”

专利的三性也是获得专利权的条件 。一项发明从申请到审批、最后公布，其间要花费好多的人力、物力、财力。但能否授权，授权以后能否有人使用还是个问题。为此，要首先弄清楚专利所具备的条件：

（1）新颖性

在申请日以前没有同样的发明或者实用新型在国内外出版物上公开发表过，在国内公开使用过或者以其他方式为公众所知，也没用同样的发明或者实用新型由他人向国务院专利行政部门提出过申请并且在申请日以后公布的专利申请文件中。而对外观设计对授予专利权的外观设计，应当同申请日以前在国内外出版物上公开发表过或者国内公开使用过的外观设计不相同和不相近似，并不得与他人在先取得的合法权利相冲突。

申请人申请专利的发明创造在申请日以前六个月内，有下列情形之一的，不丧失新颖性：

① 在中国政府主办或者承认的国际展览会上首次展出的；

② 在规定的学术会议或者技术会议上首次发表的；

③ 他人未经申请人同意而泄露其内容的。

（2）创造性

同申请日以前已有的技术相比，该发明有突出的实质性特点和显著的进步，该实用新型有实质性特点和进步。

（3）实用性

该发明或者实用新型能够制造或者使用，并且能够产生积极效果。

一项发明只有同时具备新颖性、创造性、实用性才能获得专利。这就是人们通常所说的专利的三性。

5.1.2.3 不能授予专利权的发明创造

专利法第5条规定：对违反国家法律、社会公德或者妨害公共利益的发明创造，不授予专利权。专利法第25条规定：对下列各项，不授予专利权：

① 科学发现：它属于阐明自然现象或规律，是事物固有属性或自然存在，不是人为创造，不授予专利权。如发现某些物质具有超导性质，是不能授予专利权的，但利用超导物质制造产品或设备，则属于发明，可以授予专利权。发现自然界的一个新物质，属于发现，不授予专利权，而将这种物质分离的方法则属于发明，是可以授予专利权的。

② 智力活动的规则和方法：如数学理论、计算方法、语言学习方法、交通规则、一般的计算机程序等许多智力活动规则和方法，不能授予专利权，可以通过著作权保护或版权保护。如果计算机程序能与硬件结合在一起，或计算机程序是完成工业自动化控制过程的一种技术方案，则可以申请专利保护。

③ 疾病的诊断和治疗方法：人和动物疾病的诊断和治疗方法，如各种传染病、艾滋病、癌症等的诊断和西医疗法、中医疗法、理疗、化疗等不授予专利权，但治疗疾病的各种药物和医用设备、仪器、试剂、材料等则可以申请专利保护。

④ 动物和植物品种：基本属于生物方法培育出的动、植物新品种是不能申报专利的，但动、植物新品种的培育、生产方法则可以申报专利；对微生物、微生物方法及其产品可以申请专利保护，涉及微生物、微生物方法或产品的专利申请，应在申请日前将微生物菌种提交国家知识产权局指定的微生物菌种保藏单位保藏。在申请文件中，应提供有关微生物菌种的资料，写明该微生物的分类命名(注明拉丁文名称)等。

⑤ 用原子核变换方法获得的物质不给予专利保护，但实现核变换的仪器、设备及零部件，可申请专利保护。

5.1.3 专利的申请和审批

5.1.3.1 为什么要申请专利

申请专利既可以保护自己的发明成果，防止科研成果流失，同时也有利于科技进步和经济发展。人们可以通过申请专利的方式占据新技术及其产品的市场空间，获得相应的经济利益(如通过生产销售专利产品、转让专利技术、专利入股等方式获利)。

5.1.3.2 专利的申请原则

(1) 书面原则

专利申请必须以书面形式提交专利机关，并且整个审批过程中的各种手续都必须以书面形式办理，这就是书面原则。提交的文件应齐备，内容应完整和详尽，申请外观设计专利除提交申请书以外，还应提交外观设计的图片或者照片等文件。

(2) 单一性原则

一件发明或实用新型专利的申请应仅限于一项发明或实用新型。但是属于一个总的发明构思的两项以上的发明或实用新型，可以作为一件申请提出。一件外观设计专利的申请应当限于一种产品所使用的一项外观设计。用于同一类别并且成套出售或使用的产品的两项以上的外观设计，可以作为一件申请提出。

(3) 先申请原则

所谓先申请原则，是指两个以上的申请人分别就同样的发明创造申请专利的，专利权授予最先申请的人。如果有两个以上的申请人在同一天分别就同样的发明创造申请专利，则要求有关申请人自行协商确定谁是申请人，或共同申请，或有一方将申请权转让给其他方，从中得到适当的补偿。如果协商不成，双方都不能授予专利权。先申请原则，也包括当科研成果进行专利申请时，要先申请专利再发表论文，否则会影响专利的申请。因为一旦在申请专利前发表了相关文章，将会影响专利的新颖性。

(4) 优先权原则

专利申请人和专利权人在一定条件下享有优先权。这种优先权主要有两种：公约优先权，根据巴黎公约，成员国的自然人或法人第一次向一个成员国正式提出专利申请后，在一定期限内(12 个月)，就相同发明主题又向其他成员国提出申请时，仍以首次申请的日期作为后续申请的日期(这一申请日就是优先权日)，也即后来的申请比在这两次申请之间其他人提出的相同申请具有优先权；国内优先权，指申请人就同一发明主题在本国第一次提出的专利申请之日起的 12 个月内，又向本国专利局提出专利申请的，可以享有优先权。

当申请人就同一项发明向不同国家申请专利时，产生如下一些类型专利：

① 基本专利：原则上是指同一申请人先后在不同国家申请内容相同的专利中最先被批准公布的那一件专利。但在德温特出版物中，基本专利实际上是指德温特公司最先收到并最先报道的专利。

② 相同专利：是指同一申请人在申请基本专利后的一定期限内又在其他国家申请的内容相同的专利。

③ 非法定相同专利：第一个专利获得批准后，就同一个专利向别国提出相同专利的申请，必须在 12 月内完成，超过 12 个月的则成为非法定专利。

④ 同族专利：人们把至少有一个优先权相同的、在不同国家或国际专利组织多次申请、多次公布或批准的内容相同或基本相同的一组专利文献，称为专利族(Patent Family)。同一专利族中的每件专利文献被称为专利族成员(Patent Family Members)，简称为同族专利。

5.1.3.3 专利申请的途径

专利申请人可到国家知识产权局专利局或者国家知识产权局专利局设在各地的代办处，采取直接申请或者通过挂号邮寄申请；也可委托专利代理机构代为办理专利申请，采用后者的这种方式，专利申请质量较高，可以避免因申请文件撰写质量问题而延误审查和授权。

5.1.3.4 专利审批的程序

世界各国采用的专利审批制度各不相同。依据我国专利法，发明专利申请的审批程序包括：受理、初审、公布、实审以及授权五个阶段。实用新型或者外观设计专利申请在审批中不进行早期公布和实质审查，所以只有三个阶段，即受理、初审及授权。

（1）专利申请受理阶段

专利申请提交到国家知识产权局受理处或各专利代办处，首先应进行是否符合受理条件的审查。对符合受理条件的申请，国家知识产权局将确定申请日，给予申请号，并在核实文件清单后，发出受理通知书，通知申请人，确认收到申请文件。受理程序中最重要的法律手续有两项：一是决定申请能否受理，二是确定被受理的申请的申请日并给予申请号。

受理是一项重要的法律程序，专利申请被受理以后，从受理之日起就成为在国家知识产权局正式立案的一件正规国家申请，并且至少将产生以下的法律效力：

① 在该申请存在(即未被撤回、视为撤回或者驳回)或者被公开后，将阻止任何在其申请日以后就同样的内容申请专利的申请人获得专利权。

② 无论该申请受理以后的命运如何，除法律另有规定的以外，发明和实用新型在12个月内，该被受理的首次申请可以作为该申请人另一件后期提出的申请要求外国或者本国优先权的基础。外观设计6个月内就相同主题向外国申请的，首次被受理的申请可以作为申请要求外国优先权的基础。

③ 该申请的申请文件从被受理之日起，可以作为申请人要求申请文件副本的依据。申请人可以按规定的手续，要求国家知识产权局出具申请文件副本。

④ 该申请文件是申请人在后续的审查程序中进行修改的基础。即申请人今后对专利申请的修改不得超出受理时的说明书和权利要求书记载的范围，或者超出受理时的外观设计图片或照片的范围。

申请日的确定：申请人邮寄的申请文件，凡符合受理条件的，以邮件寄出日为申请日。寄出邮件的邮戳日期不清楚的，以邮件寄到国家知识产权局的邮戳日为申请日。邮件的寄出和收到邮戳都不清楚的，以国家知识产权局收到日为申请日。

申请号的给予：申请号是国家知识产权局给予每一件被受理的专利申请的代码，它与专利申请一一对应。所以申请号是申请人申请之后向国家知识产权局办理各种手续时，指明该申请的最有效手段。国家知识产权局应将确定的申请日，给予的申请号记录在受理通知书上，通知申请人。

（2）初步审查阶段

专利申请按照规定缴纳申请费的，自动进入初审阶段。发明专利申请在初审前首先要进行保密审查，需要保密的应按保密程序处理。在初审程序中要对申请是否存在明显缺陷进行审查。主要包括审查申请内容：①是否明显违反国家法律、社会公德或者妨碍公共利益；②是否明显属于不授予专利权的主题；③是否明显缺乏技术内容而不能构成技术方案；④是否明显缺乏单一性。实用新型和外观设计专利申请还要审查是否明显与已经批准的专利相同，是否明显不是一个新的技术方案或者新的设计。初审中还要对申请文件齐备及其格式是否符合要求进行审查，例如：①审查各种文件是否采用专利局制定的统一格式，申请的撰写、表格的填写或附图的画法是否符合实施细则和审查指南规定的要求；②应当提交的证明或附件是否齐备，是否具备法律效力；③说明书、权利要求书、附图或外观设计图或照片是否符合出版要求。此外，对外国申请人的资格，及申请手续也要进行审查。不合格的，专利局将通知申请人在规定的期限内补正或者陈述意见。逾期不答复的申请将被视为撤回。经申请人答复后仍未消除缺陷的，予以驳回。发明专利申请初审合格的，将发给初审合格通知书。实用新型和外观设计专利申请经初审未发现驳回理由的，将直接进入授权阶段。

(3) 发明专利申请公布阶段

发明专利申请从发出初审合格通知书起就进入等待公布阶段。申请人请求提前公布的，则申请立即进入公布准备程序。经过格式复核、编辑校对、计算机处理、排版印刷，大约在3个月后，在专利公报上公布并出版说明书单行本。没有提前公布请求的申请，要等到申请日起满15个月才进入公布准备程序；要求优先权的申请(包括外国优先权和本国优先权)，从优先权日起满15个月进入公布准备程序。申请进入公布准备程序以后，申请人要求撤回专利申请的，申请仍然会在专利公报上予以公布。申请公布以后，申请人就获得了临时保护的权利，也就是说自申请公布之日起，申请人就可要求实施其发明的单位或者个人支付费用。申请公布以后，申请记载的内容就成为现有技术的一部分。申请人务必注意申请在专利公报上公布时的公布号和专利申请的申请号是两个不同的系列。

(4) 发明专利申请实质审查阶段

发明专利申请公布以后，如果申请人已经办妥了实审请求手续，申请将进入实审程序，专利局会发给申请人“进入实质审查阶段通知书”。如果申请人没有办妥实审请求手续，那么专利局则等待申请人办理实审请求手续；从申请日起满三年，申请人未提出实审请求的或者实审请求未生效的，申请即被视为撤回。

进入实审程序的申请将按照进入实审程序的先后顺序等待实审。在实审中，审查员将在检索的基础上对专利申请是否具备新颖性、创造性、实用性以及专利法规定的其他实质性条件进行全面审查。经审查，认为不符合授权条件的，或者存在各种缺陷的，应当通知申请人在规定的时间内陈述意见或进行修改(答复第一次审查意见通知书的期限是4个月)。申请人在指定期限内未答复的，申请被视为撤回。经过至少一次答复或修改后，申请仍不符合要求的，予以驳回。由于实审的复杂性，审查周期一般要1年或更长时间。

(5) 授权阶段

实用新型和外观设计专利申请经初步审查，发明专利申请经实质审查未发现驳回理由的，由审查员制作授权通知书，申请进入授权登记准备。经授权形式审查人员对授权文本的法律效力和完整性进行复核，对专利申请的著录项目进行校对、修改确认无误以后，专利局发出授权通知书和办理登记手续通知书。

申请人接到授权通知书和办理登记手续通知书以后，应当在2个月之内按照通知的要求办理登记手续。申请人办理登记手续时应缴纳专利登记费、公告印刷费、印花税和当年年费。发明申请人应当一并缴纳各年度的申请维持费，授权当年的不包在内。期满未缴纳费用的，视为未办理登记手续。在期限内办理了登记手续并缴纳了规定费用的，专利局将授予专利权，颁发专利证书，在专利登记簿上记录，并在专利公报上公告。三种专利授权公告之日称为公告日，专利权自公告日起生效。未按规定办理登记手续的，或者逾期办理的，视为放弃取得专利权的权利。

专利审批流程如图 5-1 所示，审查流程如图 5-2 所示。

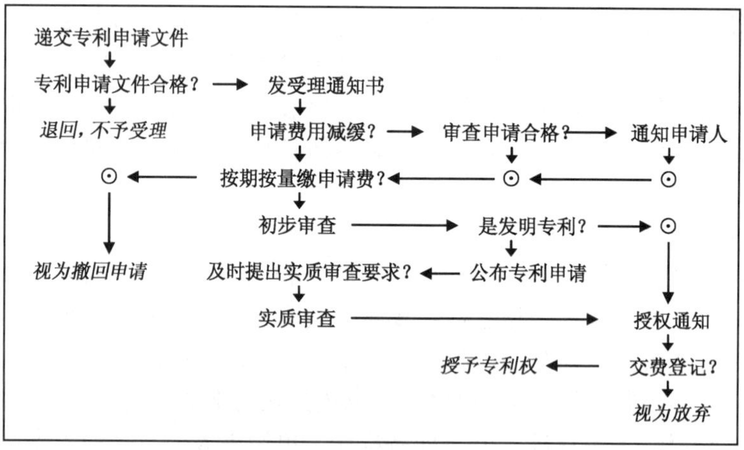

图 5-1　专利审批流程图

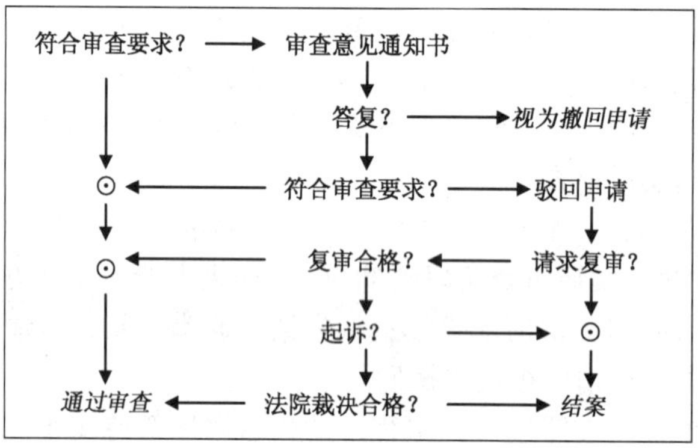

图 5-2　审查流程图(初步审查、实质审查相同)

5.2　专利文献的基本知识

(1) 专利文献的产生

早在 16 世纪，英国皇家政府便授予一些特定技术以垄断权，即专利权。英国的第一份专利说明书是 1852 年印刷 1617 年的专利。美国于 1790 年建立专利制度，现存的第一份专利说明书是 1836 年印刷的专利说明书。1790 年至 1836 年之间的专利说明书毁于大火。随着专利制度的发展，世界上许多国家将出版专利文献作为实施专利制度的主要手段与工具，实现广泛传播及保护发明创造的目的。

(2) 专利文献的概念

专利文献：是实行专利制度的国家、地区及国际性专利组织在审批专利的过程中产生的官方文件及出版物的总称。专利文献主要包括三种类型：

① 专利说明书，它是专利文献的主体，一般又称为一次专利文献。它一方面公开新的技术信息，另一方面确定法律保护范围。任何人在检索专利文献时，最终要获取的也是这种全文出版的专利说明书。只有在专利说明书中才能找到申请专利的全部技术信息及准确的专利权保护范围的法律信息。

② 专利公报及专利索引，一般又称为二次专利文献，其主要刊载专利文摘、专利题录、专利索引以及各种专利事务的专利局官方出版物。

③ 专利分类资料，它是按发明技术主体分类和检索一次专利文献的工具，包括专利分类表及分类表索引。

(3) 专利说明书的著录内容

专利说明书属于一次文献，记载了发明成果的详细内容，是专利文献的核心内容。通常由三部分内容组成：题录部分、说明书正文、附图。

① 题录部分：著录了该发明技术及其法律情报等内容。主要内容包括发明名称，发明人，申请人姓名、地址，申请日期，申请号，分类号，专利号，文摘等。采用INID代码 + 内容的方式进行著录，著录内容前面的代码是国际通用的，详见表5－1。

② 说明书正文：详细记录了发明内容。这些内容包括序言、发明细节叙述及权利要求三部分。

③ 附图：用于解释说明发明内容原理，一般放在说明书的最后。

表5－1 专利说明书代码含义

代码	含义	代码	含义
[10]	文献标志	[44]	经审查未批准专利的说明书出版日期
[11]	文献号	[45]	已批准专利的说明书印刷出版日期
[12]	文献类别	[46]	专利权项的公布日期
[19]	国别	[47]	已批准专利的说明书，提供公众阅览或复制的日期
[20]	国内登记项		
[21]	申请号	[50]	技术项
[22]	申请日期	[51]	国际专利分类号
[23]	其他登记日期	[52]	本国专利分类号
[24]	所有权生效日期	[53]	国际十进分类号
[30]	国际优先权项	[54]	发明题目
[31]	优先申请号	[55]	关键词
[32]	优先申请日期	[56]	已发表的有关文献
[33]	优先申请国家	[57]	文献或专利权项
[40]	公布或出版日期	[58]	核查范围
[41]	未经审查或未批准专利的说明书，提供公众阅览或复制的日期	[60]	法律上有关联的文件
		[61]	增补专利
[42]	经审查但尚未批准专利的说明，提供公众阅览或复制的日期	[62]	分案专利
		[63]	接续专利
[43]	未经审查和未批准专利的说明书出版日期	[64]	再公告专利

续表

代码	含　义	代码	含　义
[70]	人事项	[80]	国际组织有关项目
[71]	申请人姓名及地址	[81]	PCT 指定国
[72]	发明人姓名及地址	[82]	选择国
[73]	受让人姓名	[84]	EPO 指定国
[74]	律师或代理人姓名	[86]	国际申请号、文件及申请日期
[75]	发明人兼申请人和受让人的姓名	[87]	国际专利文件号、文种及出版日期
[76]	既是发明人也是申请人和受让人姓名	[88]	欧洲检索报告的出版日期

（4）专利文献的用途

① 专利性检索或查新。一项发明在申请专利前，一般要进行新颖性的检索，避免无效申请。另一方面，专利局审查员在受理并审查专利申请时，也要进行新颖性检索，以确认是否授予其专利权。

② 防侵权检索。新产品或新技术在应用或实施前，应先查阅有关的专利文献，以防侵权。

③ 技术引进检索。在技术引进过程中，应通过专利文献检索查清引进技术的先进性、可行性、有效性、适用性以及经济上的合理性，做出正确的决策。

④ 技术攻关检索。在新产品的开发和研制过程中，经常会遇到技术难题，检索有关专利文献，可从中获得启发和帮助，少走弯路。

5.3　国际专利分类法

对专利文献的分类，世界上许多国家都有自己的专利分类表，其分类体系和标记符号各不相同，难以被使用者完全掌握，这给专利文献的整理和检索带来了许多困难。为此，欧洲共同体理事会下属的专家委员会拟定了一种国际上通用的《国际专利分类表》(International Patent Classification，简称 IPC)。目前，IPC 已被世界上大多数国家和组织所采用。虽然英国、美国仍保留自己的分类表，但在其说明书及专利索引中也都列出了相应的 IPC 分类号，我国专利局对专利文献的分类也采用了 IPC 分类表。

（1）国际专利分类法的作用

① 使各国专利文献获得统一的分类工具，以便于对专利文献进行分类管理、使用、查找；

② 用以在各种检索中使用，如作为为确定专利申请的新颖性、创造性(包括对技术先进性和实用价值做出评价)而进行专利文献检索时的一种有效检索工具；

③ 利用 IPC 分类表编排专利文献，使用户可方便地从中获得技术上和法律上的信息；

④ 作为对所有专利信息用户进行选择性报导的基础；

⑤ 作为对某一个技术领域进行现有技术水平调研的基础；

⑥ 作为进行专利统计工作的基础，从而对各个技术领域的技术发展状况做出评价。

(2) 国际专利分类表的内容及结构

国际专利分类表的内容设置包括了与发明创造有关的全部知识领域。分类表共分为8个分册，每个分册称为一个部，用英文大写字母A—H表示。IPC分类体系是由高至低依次排列的等级式结构，设置的顺序是：部、分部、大类、小类、主组、小组。表5-2对八个部详细加以说明。

表5-2　国际专利分类表部与分部

部	分　部
A：人类生活需要(Human Necessities)	农业；食品和烟草；个人或家用物品；保健和娱乐
B：作业、运输(Performing Operating；Transporting)	分离和混合；成型；印刷；交通运输
C：化工、冶金(Chemistry；Metallurgy)	化工；冶金
D：纺织、造纸(Textile Constructions)	纺织和未列入其他类的柔性材料；造纸
E：固定建筑物(Fixed Constructions)	建筑；钻井和采矿
F：机械工程、照明、加热、武器、爆破(Mechanics；Lighting；Heating；Weapons；Blasting)	发动机和泵；一般工程；照明和加热；武器和爆破
G：物理(Physics)	仪器；核子学
H：电学(Electricity)	无分部

部的类号：每一个部的类号用一个大写英文字母标示，如A部，B部等。

部的类名：每一个部的类名都概括地指出该部所包含的技术范围，通常对类名的陈述主题不作精确的定义，一个部的类名往往是简要表明该部所包括主题范围的概括性特点。例如C部的类名是：化学；冶金。D部的类名是纺织；造纸。

部的内容：在英文、中文版，部的内容后的参见和附注省略。部的内容只是列出了该部各大类类号、大类类名、小类类号、小类类名的概要。

分部：为了使使用者对部的内容有一个概括性的了解，帮助使用者了解技术主题的归类情况，部内设置了分部。分部没有类号，所以在一个完整的分类号中，没有表示分部的符号。例如，A部内设四个分部：农业；食品，烟草；个人或家用物品；保健，娱乐。

大类：每一个部按不同的技术主题范围分成若干个大类，每一大类的类名对它所从属的各个小类所包括的技术主题作一个全面的说明。

大类的类号：每一个大类的类号由部的类号及在其后加上两位数字组成。

例如：A01；A61。

大类的类名：每一个大类的类名表明该大类包括的主题内容。

例如：A01　农业；林业；畜牧业；狩猎；诱捕；捕鱼。

例如：A61　医学或兽医学；卫生学。

例如：大类C25　电解或电泳工艺；其所用设备的大类索引。

小类：每一个大类包括一个或多个小类。国际专利分类的设置原则是通过各小类的类名，并结合小类的有关参见或附注尽可能精确地定义该小类所包括的主题范围。

小类的类号：每一个小类类号由大类类号加上一个大写字母组成。

例如：A21B。

小类的类名：小类的类名尽可能确切地表明小类的技术主题内容。

例如：A21B　食品烤炉；焙烤用机械或设备。

组：每一个小类细分成许多组(主组和小组的统称)。

组的类号：每个组的类号由小类类号加上用斜线"/"分开的两个数组成。

主组的类号：由小类类号加上一个一位到三位的数、斜线"/"及数字"00"组成。

例如：A01B 3/00，B62K 19/00，C07C 211/00。

主组的类名：主组的类名明确表示可检索发明有用的技术主题范围。

例如：B62K 19/00　自行车架

小组的类号：主组可以细分成若干个小组。每一个小组的类号由小类类号加上一个一位至三位数，后面跟着斜线"/"符号，再加上一个除"00"以外的至少有两位的数组成。

例如：A23L 1/32　• 蛋制品

A23L 1/322　• • 蛋卷

A23L 1/33　• • 甲壳类

A23L 3/358　• • • 无机化合物

A23L 3/3589　• • • 利用液体保存的设备

A23L 3/3598　• • • 利用固体保存的设备

任何一个在斜线"/"符号后面的第三位或后继位数字应理解成领先于它的数字的十进位细分数字，例如：A23L 1/322 应在 A23L 1/32 后面、A23L 1/33 前面查找；A23L 3/3589 应在 A23L 3/358 后面、A23L 3/3598 前面查找。

小组的类名：小组的类名明确表示可检索属于该大组范围之内的一个技术主题范围，小组的类名前加一个或几个圆点表示该小组的等级位置，即表示每一个小组是它上面离它最近的，又是比它少一个圆点的那个小组的细分类。

在所有的情况下，在读出一个小组类名时，必须同时考虑它所从属的并受其限制的那个组的类名。

例如：A63B 53/00　高尔夫球棍

A63B 53/12　• 金属长柄

A63B 53/12　小组的类名应读成：金属长柄的高尔夫球棍

A63B 53/00　高尔夫球棍

A63B 53/04　• 球棍头

尽管 A63B 53/04 的类名是一个完整的语句，但它从属于 53/00 大组，由于它的等级位置所示是 53/00 大组的细分，所以球棍头只限于高尔夫球棍的球棍头。

完整的分类号：一个完整的分类号由代表部、大类、小类、主组或小组的符号结合构成。例如：A01B 1/00，A01B 1/24。

在利用 IPC 检索文献时，首先要知道其完整的分类号。但有时要确定某一主题的确切分类号并不容易，尤其在当今各学科交叉重复的现象下，在使用时一般先利用 IPC 的关键词索引查到所检题目的大组号，然后再到 IPC 分类表中查到其相应的完整分类号。

5.4 中国专利文献及其检索

(1) 中国专利文献概况

我国于1979年成立中华人民共和国专利局(现在的国家知识产权局)，并拟定了适合我国国情的专利法和专利制度。1984年3月12日颁发了《中华人民共和国专利法》，1985年4月1日起开始实施。自中国专利法实施以来，我国专利事业得到了突飞猛进的发展。目前，我国已步入了世界第五大专利国，中国专利文献已成为不可忽视的科学技术经济信息源之一。

(2) 中国专利及专利说明书的类型

中国专利分为：发明专利、实用新型专利、外观设计专利三种形式。三种都出版专利公报，前两种出版专利说明书，其说明书有以下几种类型：

① 发明专利申请公开说明书：这是专利局对发明专利申请进行初步审查合格后，给予公开出版的专利说明书。

② 发明专利说明书：这是专利局对发明专利进行实质性审查合格并批准授权后出版的说明书。

③ 实用新型专利说明书：这是专利局对于实用新型专利申请进行初步审查并批准授权后出版的说明书。

对于外观设计专利申请不出版说明书单行本，仅在专利公报上进行公告。

(3) 中国专利说明书编号体系

我国专利说明书的编号体系曾经历了数次变动，1993年以后，中国专利说明书的编号有如下几种：

① 申请号：这是专利局在管理专利申请时给每件专利申请案的一个编号。2003年以前是8位，2003年10月1日以后采用国际上通行的12位阿拉伯数字表示，包括申请年号、申请种类号和申请流水号及计算机校验号四部分。按照由左向右的次序，第1至4位数字表示受理专利申请的年号，第5位数字表示专利申请的种类，第6至12位数字(共7位)为申请流水号，表示受理专利申请的相对顺序，小数点后为计算机校验码。专利申请号中使用的每一位阿拉伯数字均为十进制。

例如：200510052999.7

其中2005——申请年份(以公元年份来表示)。

1——专利类型代码："1"为发明专利，"2"为实用新型专利，"3"为外观设计专利。

0052999——当年专利申请的顺序号。

.7——计算机校验码。

② 公开号：发明专利经初步审查合格后，专利局公开其说明书时给予的编号。

例如：CN1251835A

CN——国际通用国别代码(CN为中国，其他国家代码参见表5-3)。

1——发明专利。

251835——发明专利申请公开顺序号。

A发明专利申请公开。

③ 授权公告号：1993 年以后，专利局对授予专利权的专利作公告时给予的一个编号。(由最初的 6 位顺序号改为现在的 8 位)

例如：CN10378969C

公告号的第一位数字表示专利类型；后 2 至 8 位是流水号；最后字母表示法律状态码：C 表示发明专利说明书，Y 表示实用新型专利说明书，D 表示外观设计专利授权公告号。

④ 专利号：中国专利号与专利申请号的数字部分是相同的，不同的是数字前如果是 CN，代表是专利申请号；数字前如果是 ZL，则代表是专利号(说明该项申请已授予专利权)。

例如：申请号为 200510052999. 7 的专利号为 ZL200510052999. 7。

表 5－3 常用世界专利的国别(组织)代码

代 码	国 别	代 码	国 别
AR	阿根廷	AT	奥地利
AU	澳大利亚	BE	比利时
BR	巴西	CA	加拿大
CH	瑞士	CN	中国
CS	捷克	DE	德国
DK	丹麦	ES	西班牙
FI	芬兰	GB	英国
FR	法国	HU	匈牙利
IL	以色列	IT	意大利
JP	日本	KR	韩国
LU	卢森堡	NL	荷兰
NO	挪威	NZ	新西兰
PT	葡萄牙	SE	瑞典
RO	罗马尼亚	SU	前苏联
US	美国	ZA	南非
EP	欧洲专利局	WO	专利合作条约组织
RD	《研究公开》(英)	TP	《国际技术开发》(美)

(4) 我国专利文献检索工具

1) 专利公报。

专利局编辑出版的专利公报有发明专利公报、实用新型专利公报和外观设计专利公报。专利公报以期刊形式或者专利局规定的其他形式发行。专利公报按照年度计划出版，三种专利公报每周各出版一期。

发明专利公报包括发明专利申请公布、国际专利申请公布、发明专利权授予、发明保密专利、发明专利事务、索引(申请公布索引、授权公告索引)及更正。

发明专利申请公布的内容包括：著录事项、摘要和摘要附图，但说明书没有附图的，可以没有摘要附图。著录事项主要包括：国际专利分类号、申请号、公开号(出版号)、公开日、申请日、优先权事项、申请人事项、发明人事项、专利代理事项、发明名称等。

发明专利权授予公告的内容包括：著录事项。著录事项主要包括：国际专利分类号、专利号、授权公告号(出版号)、申请日、授权公告日、优先权事项、专利权人事项、发明人事项、专利代理事项、发明名称等。

实用新型专利公报包括实用新型专利权授予、实用新型专利事务和授权公告索引。

外观设计专利公报包括外观设计专利权的授予、外观设计专利事务和授权公告索引。

2）索引部分。

每期《发明专利公报》的索引部分由申请公开索引和授权公告索引组成。申请公开索引是用来检索发明专利申请公开说明书的索引；授权公告索引是用来检索授予专利权的发明专利索引。两种索引中每种索引都包含三个子索引，即国际专利分类号索引(IPC 索引)、申请号索引和申请人索引。此外，每种索引还分别有公开号/申请号对照表、授权公告号/专利号对照表。且每年还出版有相应的年度索引。下面以期索引为例介绍如下：

① 国际专利分类号(IPC)索引　该索引按 IPC 号顺序编排，著录内容包括 IPC 号、公开号、申请号、申请人、发明名称。其著录格式如下：

IPC	公开号	申请号	申请人	发明名称
A61N51/00	CN1084095A	200510052999.7	胡青云	用循环运行能量理疗的方法及装置
B28C67/20	CN1084118A	200510003295.6	东北大学	组合泡沫材料的制造方法
C07C49/697	CN1084160A	200510043228.4	卫华公司	制备环戊二烯的方法

② 申请号索引　该索引按申请号顺序排列。著录格式如下：

申请号	IPC	公开号	申请人	发明名称
200510003295.6	B28C67/20	CN1084118A	东北大学	组合泡沫材料的制造方法
200510043228.4	C07C49/697	CN1084160A	卫华公司	制备环戊二烯的方法
200510052999.7	A61N51/00	CN1084095A	胡青云	用循环运行能量理疗的方法及装置

③ 申请人索引　该索引按申请人姓名的汉语拼音字顺编排，其著录格式如下：

申请人	IPC	公开号	申请号	发明名称
东北大学	B28C67/20	CN1084118A	200510003295.6	组合泡沫材料的制造方法
胡青云	A61N51/00	CN1084095A	200510052999.7	用循环运行能量理疗的方法及装置
卫华公司	C07C49/697	CN1084160A	200510043228.4	制备环戊二烯的方法

④ 摘要部分的著录格式：

[51] Int. CL. F23L1/100　　[21]申请号　　[11]公开号

[22] 申请日

[30] 优先权

[32] 优先申请日、国别、优先申请号

[71] 申请人及地址

[74] 专利代理机构

[54] 发明名称

[57] 摘要

⑤ 目录页　专利公报中目录样页如图 5－3 所示：

目 录

图 5-3 专利公报目录页样页

习题

1. 什么是专利？专利有哪些特征？我国专利包括几种类型？
2. 授予和不授予专利的条件有哪些？
3. 什么是专利文献？专利文献包括几种类型？
4. 我国专利文献的检索工具有哪些？

§6 社会科学文献信息的检索

6.1 中文工具书

6.1.1 工具书的概述

6.1.1.1 工具书的特征

在漫长的历史进程中，人类创造出了极其丰富的图书财富。浩如烟海的图书资料，如果按照它们的编制特点和人们的使用习惯，大体可分为两类：一类是普通图书，另一类便是工具书。

什么是工具书？工具书是根据一定的查阅需要，系统地汇集有关的知识信息或者文献资料，以特定的编排形式和排检方法，为读者迅速提供某方面的基本知识或资料线索，专供查阅的特定类型的图书。

工具书的特点是能够迅速提供知识或资料线索，即用特定的编排形式和检索方法，反映广泛、系统的内容，为人们读书治学查找资料提供方便。比如，汉字发展到现在已有几万个，如果遇到一个字不认识怎么办呢？我们借助《康熙字典》《中华大字典》和《新华字典》等字典，就基本上能解决某一个字怎样读、作何解释等问题。汉语词语发展到现在有几十万条，借助《辞海》《辞源》和《现代汉语词典》等词典，也大体上可找到我们所需要的某一个词语的解释。我国的图书典籍，据不完全统计，自先秦至清朝的 2000 多年间共有 181700 多种，新中国成立以来公开出版的更达 30 万种之多。检索这些图书可借助历代艺文志、《四库全书总目》《贩书偶记》《中国丛书综录》《中国地方志综录》《全国总书目》等书目工具解决。同样，利用类书、政书、年鉴、手册、表谱、图录等工具书，能帮助我们从纷纭复杂的名物制度和典故资料中，找到某一个名物典故资料；从层出不穷的大事资料和统计数据中，找到某一个重要时事资料或者一个数据；从几千年有文字可考的历史资料和史志记载中，找到某一个历史事件或年月日资料；以及从反映各种事物和人物的图像资料中，找到某一个图像资料。这些方面的问题，如果离开工具书那是难以解决的。

工具书与普通图书有着明显的区别。工具书具有编制特殊、内容概括、专供查阅等特点，能起到解答疑难、辅助阅读、提供资料的作用。首先，从编制目的看，工具书具有查考性。工具书一般不是供人们从头到尾、逐字逐句阅读的，而是拥有大量的资料供人们查考，以解决有关的疑难问题；普通图书则对一定的问题或科学作具体的论述，提供比较系统的知识和观点，一般供读者从头至尾阅读。其次，从内容材料看，工具书具有概括性，它广采博收、旁征博引，大多是把收集来的材料加以取舍排比或作精要的论述，因此内容比较广泛、概括；普通图书却围绕一定的问题或学科作深入的论述，以阐明作者的观点，内容一般比较连贯、完整。再从材料编排看，工具书具有易检性。它的编排体例，或按部首、或依笔画、或用号码、或以音韵、或分类分主题序列、或以年月日为次、或依地域分编，总之，一检即得，循例查找；而普通图书一般按问题或学科本身的系统分章、分节论述。

但是，工具书与普通书并不存在不可逾越的鸿沟。有些工具书同时也是某方面的专门著作。如《说文解字》，它既是供查考字的形、音、义的工具书，又是供研究汉字参考的专著。反之，普通图书也一样可供查考问题时参考，具有“工具”的作用。尤其是某些大部头的史书、一统志和地方志、总集和全集、大部头的资料汇编等类图书，由于内容广泛，材料丰富，参考价值更大。加上这类书卷帙浩繁，人们常常只是选择其中一部分，以作阅读或查考用，因此在一定程度上也起着工具书的作用。

6.1.1.2 工具书的类型

工具书的种类繁多。根据不同的标准，可将工具书划分为不同的类型。就其文种来说，有中文工具书和外文工具书之分；就其学科内容来说，有社会科学工具书与科技工具书之分；就其编撰时代来说，有古代工具书与现代工具书之分；就其出版形式来说，有书籍、期刊和单幅图片之分；就其功用特点来说，有字典、词典、百科全书、类书、政书、年鉴、手册、书目、索引、文摘、表谱、图录等之分。就其出版形式来说，有期刊式、卡片式、磁带式、缩微式、光盘式之分。

6.1.1.3 工具书的性质

工具书无论从编排方式到内容与普通图书相比都有其特殊性。工具书能够为读者提供解决知识信息量的增长与特定信息需求之间的矛盾，因此，相比一般性的图书文献资料，它具有以下性质。

（1）知识信息密集

知识信息密集是对工具书的文献内容而言。无论是综合性还是专科性工具书，多是根据需要汇集某一特定领域或多个领域内的完整信息以及最新研究成果与动态，并对其整序、提炼和浓缩而成的信息密集型文献，其收录的完整性与系统性是其他类型出版物难以比拟的，能为人们提供丰富的知识信息。例如，目录、索引和文摘系统地汇集了有关书、期刊和论文资料的知识信息，字典、词典系统地汇集了有关语言文字和词汇的知识信息，百科全书系统地汇集了人类各个知识领域的知识信息。

（2）编排的特殊性

编排的特殊性是对工具书的内容结构而言。工具书为了将众多的知识信息进行条理化的揭示和反映，采取了不同于普通出版物的内容编排组织方式，其正文部分往往是由成千上万个条目组成，尽管整体内容不详尽、连贯，但每一个条目都是一个相对独立和完整的知识信息点，以非常简练、精确、概括性强的语言反映一个知识概念。此外，这些条目一般都是按照形序、音序、号码、分类、主题、时序或地域顺序等方式进行编排，使用户对收录内容一目了然。

（3）概括性强

从内容材料来看，工具书具有概括性，具有专题资料的性质。工具书是经过筛选和条理化的一种基本信息源。相对于数量庞大的一次文献，工具书多数是经过加工的二次或者三次文献，广采博收、论述精练、出处详明，它不仅是反映、解释和检索一般信息源（原始文献）的工具和手段，而且也收录了准确而丰富的数据与事实性资料，例如，统计资料、企业产品信息、史实典故、图像、典章制度、诗赋文章、人物传记等，供用户直接获取所需的相关资料和信息。年鉴、手册和名录等类型的工具书就其本质而言就是资料性工具书。

（4）易于检索

工具编制体例的特殊性，就是要方便读者检索。工具书是为了便于读者查考特定的信息资料而汇编成的特殊文献。人们利用工具书与阅读普通图书不同，前者带有特定的查考目的和要求，后者一般是为了满足求知的欲望。因此，工具书必须十分注重自身的检索功能，除了对所收条目进行有序排列外，工具书都提供多种查询途径，附有各种辅助索引与附录，以供读者选择使用，简明易查，一检即得。

6.1.2 工具书的排检方法

工具书的排检方法大体上可分为五种：字顺法、分类法、主题法、时序法、地序法。下面分别予以简述。我们最常用的是字顺法，这里主要介绍这种方法。

6.1.2.1 字顺法

字顺法是一种排检单字或复词的方法，也是工具书的主要排检、检索方法。一般字典、辞典、百科全书等都采用这种方法。由于汉字的形体结构十分复杂，所以字顺排检法也是多种多样的。归纳起来主要有三种：形序法、号码法和音序法。

（1）形序法

形序法是根据汉字的形体结构，找出它们在形体上的某些共同点加以排列。这种方法比较适应汉字的特点，并符合人们从形出发求音求义的要求。形序法常见的有两种。

① 部首法。这是我国工具书最普遍的一种编排方法，大多数的字典、词典都是按部首法排列的。从汉朝许慎的《说文解字》直到《字汇》《康熙字典》《中华大字典》《辞源》《辞海》等，都采用了这种方法。

部首法是根据汉字的形体特征，按部属、偏旁的相同部分归类。所谓"部首"，大体上说就是"偏旁"。其大多是指形声字的形旁说的。也就是把一些在形体上有相同部分的归并到一起为一部，把这些字的相同部分作为"部首"。如"林"、"梧"、"桐"、"松"、"柏"等都有相同的偏旁"木"，就把它们划归到"木"部，而以"木"为部首。采用部首排列法最早是《说文解字》。后世的字、词典，如《字汇》《康熙字典》等，均按照楷书字体，从检字法的角度对字进行分析，将字归并为若干部，以部首的笔画多少依次排列。同一部首中的字，再按照（除部首以外）其余笔画的多少作为排列次序。新中国成立以后出版的一些字典、词典，如 1954 年版《新华字典》、《现代汉语词典》以及新版《辞源》、《辞海》等，也都沿用了部首法，原理基本相同，但对于部首偏旁进行了较大的调整和减并。

使用部首法查阅工具书时，应首先分析字形结构，搞清部从，查出部首，再数清部首以外的笔画数目，然后查字。对于一些确定部首的字，可径直从"检字表"或"索引"查找。

部首法的优点在于，它把结构形态复杂而又极不规则的庞大数量的汉字分别归纳在一二百个部首里，基本上符合汉字的结构特点和人们查字的习惯。不认识的字，念不出来，不能用音序检字时，可以用部首法查出来。因此，大多数字、词典均采用部首法排列，还有一部分字、词典，虽不是按部首排列的，但往往附有部首检字或用部首法排列的辅助索引。如《现代汉语词典》《新华字典》等就是如此。

② 笔画与笔顺法。这种方法是按汉字笔画数目的多少为排列次序的检字法，《中国人名大辞典》《室名别号索引》等都是采用了这种办法。

检字时，先计算所要查的字的笔画，然后按笔画数多少的次序去找。笔画数目相同的字，再按每个字的部属或起笔加以区分。这种检字法的优点是原理简单，一学就会。有些工具书，正文虽不是按照笔画法排列的，但也附有笔画辅助索引，如《四角号码新词典》《中国史学论文索引》等。当读者对其他检字法不熟悉时，即可使用这种方法查字。

笔顺法是按照笔形顺序确定汉字排列先后的检字法。以"一丶丿丨"或"丶丨丿一"和"丶一丨丿"等起笔的顺序来进行查检的方法。其中以第三种较为合理，但总的说来，这种方法使用者较少。

由于汉字的笔顺没有严格的标准，人们的书写习惯不同，一些人为的硬性规定又很难掌握和记忆，所以笔顺法使用起来相当费力。

（2）号码法

号码法是形序法的一种变形。它把汉字的各种笔形变成数目字，然后把所取的笔形连结为一个号码，按号码排列汉字。这种方法的优点是号码的位置固定，检索迅速。缺点是学习比较困难，要经过反复练习才能掌握。号码排列法流行的有三种：四角号码法、中国字庋撷法、起笔笔形法，其中以四角号码法的用处最大。商务印书馆等出版的新旧工具书，绝大多数是按四角号码法排列的，或者附有四角号码辅助索引，所以使用者若掌握了四角号码法是很方便的。

四角号码法是根据汉字方块形式的特点拟定的，它把汉字笔形分为十类，用0－9这十个数字表示，按字的左上、右上、左下、右下四个角取号。以左上为第一角，右上为第二角，左下为第三角，右下为第四角。每个汉字取四角，把四个角的笔形数字连接起来就成了四角号码，按四角号码排列字顺就成为四角号码法。《四角号码新词典》《二十五史人名索引》等就是采用这种方法的。

四角号码的十种笔形代号是：

0"零头"即"亠"；1"横"即"一"；2"垂"即"丨丿"；3"点"即"丶忄乀"；4"叉"即"十乂"；5"插"即"扌丰"；6"方"即"口"；7"角"即"厂乛"；8"八"即"八人丷"；9"小"即"小忄个"。有人依照这十种笔形，编成了一首歌诀，可以帮助记忆。歌诀是："横一垂二三点捺，叉四插五方框六，七角八八九是小，点下有横变零头"。

用四角号码法查字不论部首，不必数笔画，只要熟记十种笔形所代表的号码，看见字形就能想出号码，能较快的查到字，相对说来，还是较为简捷的。四角号码法的主要缺点是，如稍对笔形有所误解，即难查到，所以这种方法也不是完美无缺的。

另外两种号码法，中国字庋撷法、起笔笔形法使用不多，就不再介绍。

（3）音序法

音序法是按照字音排列汉字的方法。主要有以下三种：一汉语拼音字母顺序排列，二按韵部排列，三按注音字母次序排列。这种方法的主要缺点是当读不出字音时就无从查起，好处是比较精确。我们常用的是第一种汉语拼音字母顺序排列。

汉语拼音字母排列法，是按照汉语拼音方案字母表的顺序排列字头：ABCDEFGHIJKLMNOPQRSTUVWXYZ。在二十六个字母中除I、U、V三个字母外，共分二十三个部。根据每个字的拼音，依照汉语拼音字母的顺序排列。先按字音的第一个字母的次序排列，第一个字母相同，再按第二个字母的顺序排列，以此类推。字音相同的，再按声调(阴平、阳平、上声、去声)依次排列。《现代汉语词典》《新华字典》，都采用了这种方法。

拼音字母音序排列的方法简便，科学性强，也符合国际上工具书编排的规则，是一种较理想的查字法。但由于汉字还没有完全实行拼音化，同时，我国方言复杂，语言不够规范，因此按音查字有一定的困难。也就是说，当念不出正确的字音时就查不到。为了补救这一缺陷，一般需要编制一些用其他排检法排列的检字法或索引。

6.1.2.2 分类法

分类法是将资料按学科、事物性质等系统加以排列。这种排列法有按一种方式单独编排的，也有与按时间、地区排列的方法相互配合使用的。书目、索引、类书、政书、年鉴、手册等工具书，大都按此种方法编排。

(1) 学科系统排列法

这种排列法，一般是按当时的书刊资料分类法编排的。封建时代有分典籍为“经”、“史”、“子”、“集”四部的，第一大部下再分若干类。如《四库全书总目提要》经部下分为10类，史部下分15类，子部分14类，集部分5类，以此顺序编排书籍。按学科体系排列的好处是同学科性质的资料集中在一起，便于查找。但由于分类法古今中外极不一致，查找资料时首先须得熟悉一下某工具书的资料分类体系，为此，平时了解几种分类法是很必要的。

(2) 事物性质排列法

古时的类书、政书，现代的一些手册、指南、年鉴等，均常采用这种方法编制。如清代编的大型类书《古今图书集成》就分为6汇编，下分32典，再下分6109部。同一部中，大体上就是同一性质的资料。由于编者所处历史时代及思想观点的差异，对资料性质的认识不可避免地会有差异，这是需要读者注意的，在使用此类方法编成的工具书时，应较多地查阅相关类目，以避免发生资料的遗漏。

6.1.2.3 主题法

主题法是将资料按照一定的主题进行编排，这种排列法可以围绕主题汇集材料，取材可以涉及到不同的学科领域，因此可补分类排列法的不足。如《马克思恩格斯全集主题索引》、《列宁全集索引》(第1－35卷)上册、《毛泽东著作主题索引》等，就是按主题法排列的。有关科技方面的书目索引，有时也采用主题法编排资料。

6.1.2.4 时序法

这种方法常用在编制年表、历表、年谱等工具书方面，它按时间顺序先后排列，如《中国历史纪年表》《中西回史日历》等。但也有按逆时序法排列的。

6.1.2.5 地序法

主要用于编制查考地理和地方资料的工具书。如《中华人民共和国分省地图集》《中国地方志综录》等，均按行政区划排列资料。

6.2 社科参考工具书的使用

6.2.1 年鉴

6.2.1.1 年鉴概述

年鉴包括年刊、年报等，一般是概述一年内有关事物或学科的进展，汇辑重要文献和统计资料，并按年度出版的连续性出版物。年鉴的重要文章均由名人和学者们撰稿，取材于当年的政府公报和文件，国家重要报刊的报道和统计资料以及专业工作者的概述，它所反映的内容，具有较完整总结、统计意义和连续参考价值。同时，由于它是连续出版的，在某种程度上又可弥补百科全书不能经常修订的缺陷。

6.2.1.2 年鉴的类型

（1）综合性年鉴

它比较全面地反映了一国或国际政治、经济、文化等各方面的重要材料和基本情况，资料涉及范围比较广泛，通过它能了解国内外的大事和获得各种情报资料，包括文件、指令、人物、国家及统计数字等。如《中国百科年鉴》《中国年鉴》等。

（2）专业性年鉴

包括专科性、专业性、专题性年鉴等。它反映某一专业范围的基本材料和基本情况。多半围绕特定的学科、专业、主题，系统收集和提供有关的情况和资料，一般为专业工作者所使用。如《中国体育年鉴》《中国经济年鉴》等。

（3）统计性年鉴

它主要用统计数字来说明有关领域或部门的进展情况，一般供专业人员使用，既有综合性的年鉴，又有专业性和地方性统计年鉴。如《中国统计年鉴》《中国区域经济统计年鉴》《中国人口统计年鉴》等。

（4）地方性年鉴

它反映某一地方各个方面或某一方面的重要材料和基本情况。地方性年鉴发展很快，既有地方综合性年鉴，又有地方专业性年鉴，还有地方统计性年鉴。如《广东年鉴》《深圳经济特区年鉴》等。

6.2.1.3 年鉴提要

《中国年鉴》 北京新华通讯社《中国年鉴》编辑部编，新中国照片公司和香港新中国新闻有限公司、长青出版社联合出版，1981 年出版。通过该年鉴可以了解我国各领域建设成就、发展概况。全书以部类分单元，共 11 部类：政治、法制、军事、外交、财政金融、经济、科学技术、文化卫生、体育、社会生活、新闻人物。部类下又分细目及有关条目。检索时可从前面的分类目录入手。

《中国百科年鉴》 中国大百科全书出版社编辑出版，1980 年出版。本书原称《人民手册》，是一种年鉴性手册。1980 年起改称《中国百科年鉴》，该年鉴按年度反映上一年全国各个方面的动态和成就等。分四大部分排列：①特载，反映党政领导人的重要讲话及文献；②概况，反映我国和国际基本情况；③百科，下分若干类目，包括各个学科、各个领域的进展和成就，有综述，有专题报道，有统计数字和图像资料等；④附录，包括年度大事记和其他有关知识等。使用时可从书前分类目录入手，也可利用书末的内容分析索引。

《世界知识年鉴》　世界知识出版社编辑出版，1953年创刊，原名《世界知识手册》，共分五大部分：各国概况、国际组织和国际会议、专题统计资料、世界大事记和便览。它按年度反映国际局势和各国局势的变化和发展。

社科方面的专科年鉴有：《中国哲学年鉴》《中国经济科学年鉴》《中国经济年鉴》《中国文学研究年鉴》《中国文艺年鉴》《中国电影年鉴》《唐代文学研究年鉴》《中国历史学年鉴》《中国戏剧年鉴》《中国摄影年鉴》《中国考古学年鉴》等等。

6.2.1.4　年鉴检索举例

检索课题一：1992年上海卫生系统的科研成果情况。

检索途径：《上海文化年鉴》(1992)。

《上海文化年鉴》是一部全面反映上海文化建设面貌，为国内外各界人士提供研究上海文化的可靠资料及数据的大型工具书。

(1) 该年鉴共分22个部类，部类下分“栏目”，栏目下分“条目”。

(2) 在卫生部类下，有“科学研究”栏目，下列具体科研成果的条目。选择“性别决定研究”这一科研成果。

(3) 在第75页上，就有对于“性别决定研究”这一科研成果的简介。

检索课题二：1991年召开了“上海证券交易所规范化国际化发展战略研讨会”，想知道该会议的简略介绍。

检索途径：《上海证券年鉴》(1993)。

《上海证券年鉴》是国内第一部证券专业年鉴，是全面系统地反映上海证券市场发展情况的大型工具书。

(1) 在该年鉴的目录中，有总论、证券机构、证券统计资料、上海证券大事记和证券研究等。在第七篇的“证券研究”中，有“上海证券交易所规范化国际化发展战略研讨会”的小标题，第384页。

(2) 在第384页中，有如下记录：

1991年12月1日，上海证券交易所、美国麦坚时律师行和香港《文汇报》上海办事处在上海花园饭店联合举办“上海证券交易所规范化国际化发展战略研讨会”。出席会议的有30多位正式代表。

6.2.2　手册

6.2.2.1　手册概述

手册是汇集某一领域、某一方面经常需要查考的基本知识和数据资料，以供读者随时翻检的一种工具书。其内容通常是简明扼要地概述某一学科、专业、专题的基本知识和基本资料，它在撰写的文体上，多以图表为主，配以必要的文字说明。手册的名称很多，有指南、便览、要览、一览、必读、必备、大全等，有些统计资料、法规条约汇编，实际上也具有手册的性质。

6.2.2.2　手册提要

《英语姓名译名手册》(修订本)　辛华编。这是一本供研究国际问题和从事翻译工作使用的参考资料。该书汇集了常见于英语国家的姓氏33500个，参照有关英美人名录及发音词典加以音译，一般采用同名同译原则。有些人物已有惯用译名，仍予适当保留，并注明于该姓氏之下。书中名、姓按原文字母顺序混合排列。读者要检索一个人的全名译名时，只需按该人的全名的英文排列次序逐一翻检，并在所得的各段译名之间用圆点隔开即可。书后附有《若干后缀汉译参考表》。本手册主要适用于英语姓名的人。

《世界地名译名手册》辛华编。这是一本翻译参考资料，它汇集了约五万个外国报刊中常见的世界各国(地区)地名，并附有《世界各国(地区)首都(首府)和行政区划名称》《地名性专名(建筑物、广场、街道、名胜古迹等)》和《常见地理通名》三个附件，可供从事外国、国际问题研究和翻译工作者对照使用。书中外国地名的中文译名，除适当保留一些沿用已久或影响较广者外，一般采用音译(朝鲜、越南、日本例外)。译音以普通话的读音为标准，以名从主人为基本原则，力求用字规范、通俗。地理通名是以意译为原则，个别的按音译或音译加意译。所收集的数百条外国报刊中常见的中国地名(以汉语拼音为主，同时收入部分威妥玛氏转写法)也按不同情况作了处理。

常用的手册有：《联合国及有关组织机构译名手册》、《各国国家机构手册》、《世界自然地理手册》、《当代世界社会学发展手册》(Handbook of Contemporary Developments in World Sociology)、《世界经济手册》(Economic Handbook of the World)、《世界各国政治手册》(Political Handbook of the World Governments)、《大学手册：学科手册》(The Co1lege Handbook：Index of Majors)、《编辑工作手册》、《世界报刊、通讯社、电台译名手册》、《外贸知识手册》等。

6.2.2.3 手册检索举例

检索课题：英国伯明翰大学研究生奖学金情况。

检索途径：《世界各国奖学金手册》。《世界各国奖学金手册》收录有世界各国著名大学对本科生、研究生和学者的奖学金具体情况。该手册按这三大类奖学金内容编排。

(1) 在目录中，找到“研究生学习奖学金”大类，在该大类下查阅“英国”。

(2) 在第153页的第一条目找到“UNIVERSITY OF BIRMINGHAM”。

(3) 具体内容有：项目名称、专业、条件、金额、资助名额等。

6.2.3 书目、索引

6.2.3.1 书目、索引概述

书目、索引是检索图书、报刊等资料的重要工具。书目是图书目录的简称，它著录一批相关的图书，按一定的次序编排而成，是一种登记、宣传和报导图书的工具。索引，又称“通检”、“备检”等，也有根据英文音译作“引得”(Index)的。索引是把一种或多种书(刊)里的具体内容，如主题、书名、篇名、人名、地名等摘录下来，加以编排，并注明出处，以便查阅的工具书。

书目在我国起源很早，汉代刘向编著的《别录》(已佚)和刘歆编的《七略》(残)，距今已有近两千年的历史了。《七略》采用的图书分类法，即把图书分为六艺、诸子、诗赋、兵书、数术、方技六个类别，对我国以后的书目编纂工作发生了深远的影响。东汉著名历史学家班固根据刘向父子的成果，将《七略》稍加删改，编入《汉书》中，称为《艺文志》。此后，历代王朝多循其例。在漫长的封建社会里，官修史书中的艺文志、经籍志和其他官修书目，被视作权威性的书目。

近现代，书目、索引有了很大的发展，不仅数量增多，而且种类也更加丰富多样。书目方面出现了联合目录、馆藏目录、期刊资料目录等；索引方面有了期刊索引、专题索引等。在目录索引的基础上，开始有了连续出版的文摘，这是检索工具的重要发展。在刊印形式上，不仅有书本式、期刊式、卡片式，还有缩微式、机读式、光盘数据库等形式。

书目按编制的目的和用途，可分为报导书目、参考书目、推荐书目等；从具体的使用角度，还可以划分为书目的目录、国家书目、地方文献书目、丛书目录、个人著述目录、禁毁目录、辨伪目录、版本目录、馆藏目录、联合目录、特藏目录、私人藏书目录、译书目录、导读目录、推荐目录、引用目录、各种专题书目、征订预订目录等等。

6.2.3.2 常见书目、索引简介

（1）书目简介

《四库全书总目》（清）永瑢、纪昀等撰，中华书局1965年影印版，1981年重印。这是在纂修《四库全书》的过程中编录的。它总结和吸收了从汉代刘向以来，特别是宋代以来官、私藏书目录编写提要的方式，参考了历代藏书家编写书目和题记方法，形成了一种较为完善的提要体例。它著录书籍10254种，172860卷。全书按经、史、子、集四部编排，部下再分类，共44类，有的类下还有小类。每部有大序，每类有小序。大小序概括部、类的内容，指明来源、成书过程、著者简历、篇章卷目、著述体例、品评得失。它基本包括了我国先秦至清初尚传世的大部分古籍，尤其是先秦至元代的古籍搜罗较全。这是我国最大、最完备的一部解题目录，是检索清乾隆以前古籍的重要工具书。书后附有书名索引和著者索引。使用时可按类查，也可按书后索引查找。它是我国目录著作中的集大成之作，于查检古籍版本、内容及其评价文献尤为便利。

《四库全书简明目录》 上海古籍出版社1985年版。由于《四库全书目录》卷帙浩繁，检索不便，纪昀等又删节提要，并删除了存目部分，编辑成《四库全书简明目录》。可以说这是《四库全书总目》的缩编本，比《四书全书总目》更为简明实用。其编排体例和《四书全书总目》相同，对于读者可起到“知类通方”的作用。如果只了解古籍一般情况，可使用此目录。

《贩书偶记》 孙殿起编，此书初版于1936年，此书收录了作者在经营书店的一生中所见的清代后期的著述，大体上可当作《四库全书总目提要》的续编，同时也兼收了少量四库以前著作而未被《四库总目》著录者，以及辛亥革命后至抗战以前的著作。主要是清代以来的著述，其中有少量明代小说和1911—1935年间的有关古代文化著作。凡见于《四库全书总目》的图书该书概不收录。

《中国古籍善本书目》 这是我国目前规模最大的一部古籍善本联合目录。收录全国781个单位所藏、具有历史文物性、学术资料性、艺术代表性的汉文古籍共6万多种，约13万部。大体依照《四库全书总目》分类排列，分经、史、子、集、丛书五部。各书著录书名、卷数、编著者、版本、批校题跋者等，其中汇集了许多过去鲜为人知的古籍善本。卷后附有藏书单位代号表和藏书单位检索表。

古籍的检索也可以查阅各朝代正史中“艺文志”和“经籍志”，如《汉书·艺文志》《隋书·经籍志》等。还可以查阅私人书目，如《直斋书录解题》《郡斋读书志》等。

此外检索古籍也要注意“丛书”和“地方志”。如《中国丛书综录》、《中国丛书综目补正》《中国地方志联合目录》、《中国古方志考》、《中国新方志目录》(1949—1992)等。

《(生活)全国总书目》 平心编，上海生活书店1935年出版。收录1911—1935年间出版的图书文献约2万种，是解放前的大型书目之一。由于不收古籍重印本以及其他一些书籍，加之见闻有限，本目录并不完善。作为该书补充的有：《全国出版物总目录(1935)》、《现代书局图书总目(1934)》以及《中国现代出版史料(乙编)》后附载的《第二次国内革命战争时期苏区出版物简目》(1930—1934)、《抗战时期出版图书书目》(1937—1945)和《抗日战争时期、第三次国内革命战争时期解放区、根据地文献目录》(1937.7—1949.10)。

《全国总书目》 中国版本图书馆编。本书是根据图书的呈缴本制度，按照全国出版单位缴送来的样本书编成，它准确、及时地反映与记录了全国公开出版和发行文献的基本情况，具有文献年鉴的性质。这是反映我国文献出版情况的大型资料性工具书，《全国总书目》除1949—1954年合订一本外，从1955—1965年，每年出版一本，1966—1969年停编，1970年起恢复按年出版。目录内容包括分类总目录、专门目录和附录三部分。上一年漏掉的，一般在下一年度本中加以补编。

《全国新书目》 中国版本图书馆编，创刊于1950年，现为月刊，也按类编排，它能更迅速地报道全国每月每类文献出版的情况。它是查找最新出版的文献的有效检索工具。

《中国国家书目》 北京图书馆作为中国国家图书馆，自1987年起编制《中国国家书目》。国家书目以全面系统揭示与报道一个国家出版的所有文献为基本特征，它反映一个国家在一定历史时期科学文化发展的状况。因此《中国国家书目》是我国最完备的文献总目。1995年《中国国家书目》开始出版了自己的CD—ROM，收录了1988年以来的中国国家书目约23.5万条，数据格式采用CNMARC，设立了题名、作者、主题、关键词、分类号、出版社、题名作者、汉语拼音等款目内容。该光盘既可以模糊(任意一致)检索，也可以精确检索；可以单项检索，也可以布尔逻辑组配检索。有多种输出形式，数据每半年更新一次。

《书目索引》(Bibliographic Index) 美国威尔逊公司编辑出版，是一部现期性书目之书目，是集书目和索引于一体的检索刊物，每年三期。有磁带版和CD-ROM版。收录内容涉及2800种英语以及其他西文期刊，重点为美国出版物。按主题字顺排列。

《世界书目之书目》(A World Bibliography of Bibliographies and of Bibliographical Catalogues) 由英国当代目录学家贝斯特曼编。收录有关于图书、稿本、文摘、专刊等的目录，涉及各学科和专题，是一部收录范围非常广泛的回溯性书目。

《累积图书索引》(Cumulative Book Index) 通称CBI，美国威尔逊公司编辑出版，月刊，该索引广泛收录世界英文图书，是一部国际性书目，报道及时，出版历史悠久，编排结构良好，体系完备，便于检索。

《外文图书总目录》 北京608信箱编辑出版。这是“外文图书征订目录”的年度累积本，收录了我国已进口影印出版的外文文献。它是了解外文新书的重要检索工具。

另外，由全国图书联合目录编辑组编辑、北京图书馆出版的《全国西文新书联合通报》(季刊)，是了解我国所藏西文文献的检索工具。二者可配合使用。北京图书馆编的《北京图书馆外文新书通报(社会科学部分)》，中国社会科学院情报研究所编辑的《国外社会科学著作提要》等都是查检外文图书的重要工具书。

《全国中文期刊联合目录》(1833—1949) 全国图书联合目录编辑组编，书目文献出版社1981年出版。该书收录全国50所图书馆收藏的国内外出版的中文期刊近2万种，包括建国前各个革命时期我党出版的党刊，解放区出版的期刊，以及国民党统治区出版的部分进步刊物。这是新中国成立前一个多世纪我国出版的中文期刊最为完备的、系统的目录。读者不仅可以用来查找各刊的出版情况，还可查到各刊的收藏单位。这是检索新中国成立前期刊的主要工具书。

《中国报刊名录(1984)》 新华出版社1985年出版。这是我国出版的第一部全国报刊目录，收录了全国县以上公开发行的报纸765种，杂志3115种。全国报刊根据省、市、自治区的区域顺序排列。检索时，按行政区划范围分别进行分类检索。

《最新中国期刊全览》 辛期等编，现代出版社1989年出版。本书收录了截止1988年10月经新闻出版署批准的有国内统一刊号的所有期刊。全书按国内统一刊号排列，在同一地区中，则按刊物类别排列，书后附有刊名笔画索引，是一部较好的检索现刊的工具书。

《外国报刊目录》 由中国图书进出口总公司报刊编辑部编，世界图书出版公司1988年出版。内部发行，收录了以英、德、法、日、俄、阿拉伯文为主的各国报刊约27000种，按《中国科学院图书馆图书分类法》编排。为适应计算机编排，各类报刊均按国家和地区代号的字顺排列，正文前有分类表和国家与地区代号表，另外还附有索引。

《乌利希国际期刊指南》(Ulrich's International Periodicals Directory) 这是世界上著名的国际在版期刊指南，美国鲍克公司出版，通称“Ulrich”。《乌利希国际期刊指南》创刊于l932年，名称几经变动。“U1rich”收录的刊物范围极广泛，例如第32版(1994年版)共收录世界各国现刊140000种，比上一版增加了11000余种，包括1991年以来新创刊的3700种，对约90000条款目进行了增补修改。内容包括数百个学科领域。正文按学科分类编排，每类下按刊名字顺排列。著录项目包括杜威十进分类法的分类号、国别代号、国际标准期刊编号(1SSN)、刊名(非英文期刊有英文译名)、文种、创刊年代、定价、出版者名称和地址、编者等。书后有刊名索引、期刊停刊索引和国际组织机构出版物索引。

《国外人文社会科学核心期刊总览》 北京大学社会科学处编，北京大学出版社1996年版。该刊利用定量和定性相结合的研制方法较大范围筛选核心期刊的科研成果，基本符合外文期刊的实际状况，填补了国内该领域的空白。

《新刊联合目录》(New Serial Titles) 亦译《新连续出版物名录》，美国国会图书馆编辑出版，1953年创刊，根据该馆以及美国、加拿大200所图书馆所提供的新入藏的期刊及连续出版物汇编而成。该目录每年约报道15000种连续出版物，每年出版8期月刊、4期季刊，有年度、5年、10年和20年累积本。本刊出版历史悠久，反映面广，体例严谨。

其他报刊目录可供参考的有《标准期刊指南》(The Standard Periodicals Directory)、《威林斯报刊指南》(Willings Press Guide)和《世界报刊指南》(Newspaper Press Directory; Benn's Guide to Newspapers and Periodicals of the World)等。

(2) 索引简介

《二十五史人名索引》 《二十五史》刊行委员会编。本书收录见于《二十五史》中的人名，标明其所在史书的名称、卷数、页数和栏数等(据旧开明书店版《二十五史》本)。人名按首字四角号码顺序排列，同时附笔画检字。这本索引是查找“正史”中人物传记的主要工具书之一。由于标明了卷数，因此也可以据此在其他一些版本的“正史”上查寻人名。

《史记人名索引》 钟华编，1977年中华书局出版。本索引根据1959年中华书局出版的《史记》点校本编制而成。索引以姓名或曾用称谓作主目，其他称谓如别名、字、号、封号、谥号、绰号等，附注于后。为了便于从各种名称进行检索，主目后面附注的所有异称，一律作为参见条目。同名同称的人，如果没有其他称谓可作区别，则用括号分别注明时代、族属或事迹等，以便区别。人名之后，详注在《史记》中所出现的卷数和页数。全书按四角号码编排，书后依姓名第一个字笔画部首排列的《笔画索引》。本书收录详尽，内容丰富。所列人名不以专传或专载为限，而是把散见于各卷、页的同一人名资料广泛网罗集中，同时对一人异名异称和数人同名同称等情况，做了考证，可补《二十五史人名索引》和《二十四史传目引得》仅收传记人物之不足。该书是中华书局为新标点本《二十四史》各书编的人名索引之一。

《十通引得》 商务印书馆编。本书为两部分：第一部分是“十通”篇目主题索引，按主题首字四角号码排列，并附主题首字笔画检字；第二部分是“十通”分类索引。书前列《十通一览表》，将“十通”的卷数、作者、类目、史料收录范围等作了比较，可以帮助读者利用此书。

《清代文集篇目分类索引》 王重民，杨殿珣等编。本书收录清代别集428种、总集12种的部分篇目，按内容分为三部：“学术文之部”，按四部分类法编排；“传记文之部”，分为七类，各类下按传主姓名笔画排列；“杂文之部”，分为四类，除书启类按作者时代分先后外，其余均按内容分类。因全书主旨以收录“学术文”为目的，所以没有收各文集中的诗、词、骈文等纯文学作品。书中有所收文集的提要介绍。

《最近杂志要目索引》 上海《人文月刊》社编印，系《人文月刊》附刊，1930年2月创刊，这是我国最早的索引刊物之一，每年出版12期。最初收录的期刊杂志约百余种，以后陆续增至五百余种，从1935年8月起，又增加部分日报资料。1937年出至第8卷停刊，1947年4月复刊，出至1949年5月新3卷第1期停刊。所收资料按性质分类排列。

《人民日报索引》 人民日报图书馆编，人民日报社出版。1948年6月15日《(晋冀鲁豫)人民日报》与《晋察冀日报》合并，改为《人民日报》，此后一直出版。本索引是一种月刊，从1951年开始每月出版一本，按类编排。1951年前的资料，可使用人民日报社1960年补编的该索引1948年半年本、1949年本、1950年本，共三册，体例同前。

《全国报刊索引》 上海图书馆编印出版。1955年创刊，原名《全国主要报刊资料索引》，这是一部全面、系统地检索全国报刊论文资料的综合性检索刊物。该索引自1980年开始分“哲社版”和“科技版”两个分册，分别按月出版。1981年起增收该馆收藏的内部刊物，使之成为检索公开发行及一部分内部发行刊物所载论文资料的重要检索工具。目前收录全国主要报刊145种，期刊5000多种，每月报道的资料2300条左右，是我国收录报刊种类最多，内容涉及范围最广，持续出版时间最长，与新出现的文献保持同步发展的检索刊物，也是查找新中国成立以来报刊论文资料最重要的检索工具。

《内部资料索引》(月刊) 上海社会科学院图书馆编辑出版。该索引收录内部刊物所发表的有关哲学、社会科学论文资料，是检索内部资料的主要工具书。它可与《全国报刊索引》互为补充，扩大文献检索范围。

《复印报刊资料》 中国人民大学书报资料中心编印的资料汇编，从国内公开发行的报刊中重要的论文资料，影印后按专题分册出版。所选专题以哲学、社会科学为主，专题设置随社会科学的最新发展动态每年进行调整。各专题根据读者使用情况分别以月刊、双月刊、季刊形式出版，其中大部分为月刊。每期还编有专题索引，供读者进一步检索。

《报刊资料索引》(年刊) 中国人民大学书报资料中心编印，原名《复印报刊资料索引》，1983年因扩大收录范围改用现名，是《复印报刊资料》的配套检索工具。收录范围一般为当年国内出版的报刊上所载的论文资料。该刊按学科专题性质分为八个专题，前七个分册按分类编排，第八分册为著者索引，该索引是检索社科报刊论文资料的大型工具书。1977年，资料中心推出了“中文报刊资料系列光盘”，包括专题目录索引光盘、复印报刊资料全文数据光盘、特选专题全文数据光盘等，实现了多途径的快捷方便的全文检索。

全国各主要报纸，都编有按期出版的索引，如《文汇报索引》《光明日报索引》《解放军报索引》等，这是查找某一报纸资料的最直接的工具。

另外，还有一些关于某一主题的专题索引。如检索有关马列著作的索引《马克思恩格斯全集、马克思恩格斯选集、列宁选集篇名索引》、《马克思恩格斯全集主题索引》、《马克思恩格斯全集人名索引》(第一至三十九卷)、《列宁全集索引》等等；检索社会科学文献的索引《国学论文索引》(一至五编)、《中国近二十年文史哲论文分类索引》、《中国史学论文索引》、《中国近代史论著目录索引》等等。

6.2.3.3 书目、索引检索举例

检索课题：以《论商业秘密的刑法保护》为题撰写论文，查有关资料。

检索途径：查找《复印报刊资料》《全国报刊索引》和《内部资料索引》。

有关《复印报刊资料》的情况本节已经介绍。

(1) 首先查《复印报刊资料》有关专题，如D41《法学》、D411《经济法》、DF511《商业企业管理》等，直接查找该论题的全文复印文章。

(2) 同时从每期专题索引中查找有关文章的线索，以扩大检索范围。

(3)利用《全国报刊索引》，从分类目录的F大类(经济类)中的F72(国内贸易经济)、F721(商业经济体制和组织)专题下查找，可以得到若干篇有关论文资料的出处。

(4) 在此基础上，还可以利用《内部资料索引》等作补充查找。

这样，我们可以比较系统地得到了该主题的一批论文资料。

6.3 社科类文献源及其检索

6.3.1 关于马克思列宁主义经典著作资料的检索

6.3.1.1 马克思列宁主义经典著作的出版形式简介

在学习和研究马克思列宁主义、毛泽东思想过程中，常常会碰到有关查找马克思列宁主义经典著作的各种问题。例如：要查马克思列宁主义经典作家的某一篇著作收在全集或选集的哪一卷？革命导师的某一段语录是摘自全集或选集的哪一卷哪一页？要弄清马克思、恩格斯、列宁、斯大林某一著作的各种语种译本以及最早的中译本情况等。为了及时准确地解答这些问题，并提供经典著作的最新版本，首先必须很好地了解和掌握马克思列宁主义经典著作的发表、编辑和出版情况，这是我们解决学习和研究马克思列宁主义经典著作有关问题的重要条件。

马克思列宁主义经典著作出版物是多种多样的，首先应当了解和掌握马克思、恩格斯、列宁、斯大林和毛泽东著作类型的特点。

（1）全集

全集是马克思列宁主义经典著作中最重要、最基本的出版类型。它收入的著作是根据作者的手稿、初稿或经作者亲自校阅过的文献，因此，有较高的准确性。全集包括的著作最完备，内容最广泛，有书籍、小册子、论文、报告、演说、谈话、书信、决议草案、批示、命令、电文、读书笔记、写作大纲、阅读批注等材料，还附有各种参考资料。全集一般是按收入著作的写作年代或发表先后排列。全集的翻译和编辑质量较高，是学习、研究、参考、引证和书目工作的标准本，同时也是选集、专题汇编、单行本的底本。

全集一般有出版说明、各卷说明和题解、注释等，并附生平大事年表等研究资料和索引。

《马克思恩格斯全集》是中共中央编译局根据《马克思恩格斯全集》俄文第 2 版并参考德文版翻译的，已经出版 39 卷(其中第 26 卷分三册出版)。1968 年，俄文第 2 版除了原计划 39 卷外，又增补了 11 卷，中共中央编译局从 1978 年起陆续翻译出版。

《列宁全集》是中共中央编译局根据《列宁全集》俄文第 4 版翻译的，已经出版 39 卷(其中第 14 卷另有一本附册)。俄文第 4 版后又增补到 45 卷。俄文第 5 版增到 55 卷。

《斯大林全集》是中共中央编译局根据俄文版翻译的，俄文版原计划出版 16 卷，但只出了 13 卷，中译本也出了 13 卷。

（2）选集

选集是学习和研究马克思列宁主义经典著作最常用的版本。它包括革命导师在各个时期所写的主要著作，是全集的精选本，收入的著作是按编年顺序排列的。选集中通常附有出版说明、注释，卷末常附重要的主题索引、人名索引和地名索引等，这些是解答有关马克思列宁主编经典著作问题的重要工具。

《马克思恩格斯选集》《列宁选集》各为四卷，是中共中央编译局重编后于 1972 年出版的。《马克思恩格斯选集》共选文章 39 篇，书信 96 封。《列宁选集》收入文章 179 篇。1975 年两套选集又出版了普及本(小 32 开平装)，每卷分上下册。这两部选集在译文和注释方面对旧版本作了修订，特别对重要的经典著作的解题，对书刊、历史事件的评述，都作了必要的修改，增加了新的内容。

《毛泽东选集》最早的版本是解放前 1944 年晋察冀日报社编辑出版的，接着大连大众书店、苏中出版社、胶东新华书店、中共中央晋察冀分局编辑出版社，分别出版了《毛泽东选集》。解放后，由中共中央毛泽东选集出版委员会和中共中央毛泽东主席著作编辑出版委员会编辑出版了《毛泽东选集》1—5 卷。选集收入了毛泽东同志从 1926 年到 1957 年间写的 228 篇重要著作。各篇著作均按年代顺序排列，并有出版说明和注释。

（3）文选

《马克思恩格斯文选》(两卷集)中译本于 1958 年出版，是根据苏联出版的中文本校译的，共选入文章 38 篇，书信 20 封，比《马克思恩格斯选集》1972 年版少约三分之二，初版后，没有再版过。

《列宁文选》(两卷集)中译本于 1954 年前后出版，是根据苏联出版的中文本校译的，共选入列宁的文章 119 篇及斯大林论列宁的文章 8 篇，比《列宁选集》1972 年版少 60 篇。

《列宁文集》(1—7 册)，是根据解放社版《列宁选集》重新编印的，收集了《列宁文选》中未选入的从 1894 年至 1923 年间列宁的其他重要著作，初版后没有重印。

《列宁文稿》是把《列宁全集》俄文第5版(到1965年已出55卷)和《列宁文集》俄文版(至今出版了38卷)中过去没有译成中文的列宁著作汇编而成的，于1978年开始出第1卷(1893—1907年2月)及第6卷(1913—1917年10月)，其他各卷将陆续出版(内部发行)。

《斯大林文选》是中共中央编译局编写的，它收集了《斯大林全集》第13卷以后，从1934年到1952年在苏联报刊上发表的斯大林的部分文章和言论103篇，1978年又进行重印(内部发行)。

《毛泽东著作选读》甲种本和乙种本。甲种本分上下册，共收毛泽东同志的重要文章37篇。其中如《反对本本主义》《被敌人反对是好事而不是坏事》《介绍一个合作社》《人的正确思想是从哪里来的》等是选集中没有收入的。

(4) 单行本

单行本是学习和研究马克思列宁主义、毛泽东思想利用最广泛、最普遍、出版量最大的一类出版物。它出版及时、学习方便。基本上是以全集或选集作底本编辑的，但也有先于全集或选集出版的，可作为全集或选集的补充。马克思恩格斯著作单行本现已出版50多种，其中《德谟克里特的自然哲学与伊壁鸠鲁的自然哲学的区别》(马克思的博士论文)、《印度史编年稿》、《摩尔根〈古代社会〉一书摘要》等是全集中没有收入的。列宁著作单行本约有50多种。其中《马克思主义论国家》《对布哈林〈过渡时期的经济〉一书的评论》《克劳塞维茨〈战争论〉一书摘要和批注》等是全集中没有收入的。斯大林著作单行本约有60多种，其中《苏联社会主义经济问题》《马克思主义与语言学问题》《在苏联共产党第九次代表大会上的演说》等是全集中没有收入的。毛泽东同志著作单行本有70多种，其中一部分是收入选集中重要文章的抽印本，还有一部分如《最伟大的友谊》《在中国人民政治协商会议全国委员会第二次代表会议上的讲话》《中国共产党第八次全国代表大会开幕词》等，都是选集1—5卷和选读本中没有收入的。

(5) 专题汇编

专题汇编是从马克思列宁主义经典的全集或选集中，挑选有关某专题或知识部门的著作和语录汇集而成的，摘录的原文准确地注明其出处，以供读者阅读引用。其编排有的按编年顺序，有的按问题分类。例如：《马克思恩格斯论美国内战》(朱鸿恩译，人民出版社，1955年)、《列宁论新型的革命的无产阶级政党》(人民出版社，1960年)、《斯大林论工业化》(人民出版社，1955年)、《毛泽东同志论青年和青年工作》(中国青年出版社，1960年)。

这些专题汇编收录的材料是按专题集中的，查阅比较方便，是学习和研究马克思列宁主义毛泽东思想的重要参考资料，也是解答有关这方面问题不可缺少的工具。

6.3.1.2 马克思列宁主义经典著作篇名和版本的检索

在查找马克思、恩格斯、列宁、斯大林和毛泽东著作的篇名出处时，最重要的途径是利用马克思主义经典著作篇名字顺索引和篇名版本目录等书目工具。主要有《马克思恩格斯全集目录》(第1—39卷)、《马克思恩格斯全集篇名字顺索引》、《马克思恩格斯全集——俄文第一版及第二版篇名版本目录、篇名字顺索引》、《马恩全集、马恩选集、列宁选集篇名索引》、《列宁全集1—39卷目录》、《列宁选集(四卷集)与列宁全集目录对照索引》、《列宁选集(四卷集)目录》、《斯大林全集1—13卷目录》、《斯大林著作篇名版本目录和篇名字顺索引》、《斯大林全集篇名索引》(1—13卷)、《报刊所载毛泽东同志言论、著作、文电编目》(1949年10—1958年12；1959年1—1961年12)、《毛泽东著作、言论、文电目录》

(1919年7—1959年12)、《毛泽东著作、言论、文电目录》(1917—1960年8)等。

例如，要查恩格斯的《在马克思墓前的讲话》一文收录在全集或选集的哪一卷哪些页？我们可以通过《马克思恩格斯全集篇名字顺索引》《马克思恩格斯全集——俄文第一版及第二版篇名版本目录、篇名字顺索引》，查出该文收在《马克思恩格斯全集》第19卷第374—376页。与此同时，还可以查一查《马恩全集、马恩选集、列宁选集篇名索引》，得知该文同时收在《马克思恩格斯选集》第3卷第574—576页。

又如，当阅读一篇揭露沙皇俄国争夺欧洲和世界霸权方面的文章——《沙皇俄国的欧洲政策》，文中引用了不少马克思《奇怪的政策》一文中的语录，为了加深理解，需要找到马克思《奇怪的政策》全文收在全集的哪一卷哪一页。那么，通过《马克思恩格斯全集篇名索引》就能查出这篇文章收在《马克思恩格斯全集》第22卷第13页。

如果需要查找马、恩、列、斯某一著作的中译本情况时，则可利用《马、恩、列、斯著作中译文简目》《马、恩著作中译本年表》《列宁著作中译本年表》《斯大林著作中译本年表》等书目工具。此外，还可以查阅《全国总书目》《全国报刊索引》以及大型图书馆的馆藏目录等。

例如，根据《中国出版史料》记载，《共产党宣言》最早中译本为1906年朱执信所译，但有人提出不同看法。要弄清这一问题，主要利用《马克思、恩格斯著作中译本年表》。查阅的结果，记载大体相同，最早的中译本为1906年朱执信所译。扩大查找线索以后，查阅了《全国报刊资料索引》，果然发现1961年10月8日《新民晚报》上，有一篇题为"最早的《共产党宣言》中文译稿"(亚瑾著)的文章。文章考证了《共产党宣言》一书几种中译本，否定了《共产党宣言》最早中译本为1906年朱执信所译的说法。这说明查找马克思列宁主义经典著作中译本情况，除了书目参考工具以外，还要不断要开拓思路，扩大检索范围。

6.3.1.3 马恩语录的检索

我们在学习和研究马列主义毛泽东思想时，常常需要引用他们的语录来进行佐证；在阅读报刊文章或校对文稿时，也会遇到核对革命导师语录出处的问题。而马克思、恩格斯、斯大林、毛泽东同志的著作，卷帙浩繁，内容丰富，要从中找出一句话，实非易事。但是，我们可以借助工具书或查阅经典作家的专题著作汇编和语录汇编。一般来说可以通过下列途径查找：

(1) 检索主题索引

主题索引是揭示文献内容的一种工具，通过主题索引可以查到语录的出处。在查阅时，首先要对查找的语录进行分析，确定语录中的关键词，再看关键词是属于哪个主题，然后有针对性地利用主题索引进行查找。有关马克思主义经典著作的主题索引有《马恩全集主题索引》《列宁全集索引》《毛泽东著作主题索引》《毛泽东选集索引》《〈资本论〉索引》等。

例如，要查找马克思说"革命是历史的火车头"这句话的出处。我们通过《马恩全集主题索引》查出这句话出自马克思《1848年至1850年的法兰西阶级斗争》一文中(见《马克思恩格斯选集》第一卷第474页)。

(2) 检索马克思列宁主义经典作家的专题汇编和语录汇辑

查找革命导师语录的出处，除了利用字句索引和主题索引之外，还可以通过马克思、恩格斯、列宁、斯大林、毛泽东著作的专题汇编和语录汇辑来进行检索。

例如，列宁曾经说："我们将来在世界范围内取得胜利以后，我想我们会在世界几个最大的城市的街道上用金子修一些公共厕所……”要弄清这段话的出处，首先要查阅《列宁全集索引》的有关主题，但未能查到。再查阅《马恩列斯论货币信用与银行》语录汇辑才知道这句话出自《列宁全集》第33卷《黄金在目前和社会主义完全胜利后的作用》一文。

(3) 检索有关著作

有的语录出处通过索引不一定能检索得到，要查找有关的著作，首先要确定语录所属学科和主题，然后有针对性地利用有关专题资料汇编。

例如，《人民日报》一篇题为“积极发展科学教育电影”的社论，引用了列宁的一句话，科教电影是“形象化的通俗讲演”，这句话出自哪里？

查找这句话的出处，首先按电影事业的主题去查《列宁全集索引》，但没有查到。再查列宁的专题汇编，查《列宁论文学与艺术》，也没有查出来。但通过《列宁论文学与艺术》一书的查找，发现一个线索，就是书里摘录了卢那察尔斯基的回忆录，绝大部分是电影方面的内容，引文注明的出处是《党论电影》一书。按照这一线索，最后在《党论电影》一书中查到这句话，是列宁与卢那察尔斯基谈话时说的。

6.3.1.4 马列经典著作中专题资料的检索

我们在学习和研究马克思列宁主义的过程中，经常需要查找革命导师对某一问题的论述，查阅这方面文献资料的途径，与查找马、恩、列、斯、毛语录出处大体相同。

(1) 直接查找革命导师著作专题汇编和语录汇辑

针对学习和研究的需要，摘录马、恩、列、斯、毛关于某一问题论述和文献中的重要章节或文句，按编年、专题或分类编排，并注明出处，这样汇集而成的专题汇编和语录汇辑，目前已有上百种。它对于查阅革命导师有关某一问题论述的资料是很有价值的。

专题汇编和语录汇辑主要有：《马克思恩格斯列宁斯大林论无产阶级专政》(人民出版社)、《马克思恩格斯列宁斯大林论无产阶级政党》(人民出版社)、《马克思恩格斯列宁斯大林论民族解放运动》(人民出版社)、《马克思恩格斯列宁斯大林论巴黎公社》(中共中央马克思恩格斯列宁斯大林著作编译局)、《马克思主义经典作家论历史科学》(人民出版社)、《马克思恩格斯列宁斯大林论德国古典哲学》(北京大学哲学系)、《马克思恩格斯论艺术》(曹葆华)、《马克思恩格斯论中国》(人民出版社)、《列宁斯大林论中国》(张仲实、曹葆华)、《斯大林论文学与艺术》(人民文学出版社)等等。

由于专题汇编只是摘录了革命导师的部分论述，往往是不完整的。加之编辑的时间先后不一，译文新旧不同，因此在引用时，必须核对经典著作最新版本的原文，避免引文的错误。

(2) 利用有关主题索引

革命导师著作的主题索引，将他们在各个不同历史时期对某一问题的论述的全部资料的出处集中起来，能够帮助我们学习和研究革命导师对某一问题的论述，同时也可利用查找某一文句的出处。

查找革命导师关于某一问题论述的资料，除了利用有关主题索引、篇名索引、专题汇编和语录汇辑以外，还应充分利用其他的一些工具书或文献资料，以便扩大检索范围。

例如，若要编制一本马克思列宁主义经典作家有关科学技术方面论述的资料，可首先查找马克思、恩格斯、列宁、斯大林、毛泽东有关这方面的专题汇编。可以利用自然科学史研究所编的《马克思恩格斯列宁斯大林论科学技术和科学技术史》一书，其主要内容包括：

马、恩、列、斯有关研究科学技术和科学技术史的意义；研究科学技术和科学技术史的指导思想；科学技术发展与阶级斗争和社会制度的关系；科学技术的产生、发展和社会生产的关系；科学技术思想史；科学分类等的论述。此外，还可利用浙江省科技局情报所编印的《马克思、恩格斯、列宁、斯大林论自然科学》、原国家科委办公厅编的《马克思恩格斯列宁斯大林论技术革命》以及上海交通大学图书馆编的《马克思恩格斯列宁斯大林论自然科学》等专题汇编，这些为我们提供了丰富的资料。

但是，仅仅从专题汇编这一途径查找资料还不够，我们还可以从《马克思恩格斯全集主题索引》、《列宁全集索引》(1—35 卷)上册、《毛泽东选集索引》等去扩大线索。在上述索引的“科学”、“技术”、“政治与业务”、“知识分子”、“辩证唯物主义自然观”、“社会主义建设”、“社会主义工业化”等的主题下，查到有关经典作家对科学技术方面的论述。例如通过在《列宁全集索引》的“科学”这一主题下，我们查到了列宁“要建设共产主义，就必须掌握技术，掌握科学，并为更广大的群众运用”等有关科学方面的论述。在《〈毛泽东选集〉第五卷索引》“政治与业务”的主题下，查到了毛泽东关于“我们进入了这样一个时期，就是我们现在所从事的，所考虑的，所钻研的，是钻社会主义工业化，钻社会主义改造，钻现代化的国防，并且开始要钻原子能这样的历史的新时期”的论述。除此之外，为了求得资料的完备，还可以通过报刊上有关文章或专题汇编来补充在上述查找过程的遗漏。

总的来说，关于专题资料的查找，途径很多，范围较广，因此解答这类问题仅仅依靠工具书是不够的，还需要广泛地运用各种书刊资料，不断扩大检索范围，以保证资料收集的完备。

6.3.1.5 马克思列宁主义经典著作时代背景及书中人名、地名、历史事件、成语典故等的检索

在学习和研究马克思列宁主义经典著作时，常常会碰到要弄清马克思列宁主义经典著作的写作和出版的时代背景，涉及到的一些不太熟悉的人名、地名、团体名、历史事件、成语典故和词语等问题。搞清这些问题，有助于加深对马克思列宁主义经典著作精神实质的理解。解决这类问题，可以通过以下途径：

① 在《马克思恩格斯全集》《马克思恩格斯选集》《列宁全集》《列宁选集》《斯大林全集》书后的注释和《毛泽东选集》的题解，以及单行本的序言中，可以找到经典著作写作和发表的时代背景以及书中所涉及到的人名、地名、团体名、历史事件、成语典故、词语等的解释材料。同时，可利用《马克思恩格斯全集注释选编》和《列宁全集注释选编》等资料。这两本书为使用“全集”注释检索资料提供了方便。

例如，为了解《哥达纲领批判》一文的写作和发表的时代背景，通过查阅《马克思恩格斯全集》和《马克思恩格斯选集》的注释即可解决。注释中讲到：“马克思的著作《哥达纲领的批判》，是马克思主义的纲领性文献，是对机会主义进行不调和的斗争的典范。这一著作于 1875 年 4—5 月初写成，并于 1875 年 5 月 5 日寄给了爱森纳派的领导……。它包含了对将要合并的社会民主党的纲领草案的批评意见，这些意见是为在哥达举行的合并大会而准备的。”“《哥达纲领批判》是恩格斯于 1891 年不顾德国社会民主党的机会主义领导的反对而首先发表的。它当时刊登在德国社会民主党的理论刊物《新时代》杂志 1890—1891 年第 1 卷第 18 期上，并附有恩格斯的序言。”“恩格斯在发表《哥达纲领批判》的同时，也一起发表了直接同它有关的马克思在1875年5月5日给威·白拉克的信。”

同样，经典著作中所涉及的人名、地名、团体名、历史事件、成语典故、词语等问题，也可借助“注释”解决。如列宁在《第二国际的破产》一文中曾提到：“当有赫罗斯特拉特名声的机会主义者休特古姆明显地照示了这个社会的、阶级真理的时候，许多好心肠的人都惊叹起来了。”这个“赫罗斯特拉特”是什么人？查阅《列宁全集》和《列宁选集》的注释就知道“赫罗斯特拉特是公元前四世纪的希腊人。据传说，他为了留名于后世，竟焚毁了他故乡爱非斯城有名的阿尔蒂米斯神殿。赫罗斯特拉特的名字成了追求个人荣誉而不惜犯罪的人的通称。”

② 检索有关工具书及学习马列主义经典著作的参考材料，也能了解到马列主义经典著作写作的朝代背景。如新版《辞海》、《简明哲学辞典》、《苏联大百科全书》等工具书，以及中央党校编写组编的《〈共产党宣言〉提要和注释》《〈法兰西内战〉提要和注释》《〈反杜林论〉提要和注释》，北京大学经济系编的《〈帝国主义是资本主义的最高阶段〉提要和注释》等。

例如，欲了解《神圣家族》一书的写作背景，通过查阅《辞海》或《简明哲学辞典》即可找到答案：“《神圣家族》全称《神圣家族，或对批判的批判所作的批判(驳布鲁诺·鲍威尔及其伙伴)》。马克思恩格斯合写的第一部著作，写于1944年9—11月。‘神圣家族’是对妄自尊大的青年黑格尔分子鲍威尔兄弟及其信徒所取的绰号，‘批判的批判’是指他们的哲学体系。马克思主义创始人批判了青年黑格尔派和黑格尔本人的唯心主义，初步阐述了辩证唯物主义和历史唯物主义的一些重要思想。……列宁称本书‘奠定了革命唯物主义的社会主义的基础’。”

③ 利用马列主义经典著作全集和选集的“人名索引”、“文学作品和神话中的人物索引”以及新版《辞海》、《苏联大百科全书》、《苏联百科辞典》、《近代现代外国哲学社会科学人名资料汇编》、《〈毛泽东选集〉历史事件和历史人物简介》等工具书，能查到经典著作中所涉及的人物资料。

例如，马克思《〈黑格尔法哲学批判〉导言》一文中出现了“夏洛克”这个人物，通过查阅《马克思恩格斯全集人名索引》和《马克思恩格斯选集》第一卷书后的“文学作品和神话中的人物索引”即可知道“夏洛克——莎士比亚的喜剧《威尼斯商人》中的人物；残酷的高利贷者，他根据借约要求不如期还债的安东尼割下一磅肉。”

④ 利用有关马列主义经典著作成语典故的工具书，查找经典著作中所涉及的典故资料。如《马克思恩格斯选集中的希腊罗马神话典故》《〈马克思恩格斯选集〉文学典故注释》《资本论典故解释》《列宁著作中的成语典故》《〈毛泽东选集〉成语典故注释》《〈毛泽东选集〉一至五卷成语索引》等。

例如，我们要查恩格斯的《德国的革命与反革命》一文中曾出现的“可惜，浪漫主义是不很会打算盘的，而封建主义自唐·吉诃德时代起就总是失算的!”一语源处何处，在此何意？就可以利用《〈马克思恩格斯选集〉文学典故注释》这本书检索。首先分析，这里的文学典故是“唐·吉诃德时代”，唐·吉诃德是西班牙作家塞万提斯的作品《唐·吉诃德》中的主人公，就可以从书中第三部分欧洲文学典故下手，查到西班牙文学典故部分，找到塞万提斯，根据它提示的页码到书中找到这个典故的含义，以及《唐·吉诃德》的写作年代及背景、寓意等，并指出“这里恩格斯用唐·吉诃德时代形象地比喻封建主义崩溃的开始。”

6.3.2 经济文献的检索

6.3.2.1 经济文献参考源

我国古代经济文献资料指1840年以前有关土地、户口、赋税、钱币、漕运、盐铁等方面的统计资料。查找这一历史时期的数据资料，可利用历代正史中的“食物志”、政书、类书、地方志中的经济统计资料。如《古今图书集成》的食货典、职方典、戎政典；《太平御览》的布帛部、资产部、百谷部；《册府元龟》的邦计部等。

近、现代经济文献可以查阅的有：

《中国年鉴》 商务印书馆1924年初版。该书属综合性年鉴，书中每个类目的内容都注重统计数据，统计数据的篇幅约占全书的三分之二。

《中国近代经济史统计资料选辑》(1840—1948) 严中平等编，工人出版社1955年版。该书系统地收集了1840—1948年间中国近代经济史的统计资料，共分七部分，附录部分收录了1786—1898年清代乾隆、嘉庆、道光、咸丰、同治及光绪时期的人口统计资料。

此外还有：《中国埠际贸易统计》(1936—1940) 韩启桐编，中国科学院出版社1952年出版；《中国近代外债史统计资料》(1853—1927) 徐义生编，中华书局1962年出版；《解放前的中国农村》 陈翰笙等编，中国展望出版社1976年出版；《六十五年(1864—1928)中国国际贸易统计》；《上海解放前后物价资料汇编》(1921—1957) 中国科学院上海经济研究所、上海社会科学院经济研究所合编。这些资料都能提供有价值的统计资料。

《经济学著作要目》(1949—1983) 中国社会科学研究所图书馆编，经济科学出版社1986年版。这是我国第一部全面收录新中国成立以来公开出版的经济学专业的书目，共收录7000余种。正文后还附有著者索引。

《全国经济科学总书目》(1949年10月—1985年12月) 辽宁大学图书馆书目编辑组编。该书目汇集了经济类图书16000余种，提供了研究国际和国内经济问题的各种书目。按《中图法》分类排列。书后附有汉语拼音书名索引。

《上海市历史文献图书馆藏中国近百年经济史料目录》(1840—1949)。

《国际经济学书目》(International Bibliography of Economics, 1952—. London, Tavistock, 1955—. v. 1—.)。该书目主要收录有较强学术性的经济文献，按固定的分类体系编排，有详细分类表。正文书目在各类之下按作者姓名的字顺排列，每期有主题索引。从1981年起，在巴黎用电子计算机编制和存储，成为一种重要的经济文献检索工具书。

《商业与经济学书目指南》(Bibliographic Guide to Business and Economics, G. K. Hall Boston 1975)。该指南是纽约公共图书馆所收藏的有关文献的字典式目录，收录经济类各专业的图书与非图书资料，可按类查找。

《经济图书总目录》该目录收录了日本132家出版社1988上半年出版发行的经济类图书，按《日本十进分类法》分为五大部类，还介绍了与经济有关的杂志，并附有书名索引、著者索引和出版社名录。

《怎样查找经济学文献》(How to Find Out About Economics, S. A. Pergaman Pr. , 1972)，这是一部较好的经济学专科文摘指南。各章分别介绍有关期刊、参考工具书和名著。其内容偏重英国，附有著者索引和书名、主题词、组织名称的混合索引。利用该书，既可获得有关经济学知识及经济文献检索知识，又可获得读者所需要文献的线索。

《经济学的信息源》(Information Sources in Economics, Ed. by John Fletcher, Ind Ed. London: Butter Worths, 1984),这是一部重要的、高质量的文献指南,由22名英国的图书馆学家和经济学家撰写。内容包括:如何利用图书馆经济文献、书目工具、期刊、未发表的文件和论文、英美政府文件、国际机构出版物、统计资料、数据库等信息源。全书按经济各领域介绍相关文献,并指明何处可以获得相关文献。

《经济学工具书和情报源书目指南》(Economics: bibliographic guide to reference books and information sources, by P. Melnyk. Littleton, Colo., Libraries Unlimited, 1971)全书共有1464条目,根据工具书类型排列,内容涉及到经济学许多领域,许多条目有注释。

《经济学书目》(Bibliographic der Wirtschafts - Wissenschaften, hrsg. von Bibiothek des Instituts fur Weltwirtschaft an der Universitat Kiel. Gottingen, Vandenhoeck and Ruprecht, 1971—.) 该书是关于国际经济学文献的工具书,收录世界各国许多文种的经济学书刊文献。

6.3.2.2 经济论文和统计资料参考源

《统计季刊》 国民政府主计处统计局编辑出版,出版时间较长,自1929年至1948年,有较大的参考价值。

此外还有《物价统计月刊》《工商半月刊》《海关进出口贸易统计月刊》《南开统计周刊》《金融统计月报》《经济统计月志》《经济统计季刊》等等。这些刊物对了解旧中国经济很有帮助。

《社会主义经济理论报刊文章目录索引》 中国社会科学院经济研究所学术资料室编印,该书收录了1949—1979年各类报刊发表的有关文献。1983年印发的《经济研究参考资料》增刊,系上述索引的续编,收录了1980—1982年的有关报刊论文资料。

《经济学专题论文索引》 陕西师范大学教育系编印,收录了1979—1983年发行的经济学书籍及报刊论文资料。

《报刊资料索引·第三分册:经济》 中国人民大学书报资料社编辑,收录全国报刊上刊登的有关经济方面的论文资料。刊后附有著者索引及人名索引。

《世界经济论文篇目分类索引》 复旦大学世界经济系资料室编,复旦大学出版社1985年出版。本索引收录全国公开或内部发行出版的约300种报刊所刊载的世界经济论文、译文达10000余篇,是检索世界经济论文的重要工具书。

《世界经济信息统计汇编》 陈秀英主编,中国物价出版社1993年11月出版。该书突出反映20世纪90年代世界经济发展的现状及热点问题,提供准确的世界经济统计信息。全书包括综合与专题,国际组织、集团及国别两大部分。

《世界主要国家和地区社会发展比较统计资料》 1990年国家统计局国际统计信息中心编,中国统计出版社1991年出版。该书广泛收集了社会统计指标资料,内容全面。

《国外社会科学论文索引》(双月刊) 中国社会科学院情报研究所编制,其中经济类所占篇幅较大,是检索国外经济文献的一种很重要的工具。

同时,也可以利用国内编制的专题索引进行检索,主要有:

《国外经济文献索引(西文、日文、俄文)》 中国社会科学院世界经济与政治研究所世界经济资料中心编辑,中国人民大学书报资料社1978年创刊。该索引为半年刊,选辑外国出版的各种经济刊物上的经济类论文,书末还附有收录刊物的馆藏单位。该索引是目前国内编辑的查找国外经济文献资料的最完整的索引。

《世界经济文献目录》 中国科学院图书馆编制，1980 年创刊。这部目录实际上是一种篇目索引，原名为《外国经济问题文献索引》，收录有各国主要的有关刊物中论述财经等方面的论文。它的出版周期短，能反映近期的论文，每期收录条目约 8000 条，先分文种，每一文种按 20 个主题分编，每一条目之后附有该文种条目引用期刊目录。

国外出版的经济类专题索引很多，可弥补国内版检索工具之不足，较权威的有：

《经济学论文索引》(Index of Economic Articles in Journals and Collective Volumes. v. 1 - , 1886/1924 -. Homewood，Ⅲ.，Irwin，1961—.） 该索引收录文献的范围，涉及到各国的主要经济刊物 200 余种，还有 170 多种论文集、会议报告、美国和加拿大的国会听证记录、专题报告，以及其他文种的英译文和少量非连续出版物中的内容。该索引引文完整而准确，是经济学论文的重要检索工具，使用价值较高。

《商业期刊论文索引》(Business Periodicals Index） 该索引摘自 270 多种英文杂志中的论文，按主题编排，是一部收录较全面的商业文献索引。

《经济文献杂志》(Journal of Economic Literature） 该刊是一种文摘性检索刊物，为《美国经济评论》的附刊，选登有参考价值的论文、书刊等。每年刊载文摘大约 1800 余条。书末附论文著者索引。该刊具有新、全、快、深等特点，有一定的权威性。

《经济文献题录与文摘》(Economic Titles/Abstract） 该文摘为双周刊，分类摘录世界各国期刊以及各种专著、报告、工具书上发表的应用与商业经济等方面的文献。文献均用原文发表，摘引各国的期刊约 2500 种，年文摘量约 15000 余条。

《经济学文献季报》 由日本经济资料协会主编，每期收录日本国内的有关期刊论文和日文图书约 5000 种，分日文、西文和俄文三部分。每期之首有引用期刊一览表，后附日文、俄文著者索引。从第 20 期起，增收中文部分。自 1964 年起，该刊改为每年 3 期。

6.3.2.3 经济工具书参考源

《中国社会经济统计百科全书》 牟秉华编，湖北教育出版社 1994 年版。该书是一部专科性的统计资料百科全书。

《经济新学科大辞典》 陈永忠主编，成都三环出版社 1991 年版。该书收录 88 门新经济学科的学科介绍以及各学科涉及的主要范畴、概念、用语、中外经济学家及其学说等共 8000 多条词目。书前有词目分类表，书后附有书目字顺笔画索引，正文按分类编排。

《经济科学学科概览》(上、下册） 沈贵进等编，海南人民出版社 1986 年版。它收录经济学科 100 多个，主要介绍各学科产生背景、研究对象、学科性质、研究方法、主要内容和研究现状，是一部资料性与研究性兼备的工具书。

《新帕尔格雷夫经济学大辞典》 陈岱孙主编，经济科学出版社 1992 年版。该书是一部博大精深的辞书。书末附有按中文笔画排列的总目录(汉英对照)和汉英对照的专题分类索引，既可按中英文字顺检索，也可按专题分类检索。

《经济学学术观点大全》 中国财经出版社 1988 年版。该书是一部学术性、资料性工具书，旨在全面地、简明地介绍我国经济理论界、学术界争论的不同观点，可称为经过浓缩了的经济科学各类学术观点的“资料库”，是进行理论研究必备的工具书。

《世界经济百科全书》 中国大百科全书出版社 1987 年版。该书收录世界经济学科中最基本、最常见的名词术语和国际组织。书前有分类目录，书末附有世界经济大事年表、条目汉字笔画索引、条目外文索引、内容索引等附录，查检方便。

《中国经济百科全书》(上、下册) 陈岱孙主编，中国经济出版社 1991 年版。该书是大型经济学工具书，内容以务实为主，兼容理论，基本包括经济领域内的各个部门。词条内容解释详尽，具有权威性。

《当代中国经济大辞库》 中国经济出版社出版。全书分经济学各专科、分支学科共 25 卷，基本包括了我国当代经济领域各个方面的理论知识和管理方法，内容丰富。每卷之前附有该书分类目录，书后附有总卷目录，可供分卷按类查找。

《简明世界各国国情手册》 胡天放等编，西北工业大学出版社 1993 年版。该书通过翔实的数据介绍了各国的地势、气候、简史和现状，以及各国的人口组成、国民产值、工农业生产、消费水平、国防预算等情况，可供有关人员参考利用。

《美国经济学词典》(The American Dictionary of Economics, ed. By D. A. L. Auld and others. N. Y. , Fact6s on File, 1983) 其内容涉及美国的机构、统计和说明性资料，重点放在对经济学理论、历史等有重要意义的术语、个人及组织上，并收录少量的传记资料，款目质量较高，无美国倾向和偏见，比《麦格劳—希尔现代经济学词典》更为简明。

《商业和经济学词典》(Dictionary of business and economics, ed by C. Ammer and D. S. Ammer. rev. and expanded ed. N. Y. , Free Pr. , 1986) 这是为普通读者编辑的优秀便捷性词典，收录 3000 多条目。根据经济学家的观点，重点放在最重要的经济学家的传记上。关于经济学的名词术语、协会与缩略语的条目很长。书末有资料来源和部分文献目录。

《经济学百科全书》(Encyclopedia of economics. D. Greanwold, ed. in chief. N. Y. , McGraw-Hill, 1982) 这是一部实用的综合性著作，是经济学重要的参考书籍。由 178 名著名经济学家撰写。所收的 300 条署名条目涉及经济学的各个领域，每一条目均有典范意义，可独立成篇，内容简明精确，既是一部工具书，又是一部内涵较深的教学参考书。

《麦格劳—希尔现代经济学词典》(The McGraw - Hill dictionary of modern economics; a handbook of terms and organizations, ed. By D. GreenWald, 3d ed. N. Y. , McGraw - Hill, 1983) 这是经济学术语最好的单卷本词典之一。全书分两部分：第一部分详细解释了 1425 个常用的名词术语，并有图表和参考材料，适用于非专业读者。第二部分则介绍了 200 多个经济和金融市场的私人及公众机构，按字顺排列。

《现代经济学词典》(The MIT dictionary of modern economics, ed. By D. W. Pearce, 3rd ed. Cambridge, Mass. , MIT Pr. , 1987) 此书材料来源于麦克米伦公司出版的有关参考书，是当代一部颇具权威的工具书。英国阿拉丁大学的数十名经济学家参加了该词典的撰写。该书的主要特点是收词广泛，共有 2500 多条目，内容包括经济学各主要分支学科中最新、最重要、最常用的名词。同时收录国际经济机构、经济立法以及著名经济学家的传记。释文繁简适当，有中译本。

《经济学家名人录：1700—1986 年主要经济学家传记词典》 (Who's who in economics: a dictionary of world economists past and present, by L. H. Mai. Totowa, N. J. , Littlefield, Adams, 1986) 收录 1700—1986 年 1071 名在世与去世的经济学家。第二版增收 300 余名。条目提供经济学家的全名、出生地与出生日期、学历、主要的专业领域和贡献。

《世界经济资料》(World economics data, by R. Schumacher and others, 3d ed. Santa Barbara, Calif. , ABC - Clio, 1991) 收录 170 多个国家精确、广泛而最新的经济数据。为便

于各国情况的比较，在第一部分统一列出这些信息。

《主要国际公司名录》(Principal international businesses) (Annual)的副标题为“世界市场指南”。全书收录135个国家的5万家公司。按国家的字顺编排，提供每个公司的基本情况，如主要负责人、商业活动范围和标准工业分类号等。

《世界跨国公司指南》(World directory of multinational enterprises, by J. M. Stopford and others, 2d updated ed. Detroit, Gale) 收录世界上最大的500家跨国公司并提供下列信息：金融与业务统计的5年图表，历史背景，目前状况，主要股东以及重要的子公司。其附录的内容为公司在海外经营活动的统计年表。

6.3.2.4 经济文献检索举例

检索课题一：了解20世纪60年代以前主要资本主义国家的经济实力。

课题分析：这类问题可利用经济统计类的资料，如《主要资本主义国家经济统计集》。该书的第一部分就可以见到美、英、德、法、日五国的工业生产在全世界所占的比重，而且统计数据十分丰富。

检索途径：类似的工具书主要有《国外经济统计资料》《世界经济统计简编》《世界经济统计提要》《国际经济统计摘要》《国际经济与社会统计资料》等。

检索课题二：邓小平同志在80年代曾就《关于建国以来党的若干历史问题的决议》起草问题，提出了三条指导思想，如何查询这类咨询问题?

检索途径：检索中国经济体制改革大事，可利用的工具书有《中国经济体制改革纪事》《经济体制改革手册》《横向经济联合咨询手册》《举世瞩目八年(1978—1986)——中国发展与改革纪事》《中国经济体制改革年鉴》等。

检索课题三：我国西汉时期农业发展情况。

检索途径：查找中国古代经济史资料，可以利用的工具书有《清实录经济资料辑要》《食货志十五种综合引得》《中国历代户口、田地、田赋统计》《披沙录》《中国古代经济史研究资料索引》《历代食货志注释》《中国历代食货志汇编简注》等。

6.3.3 法律文献的检索

6.3.3.1 法律图书参考源

《法学丛书总目》 上海法学编译社1984年编印。

《北京图书馆法学书目》(中西文部分) 中国政法大学研究生院1984年编印。

《新编馆藏中文法学书目》 浙江图书馆1984年编印。收录1984年5月以前到馆图书(包括非正式出版物)外，还补收1000余种馆藏古旧法学图书，共计收录图书5000种。部分书附有内容提要，书后附书名索引。

《中华人民共和国法规目录》(1949—1982) 司法部法制局编，法律出版社1984年版。本书汇编了这一时期我国人大常委会、国务院、各部委发布的法律、法令、法规目录。

《中国法制史参考书目简介》 国务院法制局编，法律出版社1957年版。本书选择932部法制史方面的参考史，加以简明介绍，按类分编。

《中国法制史书目》 台北商务印书馆1976年版。本书收录法学及与法律有关的图书2300余种，每书有内容简介。书后附书名、著者索引。

6.3.3.2 法律论文参考源

《法学文章目录索引》(1950—1981) 南京大学法律系1982年编印。本索引共分16个部分：法学基础理论、法制史、宪法、刑法、青少年犯罪问题、刑事诉讼法、刑侦、民法、婚姻法、经济法、行政法、国际法、检察工作、其他等。

《法律论文分类索引》 袁坤祥编，台湾三民书局1975年版。共收录论文6300多篇，上起1947年，下止1962年。该书所收入的期刊以在中国台湾地区发行的为主，另有少量的海外期刊收入此书，所收入的论文以法学期刊为主。索引按编号、篇名、著译者、期刊名称、卷期、页次、出版年月的顺序编排，最后是备注。

《法学资料索引》 1—4辑，兰州大学图书馆编印，1980—1985年。本书收录了1949年至1984年国内主要报刊发表的法律论著7000余篇。

《法学论文目录集》(1949—1984) 童兆洪、吕雪梅编，浙江人民出版社1986年版。本书收录了400多种中文报刊上发表的有关法学方面的论文目录1万余条。收入本书的目录以学术论文为主。

6.3.3.3 法律工具书参考源

《新编法学词典》 乔伟主编，山东人民出版社1985年版。词典的内容包括法学领域里各个学科的基本知识，收词目共4422条。

《牛津法律大辞典》(英)M. W. 戴维 北京社会与科技发展研究所翻译，光明日报社1988年版。全书收录词目8400余条，以介绍英美法系为主，采用汉字笔画顺序检索法，书后附有一些重要词汇的译名对照，按字母顺序排列。

《简明法制史词典》 华东政法学院本书编写组编，河南人民出版社1988年版。本书共收入法制史方面的词目2873条。词目按内容分类编排。其中中国法制史词目按历史时期将性质相近的归类编排；外国法制史词目基本上按古代、中世纪、近代和现代四个历史时期，再按国家顺序编排。书后附有词目笔画索引。

《现代实用刑事法律词典》 王舜华主编，北京出版社1990年版。本书共收条目1251条，以我国立法和司法实践中普遍使用的刑事法律制度、术语为主，也选取了我国古代和国外的有关条目。词目按汉字笔画顺序排列。

《英汉法律词典》 该辞书编写组编，法律出版社1985年版。本词典为我国第一部收集我国法律和英、美法系、大陆法系的法律用语最多的中型专业词典，正文共有40000余词条，另有常见法律方面的缩略语近3000条，以汉语词条计算的汉英词条对照10000余条，以及西方主要国家的法院组织系统表，兼有英汉、汉英两种词典特点。

《国际法词典》 日本国际法学会编，世界知识出版社1985年版。本书收录词目1322条。内容以国际公认和国际私法为主，还包括国际经济法、国际刑法、国际行政和有关的国际关系条目，并收有大量案例和法学家传记，有不少国内较难检索到的资料。

《国外知识产权法律纵览》 惠永正主编，科学技术文献出版社1995年版。该书是一部较全面、系统地介绍国外知识产权法律的工具书。共分四部分：国外产权法律法规、国外知识产权法法规、国际公约和附录。

还可利用《中国大百科全书·法学》《辞海·政治法律》分册等工具书进行检索。

《如何查找法律文献》(How to find the law) M. L. Cohebn 和 R. C. Berring 编著。这是一本经典的法律文献信息书目实用指南，每一章由不同的法律图书馆员或法学教授撰写。其简略本是《查找法律文献》(Finding the law)。

《袖珍法律研究手册》(Legal research in a nutshell) M. L. Cohen 1985 年编著。这是供法律专业学生使用的简明文献信息指南，比上一本浅显易懂。书中附有州法律文献信息指南、活叶表格以及各项资料。

《布拉克法律词典》(Black's law dictionary) 1990 年第六版，是一本供便捷参考的标准法律词典，内容广泛。

《布维尔法律词典和简明百科全书》(Bouvier's law dictionary and concise encyclopedia) J. Bouvier 1991 年编著。该书长期被认为是标准的美国法律词典，经过多次重印。现虽陈旧，但对查找旧词仍很有用。

《牛津简明法律词典》(A concise dictionary of law) 1991 年第二版。这是一部英国法律词典，约收 3400 词条，是一本由律师编纂而供一般读者使用的词典。

《法律和司法资料指南》(Law and legal information directory) P. Wasserman 编著。提供 8200 个情报源，如美国全国性法律组织及国际性法律组织、律师协会、联邦法院系统、联邦制订法规的机构、法律学校、法律继续教育、情报系统及服务和研究中心、法律期刊和图书出版商等，分为 17 大类，侧重美国和加拿大，重点介绍国际组织、情报系统和服务。

《法学研究基础》(Fundamentals of legal research) J. M. Jacobstein 和 R. M. Mersky 1990 年编著。其每一章的摘要和引文出处对参考工作很有用，英美法律部分的内容充实。新版有法律研究应用计算机和缩微品的章节。其缩略版为《法律研究注释》(Legal research illustrated)。

《中华人民共和国英语法律资料目录》(The People's Republic of China: a bibliography of selected English language legal materials) J. L. Pinard 于 1985 年编著。分 26 个主题收录中国法律的译本，然后为书刊论文，大多数条目是 1972 年后出版的。

《英语法律期刊目录》(Legal periodicals in English) E. M. Wypyski 编著，收录所有被《法律过刊文献索引》和《法律期刊文献索引》当前和过去标引的期刊，有累积刊名、主题和地区索引。所收录的每种期刊，有美国国会图书馆卡片或原始目录卡片，有刊名、出版社地址、周期、内容以及在《谢泼德引文索引》的出处。该目录旨在扩充和改编 L. W. Morse 的《英美期刊要目》。

《英国法律期刊联合目录》(Union list of legal periodicals) 1990 年第五版著录了 14 个英国图书馆收藏的法律期刊 3000 种，记载这些图书馆馆藏的详细情况。

法律期刊文献信息索引的种类很多，不胜枚举。最常用的有由著名的检索工具出版商威尔逊公司出版的《法律期刊文献索引》(Index to legal periodicals) 和《现期法律文献索引》(Current law index)。前者是著名和常用的法律期刊索引，周期曾有变化，现为月刊，有年度累积本。后者由美国法律图书馆协会主持编制，按主题、著者标引约 700 种法律期刊(比《法律期刊文献索引》多 200 种)的论文，还按书名标引图书、判例和法令；每年 8 期，有季度和年度累积本，其机读版称《法律资源索引》(Legal resource index)，可作补充的有《外国法律期刊论文索引》(Index to foreign legal periodicals)，有年度和 3 年累积本，报道除英国、英联邦各国和美国以外世界各国，内容涉及国际法(公法和私法)、比较法、国内法的主要期刊约 260 种。

6.3.3.4 法律文献检索举例

检索课题一：怎样理解“防卫过当”？请提供一些这方面的参考文献信息。

检索途径：类似检索名词解释的课题咨询，最有效的方法是检索法学工具书，此题可以查杨五湖主编的人民出版社 1990 年版的《案件学大辞典：办案手册》，里面对“防卫过当”有比较详细的解释。除了利用法学方面的工具书外，还可以利用《政法译丛》《人民司法》《法学研究》等杂志。

检索课题二：要求系统地查阅法学论著方面的文献信息，可以使用哪些工具？

检索途径：检索这类课题可以利用的主要工具书有《法律论文分类索引》《法学资料索引》《新编馆藏中文法学书目》《法学论文目录》《中国大百科全书(法学)》等。

6.3.4 政治文献的检索

6.3.4.1 政治图书参考源

《清代行政制度研究参考书目索引》 马奉琛编，北京大学出版社 1935 年版。本书收录了北京大学、北京师范大学、清华大学图书馆馆藏的有关清代行政制度古籍书目约 500 种。

《中外关系参考书目》(公元前 202—公元 1919) 中国历史博物馆通史资料室 1977 年编印。本书收录有关中国历代对外关系的文献信息 1500 余种。

《中俄关系图书联合目录》 北京图书馆统编部联合目录编辑组 1974 年编印。本书收录北京图书馆等全国四十多个图书馆在 1973 年 10 月以前入藏的 17 世纪前后到 1917 年十月革命前出版的有关中俄关系的文献，以及十月革命后出版的有关中俄关系史的文献。

《华侨问题图书总目》 厦门大学南洋研究所资料室 1959 年编印。

6.3.4.2 政治论文参考源

《纪念“五四”运动四十周年论文资料索引》 江苏师范学院图书馆 1959 年编印。

《南洋华侨专题论文索引》 厦门大学等 1957 年编印。

《华侨史论文资料索引》(1895—1980) 中山大学 1981 年编印。收录中山大学等六个图书馆 1980 年以前入藏的国内外出版的 356 种中文期刊中的论文、译文资料目录约 5300 余条。

《非洲华侨史资料选辑》 方积根编，新华出版社 1986 年版。

《中国民族关系史》 学术座谈会秘书组 1981 年编印。它选录全国主要报刊论文 278 条，分为通论与专论两部分。书后附著者索引。

《民族研究论文资料索引》(1979—1981) 中国社会科学院民族研究所 1982 年编印。

6.3.4.3 政治工具书参考源

《中国改革开放大辞典》 张书义主编，厦门大学出版社 1993 年版。本书全面系统介绍我国改革开放情况和有关知识的大型工具书。该书具有系统、全面、权威并兼容实用和保存双重价值的特点。本书容量大，几乎囊括了自 1979 年以来改革开放及其相关的所有内容。

《中国改革大辞典》 袁重华等主编，海南出版社 1992 年版。该书是中国第一部全面反映中华民族 5000 年变革、发展历程的大型综合性辞典。全书分为政治、经济、军事、司法、文化、教育、科技、医药卫生等 9 卷。划为古代、近现代、当代三个历史时期。全书以政治、经济改革为主体，以当代改革为重心，汇集和总结了历史上主要的改革事件、人物、范畴、文献。全书辞条按内容分类编排。

《世界政党辞典》 熊复主编，红旗出版社 1986 年版，该书由 200 多名专家学者编写，收条目共 2784 条，全面介绍了近代以来的主要政党、主要国际政党组织的纲领、思想、制度、历史现状、会议、活动等。书后附有词目的汉字笔画索引和汉语拼音索引。这是我国第一部有关世界政党的大型辞典。

《政治学辞典》 丘晓等主编，四川人民出版社 1986 年版。本辞典共收入词目 1736 条，内容包括政治学原理、政治制度、政治思想、政治学分支、交叉学科和国外政治学、国际政治等部分。

《中华人民共和国政治体制沿革大事记(1949—1978)》 (政治体制改革与资料丛书)洪承华等编，春秋出版社 1987 年版。本书是一部反映我国政治体制沿革情况的资料性工具书，反映了从中华人民共和国成立到党的十一届三中全会期间我国政治体制建立、发展和演变的历史进程与运行轨迹。

《国际时事辞典》 该辞典编辑组编，商务印书馆 1981 年版。本书收录词目 2800 多个。内容以政治、经济方面居多，也涉及军事、文教、科学、种族、宗教等方面，大体包括国际事件、国际组织与机构，各国重要政治经济团体和组织等。

《世界议会辞典》 张友渔主编，中国广播电视出版社 1987 年版。本辞典是一部供了解、研究中国和世界各国议会的工具书。全书共收录词目 2987 条，各国词目总的按洲按国编排，洲内各个国家和地区，除中国排在亚洲最前面外，其余按汉语拼音字母顺序排列。

《联合国手册》 联合国新闻部编，张家珠等译，中国对外翻译出版公司 1988 年版。该手册介绍了联合国组织成立以来的全部活动情况，其中重点介绍了 1978 年至 1985 年间的活动情况。内容分为两部分：联合国的机构，联合国的工作。书后附有联合国宪章、国际法规和世界人权宣言。

《国际组织手册》 新华社国际资料编辑室编，中国对外翻译出版公司 1988 年版。本书收录了影响较大、较稳定的国际和地区性组织 3600 多个，其中我国(政府、团体和个人)目前和过去参加的有 400 多个。内容包括介绍其总部、成立日期、宗旨、成员、机构、刊物、负责人、主要活动以及与中国的关系等项。书中附有中、英文目录索引。

《政治学情报源》(Information sources of political science) F. L. Holler 编著。这是较新出版的、使用较广的文献指南。该书收录了 2423 条条目，包括书刊论文、政府出版物、广播电视节目、译文、微型出版物和电子参考源，按专题分为 7 个部分。条目为描述式，目次详尽，索引完善。

《政治学研究手册》(Bridges to knowledge in political science: a handbook for research) C. Kalvelage 等编著。原名为《大学生政治学研究指南》，旨在为政治学专业学生提供参考文献源。按主题内容分为若干部分，侧重文献及其利用途径。

《政治学参考和情报源指南》(Political science: a guide to reference and information sources) 该书除政治学外，还收录社会学、教育和公共关系。编者为克利夫兰州立图书馆社会科学和历史学图书馆馆长 H. E. York。该书列举 800 多种参考源，均为英美出版物。全书分六部分：综合性社会科学参考源、社会科学各学科、综合性政治参考源、地区政治、专科政治和公共政策。资料较新，所收的书目、索引、手册一般均在 1980—1987 年间出版，还收入 18 种数据库和光盘。既可作为研究工作的指南，亦可作为选书工具。

《现代政治思想词典》(Dictionary of modern political ideologies) M. A. Riff 编著。由 St. Martin's 出版社 1990 年出版。介绍 18 世纪启蒙运动以来的 43 种政治思想。词条内容全面，有大量示例、小主题及传记资料。每个词条均列有参考书目。

《资料档案世界政治年鉴》(The Facts on File world political almanac) C. Cook 编著。该书提供有关世界政治的常用资料。条目内容包括主要的国际组织、冲突和战争以及联合国维持和平的行动、国际恐怖活动等；另有核时代大事记、核力量比较、武器控制协定目录、政治事件、重要人物传记、政治词汇表；还介绍各国首脑、法律制度、主要条约和盟约、政党和选举、人口和城市化等。附有大量表格和统计资料。

《国际组织年鉴》(Yearbook of International Organization Brussels)(1948—)。它名为年鉴，实为一重要的机构名录。它广泛地收录当今世界上 200 多个国家和地区的国际组织机构 28000 多个，从联合国、欧洲共同体到各种跨国公司，范围相当广泛。

《国际政府名录》(The international directory of government) 该书出版于 1990 年，介绍世界各国政府首脑、立法机构、政府组成等。按国名字顺排列。内容与《欧罗巴世界年鉴》(Europe world yearbook)相近。

《共产国际传记词典》(Biographical dictionary of the Comintern) 该书收入 753 名与共产国际有关人物传记，按字顺排列。有共产国际领导人、派往各国指导工作的人员、外国机构负责人以及共产国际学校的毕业生，是研究共产国际的重要参考书。

《世界的共产主义和马克思主义政党》(Communist and Marxist parties of the world) C. Hobday1990 年编著。该书介绍世界各国的共产主义和马克思主义政党，按国排列。对每个政党的介绍内容包括历史、领导人、组织、成员、思想倾向和纲领。

《国际共产主义事务年鉴》(Yearbook on international communist affairs) (1966—)。按国家详细分析共产主义运动。内容包括党派、负责人、选举、纲领和主要活动、国际共产主义会议和问题。先按地区编排，地区下再按国名顺序排列。最近几卷各有一篇导言介绍当时的主要倾向、趋势、问题和发展。某些卷有文件或传记内容。

《美国政治主要统计》(Vital statistics on American politics) H. W. Stanley and R. G Niemi 编著。收录有关美国政治的统计图表，资料来源非常广泛。分 13 章，每章有导言，对统计图表加以说明，并说明该主题统计资料可获得的程度。

6.3.4.4 近现代中外条约参考源

《中外旧约章汇编》 王铁崖编，生活·读书·新知三联书店，1982 年出版。本汇编是一部研究中国对外关系史的重要参考资料。全书分三册出版。它收入了自中国开始对外订立条约起到 1949 年中华人民共和国成立止所有中国对外订立的条约、协定、章程、合同等。该汇编按约章订立时间的先后顺序排列，每一条约、协定等均有附注，说明出处、文字、日期及签订的地点等。为了查找方便，每册后附有一个详细的约章分国表。

《国际条约集》(1648—1971) 世界知识出版社编，自 1984 年陆续出版。本条约集共 15 集，条约按签字日期先后顺序排列。条约来源在每个条约后注明，条约和附件只选重要的翻译，是一套国际间相互订立条约的大型参考工具书。

《中华人民共和国条约集》 中华人民共和国外交部编，自 1957 年先后由法律出版社、人民出版社、世界知识出版社出版。本条约集是按年度分集出版的。全面收录中国政府和政府各部门同外国签订的各种条约协定的资料工具书。条约集每集均按条约性质分类编排，卷首有分类目录，卷末有条约名称索引。本条约集所收集的主要是双边条约，不包括国际公约。

《中华人民共和国多边条约集》 中华人民共和国外交部条约法律司编，法律出版社，1987年出版。本书收集了建国起至1984年12月期间中华人民共和国参加的123个多边条约，包括公约协定书、议定书、宪章、章程、修正案等。按缔约时间先后为序分别履行了批准、核准、接受、承认或加入的手续。具体情况每个条约都附有首页注释。

《国际条约集》(1648—1871，1871—1917，1917—1971，1971—) 选录了1648—1971年间国际签订的重要政治、经济、军事条约以及国际上影响较大的条约。各个集中的条约按签订时间先后排列。1971年以后的条约将陆续编辑出版。

6.3.4.5 政治文献检索举例

检索课题一：19世纪60年代美国总统林肯在葛底斯堡的演讲中提出："民有、民治、民享"，在当时的进步意义何在？

检索途径：政治学是社会科学的一个部门，和法学有着密切的关系。检索政治学方面的名词术语可利用的工具书有很多，如《政治学常见名词浅解》《简明政治学词典》《政治学分析辞典》《马克思主义与当代辞典》等，这些工具书中都有对"民有、民治、民享"的详细解释。

检索课题二：要编写一本30年来世界大事集，通过哪些工具书可以比较全面地收集到这些资料？

检索途径：国际时事资料的检索频率很高，尤其是新闻、广播电视宣传更是离不开对这方面资料的检索。具体工具书有：《世界各国国势年鉴》《国际时事辞典》《国际形势年鉴》《世界政党辞典》《国际时事百科》等。

检索课题三：要了解联合国大会的机构和教科文组织情况，有哪些工具书可以利用？

检索途径：查世界组织机构及各国组织机构可利用下列工具书，如《各国政府机构手册》《世界简称字典》《各国国家机构手册》《世界议会辞典》《联合国及有关组织机构译名手册》《国际组织概况》《联合国手册》《现代国际组织》等。

检索课题三：如何查找"中俄瑷珲条约"的具体内容？

检索途径：查找这类问题，如果知道立约的时间，可以根据立约的时间先后顺序查找。如果不知道立约时间，可从书末所附的"旧约章分国表"的"俄国"项目内查到。查找中外条约资料可利用的工具书主要有：《中外旧约章汇编》《国际条约集》《中华人民共和国多边条约集》等。

检索课题四：查询新中国经济建设成就，如刘家峡水电站是哪年建成的？

检索途径：刘家峡水电站是供应西北陕、甘、青三省的工农业生产建设用电，并调节黄河水量，起防洪、灌溉作用的大型水电站。查找有关经济建设的课题，可以利用下列工具书：《中华人民共和国经济大事记》《中国年鉴》《中华人民共和国资料手册》《中国概况》《中华人民共和国要事录》《中华人民共和国大事记》《中国经济年鉴》等。

6.3.5 文学文献参考源

6.3.5.1 文学图书参考源

《中国文言小说书目》 袁行霈、侯忠义编，北京大学出版社1981年版。本书目将古代凡以文言撰写的小说，不论存佚，尽量收录，共计2000余种。

《中国通俗小说书目》 孙楷第编，人民文学出版社1982年版。本书目收录书目以语体小说为主，自宋至清末，共计800余种。

《鲁迅研究书录》 纪维周等编，书目文献出版社1987年版。本书辑录1926—1984年间有关鲁迅研究的专著、专刊、文集，共1400余种。每种除了一般著录外，还有内容简介，并详列书中篇目。

《中国现代作家著译书目》及《续编》 北京图书馆书目编辑组编，书目文献出版社分别于1982年、1986年出版。本书目正、续两编共收录178位中国现代作家的著、译、编、校图书近6400余种，收书范围，自五四运动至1981年底。

《中国文学史书目提要》 陈玉堂著，黄山书社1986年版。本书目收录以中国文学史书、史论、史评著作为主，其他与文学有关的著作也酌量收入。

《民国时期总书目·外国文学》(1911—1949) 北京图书馆编，书目文献出版社1987年版。《1949—1979翻译出版外国文学著作目录》 中国版本图书馆编，江苏人民出版社1986年版。这两种外国文学书目，可将辛亥革命以来我国翻译出版的外国文学著作包罗无遗。

6.3.5.2 文学论文参考源

《中国古典文学研究论文索引》(1949—1980) 中山大学中文系资料室，广西人民出版社1984年版。本书收录我国这一时间段古代文学研究方面的论文资料篇目。

《红楼梦研究资料目录索引》 上海师范学院图书馆1982年编印。它收集了1976年10月至1982年8月全国有关《红楼梦》研究的论文资料。

《鲁迅研究资料索引》(正、续编) 北京图书馆、中国社会科学院文学研究所资料室编，人民文学出版社1980年、1985年分别出版。两编收录了1949年10月至1981年12月有关鲁迅研究的文章篇目。

《鲁迅研究学术论著资料汇编》(1913—1983) 中国社会科学院文学研究所鲁迅研究室编，中国文联出版公司1985年版。

《中国现代、当代文学研究论文索引》 天津师范学院中文系资料室编，南开大学出版社1984年版。它收录了1949—1982年国内700多种报刊上有关中国现代、当代800多位作家的作品研究论文篇目。

此外古人著述的古代文学论文资料，可利用《全上古三代秦汉三国六朝文篇名目录及作者索引》(中华书局1965年编辑出版)、《全唐文篇名目录及作者索引》(马绫传编，中华书局1985年版)、《文人文集篇日分类索引》、《清代文集篇目分类索引》(王重民、杨殿洵等编，中华书局1965年重印)等。

6.3.5.3 文学工具书参考源

《中国文学研究年鉴》 中国社会科学院文学研究所本书编委会编，中国社会科学出版社出版。本年鉴1982年创刊。年鉴反映文学研究的基本情况和重要成果，并汇集了有关文学研究和评论的重要文献和资料。

《中国古代名句辞典》 陈光磊等编著，上海辞书出版社1986年版。本书收名句1万余条，所涉书籍，自先秦至清末，重点在于先秦诸子、儒家经典、前四史及历代著名作家的诗文集。

《中国诗词名句鉴赏大辞典》 高伟编著，成都科技大学出版社出版。本书收录了先秦至现代的古典诗词曲名句 2077 条。每条之下注明朝代、作者、篇名，对名句加以解释、评析、最后附上原诗。全书按条目首字笔画编排，书后附有作者索引。

《名句用法辞典》 周宏溟著，上海古籍出版社 1989 年版。本书名句选自先秦至清末的诗文，又有从当代小说和其他书籍、报章杂志中收集例句编纂而成。名句分为人事、才情、德行、学识、国事、事理、景物、综合八大类。每一词目包括名句、译注、出处、用法例解四部分。用法例解部分先说明用法，再举出例句。

《古典诗词百科描写辞典》 天津社会科学院文学研究所古代室编，百花文艺出版社 1987 年版。选收先秦至清末佳句约有 2 万条。

《唐宋名家词检索大全》 孙公望编，华中师范大学出版社 1992 年版。它收录唐宋名家词 876 首，是一部构思独特、体例新颖、编纂严谨的工具书。索引体系十分完备，有四个索引(关键词、词牌、主题和作者索引)和两个附表(作者姓名一览表、词号检索表)，具有文学鉴赏价值，可供唐宋词的学习者、研究者和语文教学工作者提供参考资料线索。

《近代中国作家笔名录》 沈云龙主编，袁涌进编著，台湾文海出版社 1979 年版。本书由本表、序言、索引等部分组成，收录了近代中国知名作家 550 余名，以真实姓名立目，下注别名及笔名，按姓氏笔划顺序排列。索引附于书名，将姓名、别号、笔名混合按首字笔画顺序排列，下标注所见本表页码，使本书具有正反检索功能。

《中国现代人物笔名词典》 北京图书馆参考研究部编，书目文献出版社 1985 年版。本书收录我国现代学术界及政界人物 4000 余人的笔名、别号 12000 多个。

《五四以来历史人物笔名别名录》 张静如等编，陕西人民出版社 1986 年版。本书收录了五四运动以来各种历史人物的笔名、别名约 8000 余条。所收录人物的姓名原名与笔名、别名统一按笔画编排，并采用互见的办法重复出现。有些条目后还注有资料来源。

《世界著名文史学家辞典》 林焕文、张凤主编，黑龙江朝鲜民族出版社 1985 年版。收录 2500 余名世界(包括中国)著名的文学家和史学家。

《中外文学书目答问》 季羡林主编，中国青年出版社 1986 年版。这是一部较好的推荐、导读书目学，共介绍文学名著 266 种。

《中国古典文学名著题解》 中国青年出版社 1980 年编辑出版。本书介绍 250 多部先秦至近代有较大影响的我国文学作品。

《外国文学名著题解》(上、下册) 中国青年出版社 1983 年编辑出版。本书介绍外国著名作家 368 人及他们的 719 部文学作品。

此外，检索文学名著内容提要的工具书还有：

《800 种古典文学著作介绍》及《续篇》(黄立振编著，中州书画社 1982 年、1987 年版)等。

《文学研究工具书指南》(Problems in literary research：a guide to selected reference works) D. Kehler 编著。全书介绍 36 种基本工具书，侧重英美文学。第六章开列 161 种工具书作为补充，涉及儿童文学、文学理论、修辞和电影。

《英美文学指南》(A guide to English and American literature) F. W. Bateson 和 H. T. Meserole 编著。《英美文学工具书》(Reference works in British and American literature)由 J. K. Bracken 编著。两者是性质相近的文学工具书指南。前者可供各层次的读者使用。后者的第一卷列举 512 种综合性工具书，其中 21 种是文献信息指南，还有期刊和学会、协会；

第二卷为500多个作家或著作的条目，提要均很详尽。

《英美文学和英语研究文摘》(Abstracts of English studies: an official publication of the National Council of Teachers of English) 它是关于英美文学、英联邦文学以及英语文学的文摘，涉及诗歌、戏剧、散文或小说等作品，在文学综合类的索引和文摘占有重要的地位。

《20世纪世界文学百科全书》(Encyclopedia of world literature in the 20th century)全书约1200条。收录有关各国文学的论文和关于个别作家的评论性条目。评论界认为该书是目前英文出版物中收录最全面、注释最准确的大中型文学词典。

《卡斯尔世界文学百科全书》(Cassell's encyclopaedia of world literature) J. Buchanan - Brown担任主编。第一卷为“文学史和综合性条目”，是按语种或按民族、国别设立条目的文学史、流派和运动；第二、三卷为传记，是最常用的文学百科全书之一。

《作家传记总索引》(Author biographies master index) 选自《传记、家谱总索引》(Biography and genealogy master index)，从290种英语传记词典中选收40万名作家，指示84.5万条出处。收录许多难以找到传记资料的条目。该书又派生出《20世纪作家传记总索引》(20th - century author biographies master index)。

《文学传记词典》(1978—) (DLB) 目前已出版100多卷，每卷收录英美某一文学思潮、流派或时期的作家。重要作家平均1.5万字以上，次要作家200—600字，由权威人士撰写。重要被传人有评述文章、履历、著作表以及被传人评论书目；次要人物则较简略。该书卷帙浩繁、文笔生动。

《当代小说家》(Contemporary novelists) 本版(1991)收录600余名英语小说家，每一作家有传略，列举全部著作以及由当代学者撰写的评论性论文。以英美作家为主，酌收以英语写作的英联邦和非洲小说家。

《小说目录》(Fiction catalog) 1991年版按字顺收录5200种小说，被认为是公共和高校图书馆所必备，同时兼收在版和绝版的古典和现代小说，通过小说名称和主题索引易于检索。与《短篇小说索引》(Short story index)配合使用，可解决英文小说的许多咨询课题。

《短篇小说索引》(Short story index) 基本卷为1900—1949，以后每年一卷。1984—1988年累积本收录1200种小说集中的2.2万篇小说，以及60种期刊中的2500篇小说。全书分为四部分：①短篇小说的著者篇名和主题混排的索引，以著者为主；②被收录的合集、选集，按著者、编者和书名混排；③出版商指南；④期刊指南。可作为世界短篇小说集的指南。

《当代诗人》(Contemporary poets) T. Chevalier编著。1991年的第五版共收录800个最著名的英语诗歌作家，其中许多是新增的。半数评论性文章经过修改或重写，每一条目有传略，完整的诗歌目录，署名的评论文章以及诗人对其作品的评述。附录有作品名称索引，第二次世界大战后去世的作家名单，最近的诗歌运动以及1960年后出版的诗歌集选目。

6.3.5.4 文学文献检索举例

检索课题一：被称之为“王杨卢骆”的初唐时期文学家王勃、杨炯、卢照邻、骆宾王，对唐代文学风气的转变起了一定的作用，也称“初唐四杰”，要详细收集他们的生平资料，要利用哪些工具书?

检索途径：检索唐代文学家的生平资料可利用的工具书主要有《唐诗纪事著者引得》《唐人传记索引》《唐代的散文作家》等。

检索课题二：周恩来1972年9月25日在欢迎田中首相的酒会上说："前事不忘、后事之师"，此话出自何处？

课题分析：我国史书极为丰富，出于史书的文句必须利用这些历史文献。我国的史书有"三体史书"之说，即以时间为中心的史书就叫编年体史书，如《春秋》《资治通鉴》；以人物为中心的史书就叫纪传体史书，如《史记》《汉书》等；以历史事件为纲目的史书就叫作纪事本末体史书，如《通鉴纪事本末》《宋史纪事本末》等。这三类史书占据了我国史书中的重要地位，尤其是纪传体史书，历代都有编纂，被称为我国的"正史"。这些史书中有大量的文句，为后人所用，有大量的工具书为检索文句提供了方便。

查找文句，如果对古代文献比较熟悉，能判断出所属范围为最好，可以提高检索速度和准确性。如果无法判定所查文句的范围，那就只好分别从几个途径查，查到为止。

检索途径：查"前事不忘、后事之师"文句，利用史书索引《战国策通检》得知此句出自《战国策·赵策一》。其原句是："前事之不忘、后事之师"。

检索课题三：有文章引用后人歌颂汉代名将李广的两句诗："但使龙城飞将在，不教胡马渡阴山。"要知道此诗句的作者，如何进行文献检索？

课题分析：可查找诗词文句的类书很多，如《佩文韵府》《骈字类编》《艺文类聚》《古今图书集成》等。而查诗句最常用的有两部，一部是清康熙时成书的《佩文韵府》，一部是雍正时成书的《骈字类编》。《佩文韵府》是将古诗文中的重要词语辑录出来，按词语的尾字分韵排比，所引诗文一般不标明篇名；《骈字类编》是专收两字合成的词语，按首字的意义分类排序，所引诗文大部分标明篇名。检索途径："但使龙城飞将在，不教胡马渡阴山"两句中选择关键词，试选"阴山"一词，按《骈字类编》的体例，"阴山"的首字"阴"属"时令门"，从"时令门""阴"字下查到一系列"阴"字起头的双音节词，其中有"阴山"，在"阴山"下，排比了大量包含"阴山"一词的古诗文句子，其中就有"但使龙城飞将在，不教胡马渡阴山"，可知此诗是王昌龄所写的诗，逐首查阅，找到其原诗："秦时明月汉时关，万里长征人未还，但使龙城飞将在，不教胡马渡阴山"。

习题

1. 截至2009年底，河北、辽宁省人口总数、出生率、死亡率及自然增长率分别是多少？

2. 2009年山西、浙江省的进出口商品总值分别是多少？

3. 以下几部法律是由什么部门批准通过的？通过及施行的时间？各包含多少条款？①《中华人民共和国海域使用管理法》；②《中华人民共和国个人所得税法》；③《中华人民共和国防沙治沙法》；④《中华人民共和国外商投资企业和外国企业所得税法》。

4. 名词解释：人为环境；信贷；二元制；采矿权；自然人；痕迹学。

5. 人物查考：① 刘鄂；埃德加·斯诺；George A Akerlof ②雪莱；王实甫；Richard Abel Musgrave。

6. 地名查考：①赤金山、②官渡、③广陵城、④剑门。

7.“疏影横斜水清浅，暗香浮动月黄昏”出处及含义。

8. 检索马恩著作《北美战争》《俄国军队》的作者、写作时间及在马恩全集中的位置。

9. 检索列宁著作《论两条道路》《党内的情况》写作时间及在列宁全集中的位置。

10. 在列宁著作中曾提到过 A 提洛，阿、B 叫化子、C 伊利扬、D 特卡切夫，彼·尼这几个人分别出现在列宁全集何处。

11. 马克思在《1848 年至 1850 年的法兰西阶级斗争》中曾提到“我们藏在特洛伊木马的肚子里潜入了神圣的伊利翁城，但我们并不是像我们的祖先希腊人那样潜入的，我们不是占领了敌人的城池而是自己成了俘虏。”其中的“特洛伊木马”出自何典故，马克思在此引用何意？

§7　计算机信息检索

计算机信息检索是在传统的文献检索基础上发展起来的。随着计算机技术、远程通信技术和信息存储技术的飞速发展，信息检索由手工检索，经历机械检索，到计算机信息检索，社会和科学技术的进步时刻改变着我们的生活、生产方式。信息化时代已经到来，信息活动在各种社会活动中发挥着越来越重要的作用，信息的搜集、存储、加工、传递、利用等模式发生了深刻的变革。计算机网络及数据库检索得到广泛应用，为我们更为及时、准确、全面地继承、利用和发展人类科研、学术成果提供了先进的技术和手段。计算机信息检索的实现，大大方便和加速了信息资源的交流和利用，并对社会经济的发展和人们的科研方式产生了深刻的影响，从而也极大地促进了科技的进步。

7.1　概　　述

7.1.1　计算机信息检索的含义

计算机信息检索(Computer Information Retrieval)，是指以计算机技术为手段，通过光盘、联机和网络等现代检索方式进行的信息检索，是利用计算机及其网络系统有效存储和快速查找的能力发展起来的一种计算机应用技术。

广义上讲，计算机信息检索包含两个过程，即信息存储过程和信息查询过程。

计算机存储过程就是依照一定的标准和规则，对信息进行搜集、整理、加工，使之由无序状态变为有序状态，由分散变为集中，由泛性变为特性，具体做法就是对收集到的原始信息进行主题概念分析，根据一定的检索语言抽取出能反映信息内容的主题词、分类号等内容特征和能反映信息特性的外部特征，如题名、作者、出版事项等，分别对这些内容进行标引等工作，并输入到计算机中存储起来，通过程序处理形成机读数据库。

信息查询过程则是存储过程的逆过程，是针对存储信息的数据库进行的。用户首先明确自己信息检索需求，并依据存储过程中使用的信息检索语言或信息的外部特征组织检索标识及检索策略，输入计算机进行检索。计算机对用户检索需求做出分析，并与数据库中信息标引条目进行匹配，将命中结果反馈回用户。

7.1.2 计算机信息检索的特点与局限

① 检索速度快、效率高，可以及时得到检索反馈，特别适合大规模情报课题的检索。

② 检索途径多。一般来说，计算机检索除具常规检索途径(如分类、主题、著者等)，还能满足多途径交叉检索的需要，全文检索也成为可能，对于综合性课题检索其优势尤为突出。

③ 更新周期短。手工检索工具通常为印刷型，更新周期长。计算机数据库更新周期极大缩短，光盘多为每月更新一次，网络数据库甚至可以实现实时更新。

④ 检索范围大。手工检索文献信息的最大缺点是受时间和空间以及当地资源量、用户量的限制，而计算机文献信息检索则彻底打破了以上的限制，可以在任何时间、任何地方，通过网络检索共享服务器上的数据库。

⑤ 特性检索功能强。尽管计算机不能代替人脑，但它能够快速查找题名、文摘、标引词等检索字段中所包含的某一特定检索词的资料，还可以根据检索者需要，随心所欲地打印信息用户所需要的信息资料。

⑥ 服务方式多。计算机文献信息检索能够提供回溯性检索报务(简称 RS)、定题服务(简称 SDI)和联机订购服务方式，使得计算机检索得以迅速发展和广泛应用。

⑦ 检索更加方便灵活，获取全文更加容易。可以用逻辑配符将多个检索词组配起来进行检索，也可以用通配符、截词符等进行模糊检索或组合检索。检索结果可以直接输出，可以选择性打印、存盘或 Email 发送检索结果，有的还可以在线直接订购原文。一些数据库全文检索系统原版全文显示，界面友好、效果好，无论是光盘数据库还是网络数据库，其检索到的文献信息都是原版全文显示，而且其检索界面也非常友好。

⑧ 学科覆盖范围广。无论是光盘数据库还是网络数据库，其信息资源的学科覆盖范围都比较广泛，包含人文科学和自然科学的各个方面。

⑨ 回溯文献相对于手工检索工具要少。无论是光盘数据库还是网络数据库，其文献的回溯期都不长。目前世界上最有影响的数据库是美国的 ORBIT 系统，其文献最早的也只不过是 1949 年；国内有影响的三大数据库，中国知网可以回溯至 20 世纪初，万方数据知识服务平台和维普期刊数据库可回溯至 20 世纪七八十年代。

⑩ 检索用户需要一定的计算机水平和图书馆学方面的知识。利用计算机检索文献信息的读者，必须掌握一定的计算机知识，能熟练地运用计算机，了解计算机检索文献信息的检索界面，掌握检索策略。不仅如此，同时还应具备相应的图书馆学方面的知识，对主题、关键词、机构、全文、题名等一般的检索概念和检索途径要有所了解和掌握。

⑪ 计算机检索过程中，信息噪声大。在计算机文献信息检索过程中，计算机不具备人脑的思维能力，因此，检索提问标识一经输入检索系统，便无法结合系统检索的具体情况不断明确用户的信息需求和修改用户的检索提问标识。同时，在计算机信息检索系统中，检索提问与文献特征标识的组配完全是一种字面组配，即计算机将两种“标识”完全作为“字符串”来进行类比运算。因此，必须要求检索提问标识在形式上与文献特征标识保持一致才能“匹配”。这种字面上的组配，使检索出的文献记录只在字面上与检索提问标识保持一致，而在内容上或概念上或许偏离用户信息需求。

7.1.3 计算机信息检索发展概况

计算机信息检索的发展过程是与计算机技术及其他现代科学技术的发展过程紧密相关的。早在电子计算机问世以前，就有人研制了穿孔卡片检索装置并应用于人口普查。第二次世界大战以后，科技信息数量激增，为了有效地处理和传播，开发新的信息系统即成为发达国家主攻目标。计算机以其存储量大，处理速度快，运算准确可靠等特点正适合于对大量信息的处理，计算机的诞生为建立信息检索系统准备了条件。计算机用于信息检索始于20世纪50年代初，在半个多世纪的发展历史中，计算机信息检索大体经历了四个发展阶段。

7.1.3.1 脱机信息检索阶段

这一阶段始于1954年，当时计算机资源非常珍贵，其特点是不对一个检索提问立即做出回答，而是集中大批提问后集中进行处理，且进行处理的时间较长，人机不能对话，因此，检索效率往往不够理想。但是，脱机检索中的定题服务对于科技人员却非常有用，定题服务能根据用户的要求，先把用户的提问登记入档，存入计算机中形成一个提问档，每当新的数据进入数据库时，就对这批数据进行处理，将符合用户提问的最新文献提交给用户，可使用户随时了解课题的进展情况。

7.1.3.2 联机信息检索阶段

联机信息检索是科技信息工作、计算机、通信技术三结合的产物。20世纪60年代中期到70年代初，由于计算机分时技术的发展，通信技术的改进，计算机网络的初步形成和检索软件包的建立，用户可以通过检索终端设备与检索系统中心计算机进行人机对话，从而实现远距离数据库的联机检索。计算机处理功能的加强，数据存储容量的扩大和磁盘机的应用，为建立大型的文献数据库创造了条件。例如美国的DIALOG系统(DIALOG对话系统)、ORBIT系统(书目情报分析联机检索系统)、BRS系统(存储和信息检索系统)、欧洲的ESA－IRS系统(欧洲航天局信息检索系统)等都是在此时期开始研制并逐步发展起来的，并且均得到实际应用。

7.1.3.3 光盘信息检索阶段

光盘的使用起始于20世纪70年代，最初主要用于制作激光唱片。80年代以来，随着计算机和数字化信息处理技术的发展，光盘才开始应用于文献信息领域。光盘在文献信息领域的应用对信息的存储介质(纸、磁介质、缩微胶片等)带来了革命性的影响，并强烈地冲击着联机产业。由于以CD－ROM为代表的光盘技术具有易用、存储容量大等独特的特点，因而受到了人们的普遍欢迎，并很快发展成为一种新的检索系统——光盘检索系统。90年代初期，光盘数据库检索系统以它存储数据量大、操作简单、检索效率高、成本低廉、运行环境要求简单等特性，在高校图书馆中得到了广泛的应用，达到了它的顶峰时期。

7.1.3.4 网络信息检索阶段

由于电话网、电传网、公共数据通信网都可为情报检索传输数据，特别是卫星通信技术的应用，使通信网络更加现代化，也使信息检索系统更加国际化，信息用户可借助国际通信网络直接与检索系统联机，从而实现不受地域限制的国际联机信息检索。

现在因特网已经成为世界上最大的信息资源库，全文检索、超文本检索、超媒体检索技术和服务日趋完善，检索界面越来越友好，智能化水平越来越高，使用方便，操作容易，价格低廉，目前已成为人们学习、工作、生活中不可或缺的一部分。

7.1.4 我国计算机信息检索发展概况

我国利用计算机进行信息检索的研究工作始于1975年，20世纪80年代初，与DIALOG和ORBIT系统联机，向全国提供国际联机信息检索服务。至1992年底我国已有国际联机终端130个，引进国外联机系统20个，可使用数据库约800个，文献量超过2亿篇。目前，我国许多大、中城市都开通了国际联机检索业务。1987年国家信息中心成立，开始自建数据库工作，到1995年11月，我国各类数据库已发展到1038个。

90年代初，随着光盘数据库的日益增多，利用光盘在微机上检索也成为我国信息检索的重要方式。与此同时，我国在计算机技术、通信网络规模和自动化水平等方面得到迅速发展，中国公用数字数据网和中国公用分组交换数据库已覆盖全国多个城市，并同国际分组交换相连。1995年，CERNET与因特网连通。

7.1.5 计算机信息检索系统的构成

计算机检索系统是利用计算机的有效存储和快速查找能力来进行信息的分析、组织、存储和查找的系统，它由硬件、软件、网络连接和数据库组成。

7.1.5.1 硬件部分

硬件是指计算机系统各种装置设备的总称，是支持一台计算机或服务器正常运转和使用的必须条件。通常包含五个子系统，即控制部件、计算部件、存储部件、输入和输出部件。控制部件负责程序和指令的解释及执行，指挥全系统的工作；计算部件对数据进行加工和运算；存储部件负责程序、数据信息的存储和管理；输入和输出部件与用户打交道，负责提交用户的需求和输出计算结果。控制部件和计算部件是合在一起的，称作中央处理器，简称CPU，也叫微处理器。存储部件分为内存（主存）和外存，通常，程序和数据只有需要运行时才调入内存，平时他们被放在外存中。输入部件主要有键盘、鼠标、扫描仪、软驱（软盘）或光驱（光盘）、语音或图像采集卡等。输出部件主要有显示器、绘图仪、打印机、软驱（软盘）或光驱（光盘）、语音或图像合成器以及可编程控制器等网络硬件设备。

7.1.5.2 软件部分

与硬件设备相对应的是软件。所谓软件，是用来管理、控制与规定计算机运行步骤的各种程序的总称。简单地说，软件是为了解决某类问题而编出的一些程序，可供给许多人使用。软件都存放在磁盘或磁带上，也可固定存放在主存储器中，一旦需要就可取出并送到控制器中，控制器则按程序中的指令操纵各个部件进行工作。软件包括系统软件和应用软件，系统软件主要用于简化程序设计，简化使用方法，管理计算机资源，提高计算机的使用效率，发挥和扩大计算机的功能及用途，包括各种系统服务程序、各种语言处理程序、操作系统和数据库管理系统四类。应用软件是用户利用计算机来解决某一问题而编制的程序，如标引程序、文件管理程序、检索程序、记账统计程序等。

7.1.5.3 通信网络

计算机通信网络是将多个具有独立工作能力的计算机系统通过通信设备和线路，由功能完善的网络软件实现资源共享和数据通信的系统，网络连接条件是实现网络信息检索的重要条件。计算机网络技术的发展几乎伴随着计算机的发展过程，虽然仅有几十年的发展历史，经历了从简单到复杂、从低级到高级、从地区到全球的发展过程。从应用领域上看，这个过程大致经历了四个阶段：①20 世纪 60 年代的大型主机，是具有通信功能的单机系统，属主机—终端处理模式，所有数据处理和通信处理都是主机完成的；②具有通信功能的多机系统，是计算机—计算机数据处理模式，计算机有独立处理数据的能力，但资源共享程度不高；③80 年代的个人计算机得到推广，局域网技术蓬勃发展，采取多种传输协议，但在全网中所有计算机遵循同一种协议实现资源共享，它实际上就是一种客户机/服务器模式。这一阶段的代表事件是国际标准化组织 ISO 在 1984 年正式颁布了“开放系统互连基本参考模型（OSI）”国际标准，使计算机网络体系结构实现了标准化；④90 年代以来，计算机技术、通信技术以及建立在计算机和网络技术基础上的计算机网络技术得到了迅猛的发展，特别是 1993 年美国宣布建立国家信息基础设施 NII 后，全世界许多国家纷纷制定和建立本国的 NII，从而极大地推动了计算机网络技术的发展，使计算机网络进入了一个崭新的阶段，计算机网络已经成为全球信息产业的基础。从连接技术上看，有 ISDN、ADSL、电缆调制解调器、卫星/大气连接服务等。

7.1.5.4 数据库

数据库是以特定的组织方式将计算机中的相互关联的数据集合存储的总汇，它将各种数据中的信息单元经过有序处理、组织，可以按通常的方法进行检索。数据库是计算机检索的基础。其发展水平越来越被看成是各国经济实力、文明程度和科技水平的重要标志。

数据库就其存储信息内容的种类来看，通常可划分为参考数据库、源数据库和混合型数据库三大类。

① 参考数据库是一种指引用户到另一信息源以获得原文或其他细节的数据库，它本身不直接提供用户所需情报，而是起着一种指示介绍牵线搭桥的作用。参考数据库包括书目数据库和指南数据库。书目数据库也称文献数据库，是一种存储和检索二次文献用的数据库，又称二次文献数据库。它一般是在书本式文摘、索引、题录、目录的基础上建立起来的，因此可以说它是机读型文摘、索引、目录版本。它不提供原始文献，只指引用户进一步去查寻一次文献。指南数据库也称指示性数据库，是一种存储简单而独立存在的信息，并指引用户从其他信息源中去获取更详细信息的数据库。如人物传记数据库、机构名录数据库、产品数据库等。

② 源数据是一种能直接提供具体数据或原始资料的数据库，用户不必再查阅其他信息源。包括数值数据库、文本—数值数据库、全文数据库、术语数据库、图像数据库。数值数据库专门存储以数值方式表示的数据，包括统计数据库、管理数据库、科学数据库等；文本—数值数据库专门存储文本信息和数值数据，如产品市场报告数据库、公司信息数据库等；全文数据库主要存储文献全文或其中某些节段和条款，如期刊全文库、法律全文库等；术语数据库用以存储名词术语信息、词语信息以及术语工作和语言规范工作成果，各种电子化辞书也包括在内；图像数据库专门存储各种图像或图形信息及有关文字说明资料，包括图形数据库、照片数据库和绘画、图案数据库。

③ 混合型数据库是一种兼具上述两类数据库特点，能同时存储多种不同类型数据的数据库。

数据库还有多种划分方法：按其性质可分为文献数据库和非文献数据，前者包括书目数据库和全文数据库，后者主要包括数值数据库和术语数据库；按存储介质可分为磁介质数据库、光盘数据库和多媒体数据库；按记录信息的类型可分为文字型数据库、语言数据库、影像数据库；按文种可分为中文数据库和外文数据库。

7.2 计算机信息检索基本原理及检索技术

7.2.1 计算机信息检索原理

计算机信息检索是通过计算机技术、设备、高密度存储技术和手段，利用计算机信息检索平台，从资源平台的信息集合中识别和获取知识信息的过程，实质上是由计算机将输入的检索策略与系统中存储的文献信息特征标识及其逻辑组配关系进行类比、匹配的过程。具体地讲，包括计算机信息资源建设和信息利用两个过程。

如图 7－1 所示，在计算机信息资源建设(即信息存储加工过程)中，依据一定的标准，信息通过筛选、分析、分类、加工、标引和处理，按照不同的要求，加工成一定格式的数据，输入到计算机中，再由系统将这些信息加工处理成可供用户检索的数据，储存在各种各样的数据库或动态链接中。信息利用(即信息检索)过程，是检索用户根据需求，利用特定的检索指令、检索词制定检索策略，将符合检索需求的提问式输入到计算机，在选定的数据库中进行匹配运算，然后将符合提问式的检索结果按要求的格式输出。

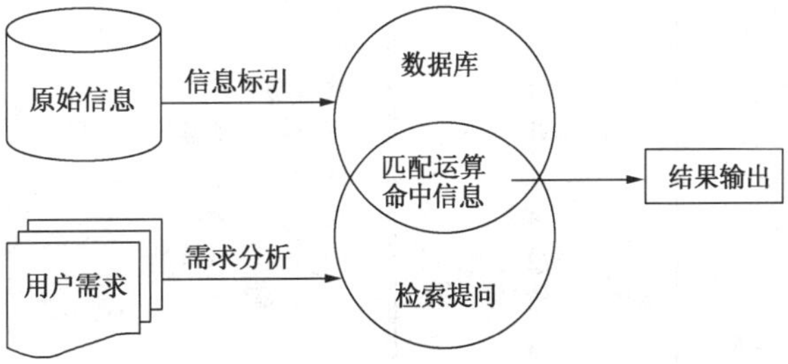

图 7－1 计算机信息检索原理示意图

7.2.2 数据库的基本结构

数据库是指计算机存储设备上存放的相互关联的数据的有序集合，是计算机信息检索系统的重要组成部分。数据库中的数据是按照一定的数据结构进行分级存储的，数据库通常至少由一种文档(File)组成，能满足特定目的或特定功能数据处理系统需要的数据集合。从使用者观点观察，数据库主要由“文档—记录—字段”三个层次构成。

7.2.2.1 文档(File)

从数据库的内部结构来看，文档的概念是指数据库内容的组织形式，通常是由同类同结构的记录组成。一般地说，一个数据库至少包括一个顺排文档和一个倒排文档。顺排文档是将数据库的全部记录按照记录号(或存取号)的大小排列而成的文献集合，它构成了数据库的主体内容。在倒排文档中，以记录的特征标识(即有检索意义的字段或词语)作为排列依据，其后列出含有此标识的记录号，使用倒排文档可以大大提高检索的效率。

表 7－1 是一个顺排文档的示例，文档中有①②③④等记录，每条记录有记录号、题名、责任者等字段，它是按记录存储在数据库中的先后次序排列。顺排文档是数据库的基

础，集中所有文献的基本特征。但顺排文档的存储方式决定了对记录的存取或检索只能按顺序进行，也就是每次都要扫描整个文档，显然会费时，效率低，并不适合文档的检索。

表 7-1 顺排文档示例

记录号	题　名	责任者	
①	分析化学实验教学改革探索	许春萱；白如科	……
②	聚合物分子量的教学思考	何卫东；白如科	
③	环糊精键接聚合物的研究进展	康燕；闫强	
④	超支化聚醚的合成与应用	黄萍珍；顾嫒娟	
……			

表 7-2 是根据表 7-1 整理出来的题名、责任者混合倒排文档(当然也可以组织单独的题名倒排文档和责任者倒排文档)，是将各个记录中具有检索意义的字段(如题名、责任者、分类号、主题词等)或词语分别提取出来，按照一定的次序排列，本例是按汉语拼音顺序排列，后附相应的记录号。这样，计算机就可以通过高效检索索引词字段来查找到相应的文献信息，而不必扫描整个文档。

表 7-2 倒排文档示例

索引词	记录号	索引词	记录号
白如科	①②	黄萍珍	④
超支化聚醚	④	教学	①②
超支化聚醚的合成与应用	④	聚合物	②
分析化学	①	聚合物分子量的教学思考	②③
分析化学实验教学改革探索	①	康燕	③
顾嫒娟	④	许春萱	①
何卫东	②	闫强	③
环糊精	③	……	
环糊精键接聚合物的研究进展	③		

7.2.2.2 记录(Records)

记录是组成文档的基本单元，是作为一个单位来处理有关数据的集合。一般意义的记录是由若干个相互关联的字段构成，是对某个具体实体特征的逻辑描述。如在书目数据库中，记录通常是由书名、著者、出处、主题词、分类号等组成。

7.2.2.3 字段(Field)

字段是组成记录的基本数据单元，是数据库中可进行处理的最小单位。如前面两个表中，记录号、题名、责任者、索引词等都是字段。表 7-3 中列出常见的文献数据库字段名称及代码。

表 7-3 常见的文献数据库字段名称及代码

字段名称	字段代码	字段名称	字段代码
主题	SU	发表时间	PT
题名	TI	期刊年	YE
关键词	KY	基金	FU
摘要	AB	中图分类号	CLC
全文	FT	ISSN	SN

续表

字段名称	字段代码	字段名称	字段代码
作者	AU	CN 号	CN
第一作者	FI	被引频次	CF
作者单位	AF	SCI 收录刊	SI
期刊名称	JN	EI 收录刊	EI
参考文献	RF	核心期刊	HX
更新时间	RT		

7.2.3 计算机信息检索技术

计算机信息检索技术是指利用现代信息检索系统（如光盘检索系统、联机数据库等）检索信息而采用的相关技术和方法。

7.2.3.1 布尔逻辑检索

布尔逻辑检索技术就是利用布尔逻辑算符进行检索项的逻辑组配，用以表达检索者的提问概念，是现代信息检索系统中最常用的一种技术。常用的布尔逻辑算符有三种，分别是“逻辑或”（OR）、“逻辑与”（AND）、“逻辑非”（NOT）。

（1）“逻辑与”

用“AND”或“ * ”表示，检索式写作“A AND B”或“A * B”。“逻辑与”可用来表示其所连接的两个检索项的交叉部分，也即交集部分，要求检索结果中应同时包含有检索词 A 和 B 的信息，如图 7 – 2(a)所示。“逻辑与”可以增强检索的专指性，有助于明确限定检索范围，提高查准率。如果 A 和 B 无关，检索结果会减少，甚至为零，如图 7 – 2(b)；如果 A 和 B 密切相关，一种极致检索结果为 min(A，B)，如图 7 – 2(c)所示。

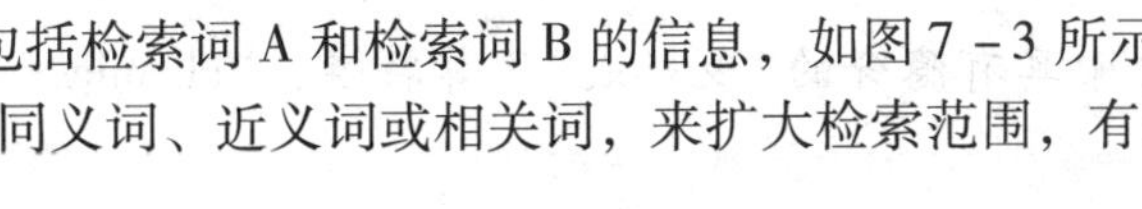

图 7 – 2 “逻辑与”检索结果

（2）“逻辑或”

用“OR”或“ + ”表示，检索式写作“A OR B”或“A + B”，表示让系统查找含有检索词 A、B 之一，或同时包括检索词 A 和检索词 B 的信息，如图 7 – 3 所示。使用“逻辑或”可连接同一检索式的多个同义词、近义词或相关词，来扩大检索范围，有助于提高查全率。

（3）“逻辑非”

用“NOT”或“ – ”表示，检索式写作“A NOT B”或“A – B”，表示检索含有检索词 A 而不含检索词 B 的信息，即将包含检索词 B 的信息集合排除掉。使用“逻辑非”可以排除不希望出现的概念，提高查准率。常用于在主题概念中去除某段年份的信息、某个语种或某种类型（如会议、期刊）的文献信息等，如图 7 – 4 所示。

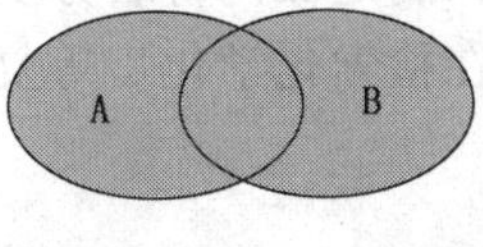

图 7 – 3 “逻辑或”检索结果

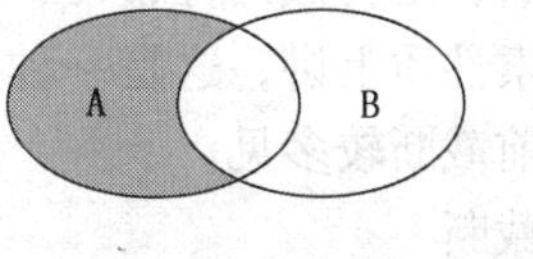

图 7 – 4 “逻辑非”检索结果

对一个布尔逻辑检索式，检索系统是按从左到右的顺序进行处理。当一个检索式出现多种布尔运算符时，它们的运算级别是不同的，并且不同的检索系统对运算级别的规定也不尽相同。大部分数据库是这样规定的："逻辑非"优先级最高，"逻辑与"次之，"逻辑或"最低。在有括号的情况下，先执行括号内的逻辑运算，有多层括号时，先执行最内层括号中的运算。如检索式 A *（B+C）-D，表示概念 B、C 先进行"逻辑或"运算，然后排除 D，再与 A 进行"逻辑与"运算，得出检索结果。

7.2.3.2 截词检索

截词检索就是用截断的一个词的局部作为检索词进行的检索，凡满足这个词局部的所有字符(串)的信息，都为命中。其作用是减少检索词的输入而保证相关检索概念的涵盖，同时也方便解决语言文字拼写方面的差异。由于西文的构词特性，在检索中经常会遇到名词的单复数形式不一致；同一个意思的词，英美拼法不一致；词干加上不同性质的前缀和后缀就可以派生出许多意义相近的词等等，这时就要用到截词检索。截词检索是计算机检索系统中应用非常普遍的一种技术，是防止漏检的一种有效方法。

根据截断位置不同，截词分为后截断、前截断和前后截断；根据截断字符数量不同，分为有限截词(即一个截词符只代表一个字符)和无限截词(一个截词符可代表多个字符)。不同的检索系统使用的截词符也不同，常用的有"?"、"$"、"*"、"#"等。

(1) 后截断

也叫右截断，将截词符号置于一个字符串右方，以表示其右的有限或无限个字符不影响该字符串的检索。从检索性质上讲，后截断是前方一致检索。

例 1：chemic *

这是一个无限后截断的例子，词典中存储的以 chemic 开头的所有词都满足条件，因此可以检出的词汇有：

① chemiadsorption　　化学吸附
② chemic　　[古]炼金术的
③ chemical　　化学的，化学上用的，化学……
④ chemicalize　　以化学品处理
⑤ chemically　　用化学，以化学方法
……

可以看出，截词检索具有隐含的"逻辑或"运算特性，"chemic *"等价于"①OR②OR③OR④OR⑤OR……"

例 2：acid??

这是两个字符的有限截断检索，"??"可以代替 0-2 个字符，该表达式可检出"acid"、"acidic"、"acids"等词，但不能检出"acidifiable"、"acidify"、"acidity"等词。

(2) 前截断

又叫左截断，是将截词符放在一个字符串的左方，满足截词符右方所有字符的记录都为命中。从检索性质上讲，这是一种后方一致检索。在检索化学化工等复合词较多的领域信息时，使用前截断较多见。

(3) 前后截断

是将前截断和后截断结合使用，是中间一致的检索，例如"*chemi*"。

7.2.3.3 位置检索

位置检索也叫邻近检索，是在全文检索中实现的一种限定检索技术，主要是通过检索式中的专门符号来规定检索词在结果中的相对位置。布尔运算符检索时，只对检索词进行逻辑组配，不限定检索词之间的位置及检索词在记录中的位置关系。在某些情况下。若不限制检索词之间的位置关系则会造成误检，影响查准率。因此，在大部分检索系统中设置了位置限定运算符号以确定检索词之间的位置关系，常用的有相邻位置算符(W)、(nW)、(N)、(nN)，句子位置运算(S)，字段算符(F)、(L)等。但在不同的检索系统所采用的位置运算符是不一样的，功能也有差异，使用时应具体对待。

(1) (W)与(nW)运算符

(W)是 With 的缩写，可简写为“( )”，表示此算符两侧的检索词间必须按此前后顺序相邻排列，词序不可变，且两词之间不许有其他的词或字母，但允许有一空格或标点符号。

(nW)是 n Words 的缩写，表示此算符两侧的检索词之间允许插入最多 n 个词，且词序不可变。

(2) (N)和(nN)算符

(N)算符是 Near 的缩写，表示此算符两侧的检索词必须紧密相连，词序可变，词间不允许插入其他词或字母，但允许有一空格或标点符号。

(nN)算符是 n Near 的缩写，表示两词间可插入最多 n 个词，词序可变。

(3) (S)、(F)、(L)算符

(S)算符是 Sentence 的缩写，表示两个检索词必须同时出现在文献记录的同一子字段中，两词的词序不限，两词间插入词的数量不限。

(F)、(L)算符。在联机检索中还有对同字段进行检索的(F)算符和(L)算符。(F)表示此算符两侧的检索词必须同时出现在信息记录的同一个字段内，两词的词序不限，两词间插入词的数量不限。用此算符时必须指定所要查找的字段，如题名字段、文摘字段等，例如，digital(F)computer/TI，表示在题名字段(TI)中同时出现这两个检索词的才算命中信息。(L)算符要求检索词同在叙词字段中出现，并且具有词表规定的等级关系，因此，该算符只适用于有正式词表，且词表中的词具有从属关系的数据库或文档。

7.2.3.4 字段检索

限定字段检索，就是指定检索词出现在记录中的特定字段，这个字段就是通常所说的检索入口或检索途径。检索时，计算机只对限定字段进行匹配运算，以提高检索效率和查准率。不同的数据库和不同种类文献记录中所包含的字段数目不尽相同，字段名称也有区别，有一些网络数据库中，字段名称通常放置在下拉菜单中，用户可以根据需要选择不同的检索字段进行检索。

7.2.3.5 加权检索

加权检索是某些检索系统中提供的一种定量检索技术。加权检索同布尔检索、截词检索等一样，也是文献检索的一个基本检索手段，但与它们不同的是，加权检索的侧重点不在于判定检索词或字符串是不是在数据库中存在、与别的检索词或字符串是什么关系，而是在于判定检索词或字符串在满足检索逻辑后对文献命中与否的影响程度。加权检索的基本方法是：在每个提问词后面给定一个数值表示其重要程度，这个数值称为权，在检索时，先查找这些检索词在数据库记录中是否存在，然后计算存在的检索词的权值总和。权值之和达到或超过预先给定的阈值，该记录即为命中记录。

运用加权检索可以命中核心概念文献，因此它是一种缩小检索范围提高检准率的有效方法。但并不是所有系统都能提供加权检索这种检索技术，而能提供加权检索的系统，对权的定义、加权方式、权值计算和检索结果的判定等方面，又有不同的技术规范。

7.2.3.6 聚类检索

聚类检索是在对文献进行自动标引的基础上，构造文献的形式化表示——文献向量，然后通过一定的聚类方法，计算出文献与文献之间的相似度，并把相似度较高的文献集中在一起，形成一个个的文献类的检索技术。根据不同的聚类水平的要求，可以形成不同聚类层次的类目体系。在这样的类目体系中，主题相近、内容相关的文献便聚在一起，而相异的则被区分开。

聚类检索的出现，为文献检索尤其是计算机化的信息检索开辟了一个新的天地。文献自动聚类检索系统能够兼有主题检索系统和分类检索系统的优点，同时具备族性检索和特性检索的功能。因此，这种检索方式可能在未来的信息检索中大有用武之地。

7.3 计算机信息检索策略及检索效果评价

7.3.1 计算机信息检索策略及其构造

所谓检索策略就是在分析课题内容实质的基础上，确定检索系统、检索途径和检索词，并科学安排各词之间的位置关系、逻辑联系和查找步骤。在数据库和系统功能相同的前提下，检索策略是否考虑周全以及在检索过程中能否根据实际情况修改原来的策略，使其更加切题，都会影响文献的查全率和查准率。所以检索策略的构造与调整对检索者来说十分重要。

在利用文献数据库进行检索时，一般会经历以下步骤：

7.3.1.1 分析研究课题，确定信息需求

信息检索是要获得特定的信息，检索的内容和目标越明确，范围越具体，掌握的线索越多，查获信息的可能性就越大。为此，要对检索课题的需求进行深入、细致的分析，目的是使检索者确定课题要解决的实质问题，即它所含的概念和具体要求及其之间的关系，这是制定检索策略的根本出发点，也是影响检索效率高低或成败的重要因素。具体说要明确以下内容：

① 分析检索目的，制订检索目标，明确对查新、查准和查全的指标要求。

检索信息的目的不同，检索目标也不同。用于著书立说、撰写综述或述评、申报专利、理论和应用研究、开题报告等的检索，往往需要对某一专题的信息进行系统详尽的了解，掌握其历史、发展与现状，带有横向普查、纵向追溯的特点，要求查全，在允许的查准范围内，检出的信息量越大越好。用于解决实际生产、科研中某个具体问题，找出技术方案时，要求检出信息性强，要求有较高的查准率。要了解某学科、理论、工艺过程等最新进展和动态，则要检索最新、最近信息，强调查新。再则，现在的检索系统查询速度快，信息量大，一次检索出数万条信息司空见惯，要根据检索要求和目标对其进行控制和取舍，将检索结果控制在合适的范围内。

② 明确课题所涉及的学科范围。

交叉和边缘学科的发展，各学科理论与技术研究的交叉渗透越来越普遍和深入，造成某一专题信息分散于多门学科中。当课题涉及多门学科时，应一一列出，并分清主要学科与次要学科，以主要学科作为检索重点，次要学科作为补充，这样才能全面、系统地查获所需信息。

③ 明确课题所需文献的类型，包括文献的出版类型、所需文献量、年代范围、涉及语种、有关著者机构等。

现代科技信息类型繁多，所需信息可能分散在各种类型中，也可能集中于某些特定的类型中。明确信息类型，可为选择数据库提供依据，提高检索的针对性。例如检索基础理论研究的课题，侧重于期刊论文、专著、科技报告等；技术应用和产品开发方面的课题，可侧重于专利文献、标准资料检索。分析查找年代，确定检索时间范围，可避免浪费检索时间和精力。主要根据课题的历史背景和检索要求，得出查获所需信息最有可能、最为恰当的年代。

7.3.1.2 选择检索工具或系统、数据库，并确定检索方法

信息资源数据库种类很多，品种全，有跨文献类型的数字资源平台，也有名目繁多的专门、专业领域内的可用资源，各个数据库的内容也有很大差异，使用方法不尽相同，正确选用合适的数据库就显得非常重要。选择数据库之前应明确课题检索要求，然后从以下几个方面加以选择确定：

① 数据库的类型是否满足检索需要。数据库的类型不同，决定了它适用于不同的检索对象和满足不同的检索要求。例如《科学文摘》(INSPEC)、《化学文摘》(Chemical Abstracts)等文摘数据库，只能检索出文献信息的题名、作者、出处等；检索数据、名词术语、图形、声像，可用事实、数据型数据库，如《不列颠百科全书》网络版、《中国雕塑史图录》等。

② 数据库的学科专业范围是否与检索课题的学科专业相吻合。任何一个数据库在收录文献信息时总有一定的学科范围，选择数据库时应有针对性。

③ 注意了解数据库基本情况，如收录的文献类型、文献存储年限、更新周期是否符合检索需求，描述文献的质量是否满足要求，数据库提供的检索入口情况，数据库中可供检索的字段，提供文献信息的国别和语种等。了解这些情况，可以更好地选择和利用数字资源，达到检索目标。

选择好检索工具，还要确定检索方法。检索的方法很多，在选择检索方法时，可根据课题性质、检索对象、检索范围和实际可能，确定某个具体课题的检索法，如采用追溯法、抽查法等。另外，确定检索方法也要结合检索工具的具体情况，例如国内的学术期刊数据库，论文大多只回溯到20世纪90年代，之前的论文检索，只能借助其他检索工具或手段。

7.3.1.3 确定适宜的检索方式

多数数据库都提供多种检索方式，如中国知网平台提供分类检索、基本检索、高级检索、专业检索等方式。大多数搜索引擎也提供基本检索和高级检索，有的还提供专业检索等检索方式。基本检索界面友好，简单明确，易学易用；高级检索等复杂检索方式适合检索条件复杂的情况，需要各种关系运算的检索，适合有一定经验的检索人员使用。因此，检索者应从检索需求出发，首先选择能满足检索需求的检索方式，同时也要适当考虑个人的检索习惯。检索要求较宽泛，可以选用简单检索；如果需要用检索操作符或检索运算符

定义检索词之间的位置关系、逻辑关系等，这种较复杂的检索最好选用高级检索方式或复杂检索方式；专业检索方式一般需要构造复杂的检索式，适合有较好的图书馆学、情报学知识，检索经验丰富的人员使用。

7.3.1.4 确定检索途径

检索途径或检索的入口，也叫检索字段。计算机检索系统中大多提供多种检索途径，常用的检索途径有表达文献内容特征的分类、主题途径和表达文献外部特征的题名、责任者、号码等途径。首先应充分利用文献的外部特征即题名、著者、文种序号等，利用文献外部特征进行检索，非常方便且查准率比较高。但在检索时，仅仅知道要检索的课题，就要利用主题索引和分类索引等内容检索途径，其中主题途径是应用最普遍的检索途径。

（1）分类检索途径

分类检索途径就是利用检索系统的分类目录等工具，从学科或专业的角度出发查找信息的途径。

分类检索语言是用分类法来表达各种信息资源的概念，将各种概念按照学科、专业性质进行分类和系统排列。分类法具有很好的层次性和系统性，能直观、完整地展示一个学科的分类体系。传统的文献组织大多围绕一定的分类法展开，大多数数据库也根据一定的分类体系，将信息资源归类，并组织相应分类目录、分类索引、分类导航等分类检索工具。分类检索工具一般从体系上都较明晰地反映出文献和信息的派生、隶属、平行等关系，符合人们从学科角度检索信息的习惯，适合于泛指性较强的族性检索课题，同时易于根据检索需要扩大或缩小检索范围。也适合一般的浏览检索，或课题深入检索前的预备性检索。

（2）主题检索途径

主题途径是从信息的主题内容出发进行检索的途径，利用的是表达信息内容特征的词、语词。这些检索词源于自然语言，适合人们的辨认习惯，表达概念唯一，而且多个主题可以进行合理的组配，形成专指性较强的概念，适用于专指性较强的课题检索。

像分类检索一样，从主题途径进行检索，要使用相应的主题语言。主题语言是指以自然语言的字符为字符，以名词术语为基本词汇，用一组名词术语作为检索标识的一类检索语言。以主题语言来描述和表达信息内容的信息处理方法称为主题法。

从主题词是否受控角度，主题语言又可分为受控主题语言（如标题词、元词、叙词等）和非受控主题语言（通常专指关键词语言）。受控主题语言是指使用经过规范和控制的语词来表达文献信息内容。主题词的规范和控制是通过主题词表体现出来，词表中的词作为文献内容的标识和查找文献的依据。关键词是指出现在文献标题、文摘、正文中，对表征文献主题内容具有实质意义的语词，对揭示和描述文献主题内容是重要的、关键性的语词。关键词不需要规范化，也不需要关键词表作为标引和查找图书资料的工具。关键词法主要用于计算机信息加工抽词编制索引，因而称这种索引为关键词索引。

（3）题名途径

题名途径是根据信息的题名（书名、刊名、篇名、标题等）来检索信息的途径，已知信息的题名，可以通过该途径获取所需的信息，但题名往往较长，相同、相似的甚多，容易造成误检，不宜作为主要的检索途径。

（4）责任者途径

责任者途径是利用已知责任者（团体著者、译者、编者等）姓名字顺，根据著者索引进行检索的途径。由于科研人员各有所长，通过著者线索，可以系统地发现和掌握某些著者的研究进展，查询其最新论著。国外对著者途径非常重视，在大多数检索系统中，均把著者索引作为必备的辅助索引之一。

(5) 号码途径

号码途径是根据文献的号码(专利号、标准号、报告号等)特征，利用号码索引进行检索的途径，如国际标准书号(ISBN)、国际标准连续出版物号(ISSN)、专利号、标准号、报告号、分子式等。

7.3.1.5 分析主题，确定检索词，构造检索式

检索式是检索策略的逻辑表达式，是用来表达用户检索提问的，由基于检索概念产生的检索词和各种组配算符构成。检索词是用户根据课题涉及的专业内容所提出的，能够全面确切表达主题概念的词语或词组。检索词可以是一个单元词，表达一个单一概念，也可以是多个词组，表达多个概念。检索词选择得当与否直接影响其检索效果。组配算符通常有布尔逻辑算符、截词符(通配符)、位置算符等。

① 分析主题，是要找出课题所包含的显性概念和隐含概念。要从专业技术的角度对课题内容进行认真的分析，明确课题所要查找的具体对象、该对象所涉及的具体问题，或者找出课题所涉的若干重要概念以及这些概念之间的关系，从中找出课题的主题概念。同时，要注意排除有干扰的无关概念、重复概念，过多、过严的概念进行“逻辑与”运算，可能会导致更多的漏检。在保证能准确表达课题内容的前提下，应尽可能减少概念组面数，排除无关概念和隐含在某种已列出概念中的重复概念。

② 检索词可以是受控词，如叙词、标题词、元词等，也可以是非受控的自由词，如关键词；可以是表示学科分类的分类号，或其他表示特殊意义的号码，如 IPC 分类号、国际标准书号、分子式等；可以是出现在某些特殊字段中的词语，如责任者；甚至可以做全文检索。检索词的选取非常灵活，但决非随意的选取，一定要选择最能表达检索目标的并且命中可能性较高的检索词，加大其权重。由于新概念不断产生，数据库信息资源量极其巨大，目前很多数据库检索系统选用自由词(即关键词)代替受控主题词来进行标引和检索。自由词随意性较大，不必借助于词表等工具，易于操作，但容易误检和漏检，所以用自由词检索时，要将同义同、近义词、相关词、各种词形、缩略语、代码、符号以及英、美的不同拼写法等尽可能选全，以避免漏检，提高检索效果。

③ 构造和优化检索式。在选择好检索词后，检索人员就需要采用上一节提到的计算机信息检索的技术，构造检索提问式。检索提问式是计算机信息检索系统中用来表达用户检索要求的逻辑表达式，由检索用词和各种布尔逻辑运算符、位置运算符、截词运算符以及系统规定的其他连接符组成。如“SU = 易切削钢　and　KY = 进展”，这是在“中国知网”上实现的一个检索式。从某种意义上讲，检索提问式是检索策略的具体体现，是检索策略构造中的关键环节。目前，在联机信息检索和光盘信息检索中，比较注重检索提问表达式的构造与优化，网络信息检索比较简单，多采用浏览和关键词检索，所以对检索提问式构造要求并不突出，但毫无疑问的是，一个准确合理的检索提问式可以极大地提高检索的质量和速度。

在构造提问式的过程中，我们要注意以下几点。

a. 灵活运用各种运算符号。可以将多种运算符同时使用，应考虑哪些词可利用截词算符，哪些地方要用位置算符，是否需用字段算符加以限制。当检索出的信息量太多时，可利用“逻辑非”(NO)剔除不符合要求的信息，限制与用户提问不相关信息的检出。综合利用各种算符，可以准确表达检索需求的内容，提高检索效率，使检索结果更为理想。同时也要注意，不同的数据库可能采用不同的符号或文字来描述词与词之间的组配关系。

b. 准确构造检索提问式。熟悉检索系统的索引体系、检索用词规则和运算符的含义，仔细分析检索词之间的逻辑关系，分期分步制订检索表达式，不断修改检索提问式，以期获取最佳、最合理的检索提问式，完整而准确地反映出用词提问的主题内容。

c. 注意检索词的权重关系。为提高检索速度，在使用布尔算符时，应把估计出现频率低的词放在“AND”的左边，把频率高的词放在“OR”的左边，同时使用“AND”和“OR”时，应把“OR”放在“AND”的左边。

d. 检索提问式要精炼明了。在能准确、完整表达信息需求的基础上，能简化的必须简化。同时，应事先考虑到各种情况，多准备几个检索提问式，以便上机过程中随时调整使用。检索时，一般采用专指度较高的检索式，逐步扩大检索范围，这样可以节省检索时间并获得较准确的检索结果。

7.3.1.6 调整和优化检索式，乃至检索策略，输出检索结果

将编制好的检索提问式输入检索系统，计算机进行匹配运算后输出检索结果。由于在信息检索过程中，用户需求的随机性、对用户信息需求分析和表达的主观性以及检索提问式构造不完善等，制订检索策略和检索提问式的过程中必然会存在一些产生检索失误的潜在根源。所以为了实现检索目的，需要修改和优化检索策略，根据反馈的检索结果，反复对检索式进行调整，对检索结果数量比较少的，可以进行扩检，提高查全率；对检索结果过多的，进行缩检，提高查准率。可以进一步限定输出的内容和格式，选择检索结果的输出排序方式。选择适当的结果输出方式有利于用户以最快的方式获取所需的信息。按照时间顺序排列，便于直接获取最新信息，按照相关度排列，便于直接获取最有用的信息。

检索过程中，产生检索结果信息量过多、检准率较低的原因可能有两点，一是主题词本身的多义性导致误检；二是对所选的检索词的截词截得太短。在这种情况下，就要考虑缩小检索范围，提高检索结果的查准率。调整检索策略的方法有：减少检索式中同义词与同族相关词；增加限制概念，采用“逻辑与”连接检索词；使用字段限定，将检索词限定在某个或某些字段范围内；使用“逻辑非”算符，排除无关概念；调整位置算符，由松变严；限制输出文献外部特征(年限、语种、文献类型等)；使用二次检索排出误检。

造成检索信息量少或检全率较低的原因，首先是选用了不规范的主题词作为检索词；其二，同义词、相关词、近义词没有运用全；其三，上位概念或下位概念没有完整运用。针对这种情况，就要考虑扩大检索范围，提高检索结果的查全率。调整检索策略的方法有：选全同义词与相关词并用“逻辑或”将它们连接起来，增加网罗度；减少“逻辑与”的运算，丢掉一些次要的或者专指性过强的概念；去除某些字段限制；调整位置算符，由严变松，如采用截词算符等。在计算机检索中，改变检索途径是非常便捷的，有时也可以实现扩检或缩检的效果。例如，同一个检索式依次从“关键词—文摘—全文”途经检索，检出的信息量会逐步增大。依据检索目的优化检索式，甚至检索策略，定制检索结果的输出，会极大地提高检索效果。

图 7－5 描述了一个计算机检索策略的构造及检索的完整过程：

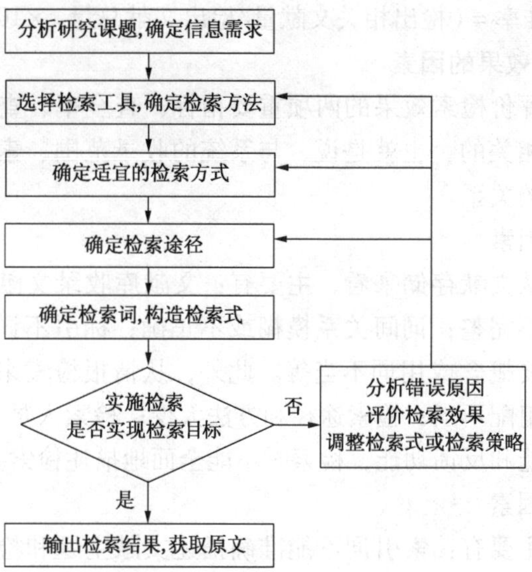

图 7－5 计算机检索流程图

7.3.2 计算机信息检索效果评价

检索效果是指利用检索系统（或工具）开展检索服务时所产生的有效结果。计算机检索效果如何，直接反映检索系统的性能，影响系统在信息市场上的竞争能力和用户的利益。

7.3.2.1 评价的目的、范围

评价系统的检索效果，目的是为了准确地掌握系统的各种性能和水平，找出影响检索效果的各种因素，以便有的放矢，改进系统的性能，提高系统的服务质量，保持并加强系统在市场上的竞争力。

检索效果包括技术效果和社会经济效果两个方面。技术效果主要是指系统的性能和服务质量，系统在满足用户的信息需要时所达到的程度。社会经济效果是指系统如何经济有效地满足用户需要，使用户或系统本身获得一定的社会和经济效益。因此，技术效果评价又称为性能评价。社会经济效果评价则属于效益评价，而且要与费用成本联系起来，比较复杂。

7.3.2.2 评价标准

判定一个检索系统的优劣，主要从质量、费用和时间三方面来衡量。因此，对计算机网络信息检索的效果评价，也应该从这三个方面进行。质量标准主要通过查全率与查准率进行评价。费用标准即检索费用，是指用户为检索课题所投入的费用。时间标准是指花费时间，包括检索准备时间、检索过程时间、获取文献时间等。查全率和查准率是判定检索效果的主要标准，而费用标准、时间标准相对来说要次要些。

查全率是指系统在进行某一检索时，检出的相关文献量与系统文献库中相关文献总量的比率，它反映该系统文献库中实有的相关文献量在多大程度上被检索出来。

查全率＝（检出相关文献量/文献库内相关文献总量）×100%

查准率是指系统在进行某一检索时，检出的相关文献量与检出文献总量的比率，它反映每次从该系统文献库中实际检出的全部文献中有多少是相关的。

查准率 =（检出相关文献量/检出文献总量）×100%

7.3.2.3 影响检索效果的因素

查全率与查准率是评价检索效果的两项重要指标，查全率、查准率与文献的存储和信息检索两个方面是直接相关的，也就是说，与系统的收录范围、索引语言、标引工作和检索工作等有着非常密切的关系。

（1）影响查全率的因素

影响查全率的因素从文献存储来看，主要有：文献库收录文献不全；索引词汇缺乏控制和专指性；词表结构不完整；词间关系模糊或不正确；标引不详；标引前后不一致；标引人员遗漏了原文的重要概念或用词不当等。此外，从情报检索来看，主要有：检索策略过于简单；选词和逻辑组配不当；检索途径和方法太少；检索人员业务不熟练和缺乏耐心；检索系统不具备截词功能和反馈功能，检索时不能全面地描述检索要求等。

（2）影响查准率的因素

影响查准率的因素主要有：索引词不能准确描述文献主题和检索要求；组配规则不严密；选词及词间关系不正确；标引过于详尽；组配错误；检索时所用检索词（或检索式）专指度不够，检索面宽于检索要求；检索系统不具备“逻辑非”功能和反馈功能；检索式中允许容纳的词数量有限；截词部位不当，检索式中使用“逻辑或”不当等等。

实际上，影响检索效果的因素是非常复杂的。根据国外有关专家所做的实验表明，查全率与查准率是呈互逆关系的。要想做到查全，势必会要对检索范围和限制逐步放宽，则结果是会把很多不相关的文献也带进来，影响了查准率。企图使查全率和查准率都同时提高，不是很容易的。强调一方面，忽视另一方面，也是不妥当的。应当根据具体课题的要求，合理调节查全率和查准率，保证检索效果。

7.4 网络信息搜索概述

7.4.1 网络信息资源含义

网络信息资源（Network Information Resource），又常称之电子信息资源、Internet 信息资源等，是指以电子数据的形式将文本、图像、声音、动画等多种形式的信息存放在光磁等非印刷介质的载体中，以数字化形式存储，并通过网络通信、计算机或终端等方式再现出来的电子信息资源（或称数字化信息资源），是现代信息资源的重要表现形式之一。广义的网络信息资源是网络信息活动中所有要素的总和，包括与网络相关的信息内容、信息网络、信息人才、信息系统、信息技术等资源。狭义的网络信息资源是“以数字化形式记录的、以多媒体形式表达的、存储在网络计算机磁介质、光介质以及各类通信介质上、并通过计算机网络通信方式进行传递的信息内容的集合”，因特网就是当今世界最大的数字化信息资源传播载体。

随着互联网发展进程的加快，信息资源网络化成为一大潮流，与传统的信息资源相比，网络信息资源在数量、结构、分布和传播的范围、载体形态、传递手段等方面都显示出新的特点和优势。

7.4.2 网络信息资源的特点

在现代信息环境下，网络信息资源在资源的数量、增长的速度、变化的频率、分布的范围等方面，都远远超出了传统信息资源所覆盖的范围，但浩如烟海的网络信息呈离散性、无序性、多样性。网络信息资源的主要特点有：

（1）数字化分散存储

信息资源由传统载体上的文字变为磁性介质上的电磁信号或者光介质上的光信息，使信息的存储、传递和查询更加方便，信息存储密度高、容量大。网络信息资源分布零乱无序，信息更新快，寿命短，管理和控制相对困难。

（2）以网络为传播媒介，表现形式多样

网络信息资源以网络为载体，人们获得信息而不必过多关心信息存储在何种载体上。网络信息资源则可以文本、图像、音视频、软件、数据库等多种形式存在，涉及社会科学和自然科学各个领域，包含的文献类型从电子报刊、电子工具书、商业信息、新闻报道、书目数据库、文献信息索引到统计数据、图表、电子地图等等。

（3）海量信息，增长迅速

与传统文献相比，网络信息变化快，可随时发布，更新及时，具有活动性，可根据需要不断扩充。中国互联网络信息中心（CNNIC）调查报告显示：2011 年我国网民数量突破 5 亿，域名总数 775 万个；自 2006 至 2011 年，网站总数由 84 万个增至 230 万个，网页数量从 45 亿增至 866 亿个，反映出网络信息资源在迅速增加。

（4）传播方式的动态性、无序性特征明显

网络环境下，信息的传递和反馈迅速，具有动态性和实时性等特点。上传到网络上的任何信息资源，只需很短时间就能传递到世界各地。任何机构、个人都可自由地在网上发布信息，很多信息不经过整理和控制，给信息的取舍带来难度。

（5）信息源复杂，不易控制

网络信息类型多样，既有高质量的信息，也有有害信息和虚假信息，各种非正式信息被广泛生产与传播。网络共享性与开放性使得人人都可以在互联网上索取和存放信息，由于没有质量控制和管理机制，各种不良和无用的信息大量充斥在网络上，形成了一个纷繁复杂的信息世界，给用户选择和利用网络信息带来了障碍。

7.4.3 网络信息资源的类型

网络信息资源是一种新型数字化资源，与传统文献相比有较大的区别，了解网络信息资源的种类，有助于用户对其利用。

网络信息资源形式多样、数量巨大、发展迅速，依据不同的标准，其类型划分也各异。

（1）按信息主体和体现形式划分

① 图书馆馆藏目录，即联机公共检索目录（Online Public Access Catalog，简称 OPAC）。这是各类图书馆和信息服务机构向用户提供网络信息资源的重要形式，用户可不受地域和时间的限制，查询世界各地图书馆的馆藏。

② 电子图书、电子期刊、电子报纸。是指在网络环境下编辑、出版、传播的图书、期刊、报纸，也包括印刷出版物的网络再现或电子版本。网络电子图书、期刊等出版物数量

和种类越来越多，一般来说，可检索性比较好，是传统印刷型出版物无法比拟的。

③ 参考工具书。参考工具书的网络再现和利用越来越方便，其中也包括传统参考工具书。

④ 联机数据库。通过网络提供应用的数据库越来越多，内容涉及各种不同的专业领域和文献出版类型。根据 CNNIC 统计，截至 2003 年，国内在线数据库已有 169867 个。涵盖各个领域和专业。

⑤ 其他类型信息。如电子邮件、电子公告板、新闻组、网络播客、RSS、论坛、软件、游戏和娱乐信息等。

（2）按照信息的加工程度划分

① 一次网络信息资源。因特网的原始信息，包括电子图书、电子期刊、电子报纸、电子邮件、网络会议、论坛、网络新闻组、部分网站等。

② 二次网络信息资源。在对一次网络信息资源的搜集、加工和整理基础而产生的信息有序化集合，是网络信息检索工具的重要组成部分，例如搜索引擎、虚拟图书馆等。这类网络信息资源是用户经常利用的工具，是获取一次网络信息资源的门户和入口。

③ 三次网络信息资源。对二次网络信息资源的搜集和对已搜集二次网络信息资源的组织，以元搜索引擎为典型。

（3）按发布机构分

① 企业站点信息资源。这类资源站点一般以 com 为一级或二级域名注册。其信息资源一般以初始信息为主，动态性强。

② 学校、科研院所站点信息资源。这类站点一般以 edu 或 ac 为一级或二级域名注册，主要提供学术性较强的各种信息，如科研活动介绍、学术动态、信息检索、远程教育等。

③ 信息服务机构站点信息资源。这类站点一般以 net、com、gov 或行政区域作为一级或二级域名注册，主要提供各类专题信息，广泛开展信息资源的开发与利用服务，网络功能的开发与应用服务，如全文数据库查询、建立搜索引擎等。

④ 行业机构站点信息资源。这类站点一般以所属上级部门作为域名注册，一般是行业信息，系统性、完整性较好。主要信息内容有企业名录、市场行情、行业论坛、政策和法规、统计信息等。

（4）按传输协议分

① 基于超文本传输协议（HTTP）的信息资源。万维网信息资源是一种典型的基于 HTTP 的网络信息资源。HTTP 是浏览器与 Web 服务器之间相互通信的协议，即 Web 客户机和服务器用于在网上传输、响应用户请求的协议。当用户以 http://开始一个链接的名字时，是告诉浏览器去访问使用 HTTP 的 Web 页。

② 基于文件传输协议（FTP）的信息资源。FTP 协议的主要功能是完成从一个系统到另一个系统完整的文件复制，即在网络的联网计算机之间传输文件。通过 FTP 可以获得的信息资源类型广泛。理论上说，以文件形式储存在计算机上的信息都可以通过 FTP 协议获取，包括文本、图像、音频、视频等多媒体信息，一些书籍的电子版，电子期刊，某些政府机构发布的信息，软件等。

③ 基于远程登录（Telnet）的信息资源。这是指通过 Telnet 协议所访问到的网络信息资源，如各类图书馆的公共查询目录系统，信息服务机构的综合信息系统等。

④ 用户服务组信息资源。包括新闻组（Usenet Newsgroup），电子邮件群（Listserv），邮

件列表(Mailing List)，专题讨论组(Discussion Group)等。它们是由一组对某一特定主题有共同兴趣的网络用户组成的电子论坛，是网络用户间的信息交流，但又各具特色和用途，锁定各自特定的用户。

⑤ Gopher 信息资源。Gopher 又称信息鼠，这是一种基于菜单的网络服务，类似万维网的分布式客户机/服务器形式的信息资源体系。它是因特网上一种分布式信息查询工具，各个 Gopher 服务器之间彼此连接，全部操作都在一级菜单的指引下，用户只需在菜单中选择和浏览相关内容，就完成了对因特网上远程联机信息系统的访问。

7.4.4 网络信息搜索方法

（1）直接浏览

① 网址查询。如果用户要访问已知地址的信息资源，可以在浏览器地址栏中输入已知的网站或网页地址，直接进行浏览。

用户可以充分利用浏览器中的收藏夹功能，保存和管理浏览过的感兴趣的网站或网页；可以通过创建书签(Bookmark)或热链(Hotlink、Hotlist)，来将一些常用的、优秀的站点地址记录下来，组织成目录以备今后之需；可以通过与他人的交流获取相关的网址；刊物上介绍某些专业网络资源的文章，也可供我们参考使用。

② 偶然发现。即在日常的网络阅读，漫游过程中，意外发现一些有用信息。这种方式的目的性不是很强，其具有不可预见性、偶然性。

③ 顺“链”而行。指用户在阅读超文本文档时，利用文档中的链接从一网页转向另一相关网页。这种方法可以在很短的时间内获得大量相关信息，但也有可能在“顺链而行”中偏离了检索目标，或迷失于网络信息空间中，而且找到合适的检索起点也不容易。

（2）通过网络资源指南来查找信息

“网络资源指南”对于有目的的网络信息发现具有重要的指导、导引作用。综合性的主题分类树体系的网络资源指南，如：Yahoo!、搜狐等专业性的网络资源指南。这种方法有其局限性，由于其管理、维护跟不上网络信息的增长速度，导致其收录范围不够全面，新颖性、及时性可能不够强，且用户还要受标引者分类思想的控制。

（3）利用搜索引擎进行信息检索

搜索引擎是提供给用户进行关键词、词组或自然语言检索的工具。用户提出检索要求，搜索引擎代替用户在数据库中进行检索，并将检索结果提供给用户。

利用搜索引擎进行检索的优点是：省时省力，简单方便，检索速度快，范围广，能及时获取新增信息。缺点在于，由于采用计算机软件自动进行信息的加工处理，且检索软件的智能性不是很高，造成检索的准确性不是很理想，与人们的检索需求及对检索效率的期望有一定差距。

7.5 搜索引擎及其使用技术

7.5.1 搜索引擎概述

搜索引擎(Search Engine)是万维网环境中的信息检索系统，是指根据一定的策略，运用特定的计算机程序搜集互联网上的信息，在对信息进行组织、处理和存储后，为用户提供检索服务的系统。

现代意义上的搜索引擎源于网络信息查询的不便。随着互联网的迅速发展，检索新出现的网页变得越来越困难，一些编程者将传统的 Spider 程序作了改进，在网络上自动检索文件，跟踪该文件的超文本结构，并循环检索被参照的所有文件。到 1993 年底，一些基于此原理的搜索引擎开始纷纷涌现。

1994 年 4 月，Yahoo！目录开始支持简单的数据库搜索；1997 年，由北大计算机系网络与分布式系统研究室开发的北大天网正式在 CERNET 上提供服务；2000 年百度(Baidu)公司在中关村创立。随着信息服务需求的增长和信息挖掘技术的发展，近年，行业搜索、垂直搜索悄然兴起。

（1）搜索引擎的分类

① 目录式搜索引擎，也叫分类目录、目录索引等。是将网站、网页依据一定的信息分类系统进行归类整理，提供一个按类别编排的网站、网页目录。在每类中，排列着属于这一类别的网站站名、网址链接、内容提要以及子分类目录，以等级列举方式逐级细化。用户完全可以按照分类目录找到所需要的信息，不依靠关键词(Keywords)进行查询。目录式搜索引擎中最具代表性的莫过于 Yahoo！。分类目录中往往还提供交叉索引，从而可以方便地在相关的目录之间跳转和浏览。也可以使用关键词进行检索，检索结果为网站信息，这种检索也称之为网站检索。

② 全文搜索引擎。Google 和百度都是典型的全文搜索引擎。它们从互联网提取各个网站的信息(以网页文字为主)，建立起数据库，并能检索与用户查询条件相匹配的记录，按一定的排列顺序返回结果。根据搜索结果来源的不同，全文搜索引擎可分为两类：一类拥有自己的网页抓取、索引、检索系统(Indexer)，有独立的"蜘蛛"(Spider)程序或"爬虫"(Crawler)或"机器人"(Robot)程序(这三种称法意义相同)，能自建网页数据库，搜索结果直接从自身的数据库中调用，上面提到的 Google 和百度就属于此类；另一类则是租用其他搜索引擎的数据库，并按自定的格式排列搜索结果。

③ 集成与元搜索引擎。是搜索引擎之上的搜索引擎，将多个搜索引擎集成在一起，并提供一个统一的检索界面。当接受用户查询请求后，同时在多个搜索引擎上搜索，并将结果返回给用户。可分为两种类型：集成搜索引擎和元搜索引擎。

集成搜索引擎(All - in - One Search Page)，亦称为"多引擎同步检索系统"，是在一个 WWW 页面上链接若干种独立的搜索引擎，检索时需指定搜索引擎，一次检索输入，多引擎同时搜索，搜索结果由各搜索引擎分别以不同页面返回提交，其实质是利用网站链接技术形成的搜索引擎集合。

元搜索引擎是建立在已有的搜索引擎服务之上的一种搜索引擎，它利用下层多个搜索引擎提供的服务向上提供统一的检索服务。自身不采集文档，也没有索引，只是维护它所管理的搜索引擎的参数信息，如每个引擎的查询参数、引擎的内容表示。当一个查询到来时，元搜索引擎自己并不处理，而是按照各个成员引擎的查询格式作相应的转换之后再分发到各个成员引擎，各个成员引擎返回结果之后，元搜索引擎进行结果合并形成全局按权重排序的序列输出给用户。在搜索结果排列方面，有的直接按来源排列搜索结果，如 Dogpile；有的则按自定的规则将结果重新排列组合，如 Vivisimo。著名的元搜索引擎有

InfoSpace(http://www.infospace.com)、Dogpile(http://www.dogpile.com)、Vivisimo(http://vivisimo.com)等。

集成搜索引擎和元搜索引擎都是在一个页面里提供若干搜索引擎，它们的区别在于，集成搜索引擎并非同时调用多个搜索引擎进行搜索，而是由用户从提供的若干搜索引擎中选择，如全能搜索引擎(http://so.sowang.com)。

④ 垂直搜索引擎。是近年兴起的，针对通用搜索引擎的信息量大，查询不准确，深度不够等提出来的新的搜索引擎服务模式。是对网页库中的某类专门的信息进行再次整合，定向分字段抽取出需要的数据进行处理后再以某种形式返回给用户。垂直搜索需要的硬件成本低，用户需求特定，查询的方式多样，具有“专、精、深”的特点，是搜索引擎的细分和延伸，如企业库搜索、供求信息搜索引擎、购物搜索、房产搜索、人才搜索、地图搜索、mp3 搜索、图片搜索等等。

(2) 搜索引擎的检索方式

大多搜索引擎都提供下面的一种或几种检索方式：

① 分类检索。分类检索利用提供的目录进行浏览，把信息按不同的主题目录集中，层层隶属，直到浏览到满意的结果。

② 关键词检索。利用检索对话框输入检索词进行检索，在结果中浏览到满意的结果。

③ 基本检索。基本检索提供的检索对话框比较单一，用于简单词语的检索。

④ 高级检索。高级检索一般适合较复杂的检索词，如精确短语、限制语句、检索内容选择等。

(3) 搜索引擎的基本检索技术

输入不同形式的检索词，检索结果是不同的，检索词的确定直接影响检索结果。通常搜索引擎输入的检索词有以下几种：

① 单词检索。直接在检索框内输入一个或多个单词、缩写词和符号等。这是常用的基本检索方法。

② 词组(短语)检索。词组或短语检索一般采用双引号“”，将要检索的词括起，系统将检索出与其完全精确匹配的检索结果。

③ 布尔逻辑检索。布尔逻辑检索通常采用逻辑算符，逻辑算符有三个，即“逻辑与”(AND)、“逻辑或”(OR)、“逻辑非”(-)。用逻辑符把检索词组配起来进行检索。

④ 字段检索。字段检索在搜索引擎中常用的字段有：网页主题、域名、文件类型等。

⑤ 通配符(截词符)检索。搜索引擎使用的截词符通常是后截断，即保持前方一致。一般的截词符采用星号(*)。

⑥ 概念检索。概念检索指用主题词检索，主题词一般指叙词，叙词是经过规范化处理的词。通过概念检索，可以通过输入一个词，检索出同义词、广义词和狭义词，即可以检索出与该词同属一个概念而表达方式不同的词。目前，搜索引擎还没有真正意义上突破概念检索技术。

7.5.2 目录式搜索引擎及使用

目录式搜索引擎是以人工或计算机软件辅助方式搜集信息。这类引擎由网站编辑人员先访问某个站点，收集并加工 Web 文档，然后根据文档内容进行归类，将信息资源按照主题分类并以树状形式或层次结构进行组织，形成等级列举制目录，最终指向 Web 信息资源的链接。

目录式搜索引擎主页面一般采用层次结构，以便用户从基本的大类入口逐级向下浏览，直至找到相关的内容。一般网站也提供搜索功能直接查询关键词。

目录式搜索引擎因为人的参与，所以信息查询较为精确，导航质量高。缺点是需要人工介入，维护量大、信息量较少、信息更新有滞后性。

目录式搜索引擎中最著名的是 Yahoo!，下面就以 Yahoo! 为例，介绍这类工具的使用。

7.5.2.1 Yahoo! 的基本概况

Yahoo!（网址：http://dir.yahoo.com），是斯坦福大学两名博士生共同创办的，可检索目录、Web 网页、相关新闻。信息采集是用人工和 Yahoo! 的蜘蛛软件不定期地在 Web 的“What's new。”网站上发现新文件，并鼓励用户利用联机表格递交自己的网页地址。有别于大多数搜索引擎，Yahoo! 并不是单纯地提供所有网站网页的全文检索服务，而是将其收集到的网站及网页由人工分门别类加以索引和文摘，以一个分层的树状目录，为用户提供服务。Yahoo! 有严格的资源筛选制度。索引人员对收集到的信息进行严格的审核和分类，根据提交的注册表中的信息建立索引，所以 Yahoo! 分类数据库保持了库内数据质量较高、冗余信息较少的优点。

作为最早的目录式搜索引擎之一，Yahoo! 目前仍是最重要的搜索服务网站，在全部互联网搜索应用中所占份额高达三分之一以上。除主站外，还设有美国都会城市分站、国别分站(如雅虎中国、雅虎英国等)和国际地区分站(如 Yahoo! Asia)。

7.5.2.2 Yahoo! 的分类搜索体系

Yahoo! 属于目录索引类搜索引擎，可以通过两种方式查找信息，一是通常的关键词搜索，二是按分类目录逐层查找。以关键词搜索时，网站排列基于分类目录及网站信息与关键词串的相关程度，包含关键词的目录及该目录下的匹配网站排在最前面。以目录检索时，网站排列则按字母顺序。

近年，Yahoo! 与 Google 合作，默认采用 Google 搜索引擎提供网页搜索。

Yahoo! 的最大特色，就在于它的等级主题索引。按照主题建立分类索引，提供全面的分类体系结构，使得对网络信息的全面检索变成现实。

Yahoo! 类目体系由 14 个基本大类组成，包括 Arts & Humanities(艺术与人文)、Business & Economy(商业与经济)，Computers & Internet(电脑与互联网)，Education(教育)，Entertainment(娱乐)，Government(政府)，Health(健康)，News & Media(新闻与媒体)，Recreation & Sports(休闲与运动)，Reference(参考资料)，Regional(国家区域)，Science(科学)，Social Science(社会科学)，Society & Culture(社会与文化)，共有 14 个基本大类。另外还有 New Additions(新增)和 Subscribe via RSS(通过 RSS 订阅)两个大类。

根据其拥有的信息或网站的多寡及知识组织的需要程度，每一个基本类目下细分不同层次的次类目或子类目，愈往下的子类目中的网站其主题愈特定。它建立了一个由类目、子类目等构成的可供浏览的相当详尽的目录等级结构。其类目设计合理，结构完整、全面，类目等级层次鲜明，各级详略、宽泛程度不一，从而为网上丰富的信息资源的归类，尤其是确切归类提供了基础。

7.5.2.3 Yahoo！分类搜索的方法与途径

分类搜索引擎与关键词搜索引擎有着不同的功能、不同的用途和不同的检索方法，也有着各自的优势和弊端。我们根据不同的搜索目的，选择不同类型的搜索引擎。一般来说，分类搜索引擎常用于族性检索，适合查询具有同一特征的多个目标和主题范围广、概念宽泛的问题，而关键词搜索引擎的特性检索功能更为突出，多用于查询主题范围狭小而不甚明了的信息和交叉性、细节性问题。

(1) 逐级浏览，渐近目标

分类逐级浏览是分类搜索引擎最基本的检索功能，它不用考虑关键词准确与否，无需构建检索式，使用方法简单，符合人们的思维和查询习惯。分类逐级浏览检索首先要熟悉分类体系，确定所需资料的大类归属，"即类以求"、"顺藤摸瓜"，逐步缩小查找范围，直至达到检索目的。

如在Yahoo！查找"New York Times"(《纽约时报》)，首先确定它属于"News & Media(新闻与媒体)"大类，按照其类目结构，在其下位类中，依次Newspapers(报纸)—By Region(按地区查找)—U. S. States(美国)—New York(纽约)—Complete List(完全列表)逐级浏览，NewYork Times按字顺排列在Complete List之中。

为方便查找，搜索引擎对一些交叉学科、总论性或多属性类目等从不同的角度进行重复揭示，采用设置交替类目，以@符号标识、指示的方法(新浪等少数搜索引擎，虽设置交替类目，但无@标识符号)，尽可能提供适合网民查找习惯的多种检索入口。

上例查找"New York Times"是从内容性质入手，我们还可从其地域特征，按"Regional—U. S. States—New York—News and Media—Complete List@"的路径得到同样结果。

了解分类体系及其类目含义，准确判断查询目标在分类体系中的类目归属，是有效利用分类搜索引擎的前提，但由于搜索引擎没有统一的分类标准，类目的隶属关系不尽合理，横向关系交叉、重复，分类深度不一，类名缺乏准确性等固有弊端，希望普通用户都能熟悉庞大的类目体系及其复杂多变的结构，准确把握检索路径是不现实的。为此，分类搜索引擎大多采用智能搜索技术(如Yahoo！采用OpenText公司先进的检索软件，搜狐采用自主开发的中文分词、模糊检索技术)，提供关键词检索功能。

(2) 使用关键词，检索目录数据库

在Yahoo！分类检索首页和各级类目检索页面分别设有"the Directory(在目录中检索)"和"just this category(仅在此类中检索)"检索选项，是从关键词途径在分类目录体系中查找相应内容，以便快速转到相应类目。关键词检索与逐级分类浏览是相辅相成的，是分类搜索引擎不可分割的两种功能。较为成熟和知名的分类搜索引擎都提供"Directory"、"类目"或"网站"的关键词检索途径，在各级类目可以随时使用关键词检索功能，对其分类数据库进行检索。

如在Yahoo！中查找有关在中国旅游的资料或信息，在分类检索首页的检索框输入"Travel + China"或"Travel in China"，选择"the Directory"检索，检索结果中会显示数据库中与关键词匹配的网站列表。查找境外中国古典诗词的资料，通常从"Arts & Humanities(艺术与人文科学)"大类入手逐级查找，但其"Literature(文学)"类目下子目过多，难以选择最佳浏览路径，此时点选"just this category"，用关键词"classical Chinese Poetry"检索，就会方便、快捷地找到相关网站。

又如，在搜狐中如果仅从“国家与地区”或“教育/培训”两个常用路径查找有关图书馆的网站，肯定会造成许多专业和特殊类型图书馆的漏检，如果以“图书馆”为关键词在分类数据库中检索，就会发现，相关网站还分散在“科学/技术 > 工程技术”、“社会科学 > 报刊/杂志 > CSSCI 文献源”、“社会科学 > 汉学研究 > 参考资料”、“社会科学 > 信息管理 > 开发/服务 > 数字图书馆”、“卫生与健康 > 资料/文献 > 图书馆”等路径的相关类目之中，而这些路径和类目对于非专业人士来说是难以预料的。

我们会发现，根据搜索的关键词，可以直接定位该关键词的分类，进而可以搜索到更多与该关键词相关的内容，即“搜索关键词——找到的内容及所在分类——在关键词所在分类里搜索更多内容”的联想式搜索。这种搜索技巧在专业、行业搜索里值得借鉴。这是由于受对分类体系熟悉程度的限制，我们在检索前不可能预料所有相关的类目及其路径，这时如果使用关键词直接在目录数据库中检索，便可以提高检索效率，快速获得全部相关网站的结果列表。然而，关键词检索又受分类数据库人工标引及其规范化自然语言的制约，关键词的确切与否决定着检索结果的查准率，因此，如何选择关键词、运用布尔逻辑符与熟悉分类体系及其类目结构一样，是每个分类搜索引擎的使用者必须面对的问题。

随着互联网的快速发展，全文搜索引擎已经实现了智能化和个性化，自动搜索技术和检索算法不断更新换代，其强大的检索功能加之沸沸扬扬的商业炒作，几乎使人们忽略了分类搜索引擎的存在与价值。然而，分类搜索引擎坚持以人工收录、标引和摘要网络资源的独特优势是全文搜索引擎无法替代的，它方便、实用的主题目录、具有特色的分类体系、精当扼要的网站简介，以及永远鲜活有效的链接，无不体现出智慧光彩和人文关怀，使完全依赖自动程序的全文搜索引擎难以望其项背。当然，由于分类体系主要是由人工构建的，分类搜索引擎难免存在诸如分类标准不统一、反映网站信息不及时、运营成本过高等固有弊端，也正是因为这些弊端，使它至今仍甩不掉“第一代搜索引擎”的标签。分类搜索引擎的发展和走向成熟，还需借鉴和采用自动分类、自动标引、自动文摘、智能检索等技术，在保持传统特色和优势的基础上提高自动化、智能化水平，提供更为全面、更加强大的功能与服务。

例如，要通过 Yahoo！分类目录搜索主题：有关中国歌剧的资料。

进入 Yahoo！分类目录：http：//dir. yahoo. com，在 Yahoo！基本大类列表中选择合适的类目，然后层层细化，直至查找到目标文献，完整分类路径为：Arts & Humanities—Performing Arts—Opera@ —Chinese Opera。

CATEGORIES(What's This?)

- Artists @
- Chinese Opera (3)
- Classical Music @
- Education (11)
- Opera Companies (192)
- Opera in English @
- Operas (48)
- Operetta (8)

图 7 - 6　Yahoo！分类目录

如图 7 - 6，在 Yahoo！目录中，类目后面的“@”表示该类目是交替类目，这个类目会同时出现在多个 Yahoo！的不同分类类目下面，点击，就会链接至 Yahoo！的其他相关类目。这样，我们就可以通过不同的分类路径查找到同一检索结果。中国歌剧，还可以通过

Regional—Regions—Asia—Countries—China@ —Arts and Humanities—Performing Arts—Chinese Opera@ 等路径最终得到。

在检索中，有时难以确定分类路径，可以利用 Yahoo！的搜索框查询。选择“the Directory”项搜索，会显示出搜索结果和具体分类路径。

Yahoo！的搜索还有一些特定的逻辑运算符：

" "，利用双引号(半角英文)，完成词组搜索，筛选出完全符合关键字串的结果。

例如，键入 " China Opera"，类似 Overview of music in China，featuring instrumentation，history，ethnic Han music，opera，and minority music. 的结果就会被过滤掉。

加 t：在关键字前，搜索引擎仅会查询网站名称。

加 u：在关键字前，搜索引擎仅会查询网址(URLs)。

利用“ + ”来限定检索词一定要出现在结果中。

利用“ - ”来限定检索词一定不要出现在结果中。

运用得当的进阶检索格式，会获得更精确的检索结果。

我们在利用分类搜索时还需注意，网络分类不像传统的分类方法，没有统一的分类标准和模式，各个网站自成体系。同一主题，在不同的网络分类体系中，可能处于不同基本大类中，类名也不尽相同。建议非专业用户根据需要和爱好，选择一种分类搜索引擎，经常使用，熟能生巧。

7.5.3 全文搜索引擎的使用

索引式搜索引擎是一种常见的 Web 信息检索系统，由一类称为 Robot(机器人)或 Spider(蜘蛛)等的网络爬行程序，以特定的策略和计算方法，自动地遍历因特网来搜集、下载网页信息，再由索引模块对下载的信息内容进行自动分析并建立索引。当用户进行检索时，由检索模块根据用户的查询请求，对索引库进行检索，找出匹配的文档，并将查询结果排序返回给用户。该类搜索引擎的优点是信息量大、更新及时、无需人工干预。同时，也具有干扰信息过多的缺点。

目前最为著名的全文搜索引擎有 Google，百度(Baidu)，alltheweb，AltaVista 等。国内用户较多的有百度(Baidu)，Google，搜狐(sohu)，网易，新浪，天网等。下面以 Google 为例，介绍一些常用的检索技巧和方法。

7.5.3.1 关于 Google 搜索(网址，http://www.google.com.hk)

Google 是斯坦福大学的 Sergey Brin 和 Lawrence Page 于 1998 年研发的搜索引擎。Google 检索界面简捷，具有基本检索和高级检索功能，支持多语种和多媒体信息检索，是目前搜索能力最强的搜索引擎之一。

要完成一个有效搜索，首先应当确定要搜索的是什么。一旦确定了搜索的需求，就可以确定使用哪一个搜索服务，因为现在一个搜索引擎可能会同时提供多项专题性搜索服务，供用户选择。例如，Google 同时提供“博客搜索”、“大学搜索”、“地图搜索”、“图片搜索”、“网页搜索”、“学术搜索”等服务。当然，使用最多的还是通用搜索。

我们进行一次搜索，在某个搜索引擎中查询一个关键词，如果返回了几千乃至数十万条结果，是很常见的，同时也是非常糟糕的结果；另一方面，有时输入一个关键词，却没有返回有价值的内容，这也不是我们希望的。同一查询需求，用不同的检索式和检索方法，查询结果会有很大差异。

7.5.3.2 Google 基本搜索和常用搜索技术

Google 查询的基本搜索非常简单，直接输入检索词即可。

在基本搜索中，输入检索框内的检索对象可以是单个检索词，也可是检索式。检索式是指能被搜索引擎理解和运算的字符串，由关键词、逻辑运算符、搜索指令和语法等构成。在搜索引擎中，经常用来构造检索式的逻辑运算、搜索指令有：

① 词组搜索。是精确查询的一种限定方法。使用英文半角双引号将检索词加以限定，等于告诉 Google 严格按照该词组的形式查找结果，不对搜索词组进行任何变动，只返回完全符合检索字串的结果。通常情况下，Google 搜索本身就将字词顺序和字词组合视为非常明显的整体搜索标志，除非有必要，否则不会拆分搜索字词，因此多数搜索没必要加引号。如果您坚持用词组搜索，可能会意外错过若干有用的搜索结果。例如，搜索"李云"(加引号)会错过包含"李小云"的网页。

② 逻辑运算限定搜索。允许我们一次输入多个关键词，各关键词之间用逻辑关系联接。这样检索出来的结果往往比单一检索词的检索效果好许多，是减少冗余结果常用的方法。常用的逻辑运算有："逻辑与"(AND 或空格)、"逻辑或"(OR、|)、"逻辑非"(-)。

"逻辑与"运算。检索结果要求包含两个及两个以上指定检索词，可以使用"逻辑与"运算，在多个关键词之间加"AND"，在 Google、百度等大多数搜索引擎中，可以用空格代替"AND"。"逻辑与"运算是多数搜索引擎的默认行为。

"逻辑或"运算。要求检索结果至少包含多个检索词中的任意一个，可以用"逻辑或"运算，用"OR"(大写形式)连接检索词。例如，"辽宁　2004　OR　2005"会回传包含其中任意一个年份的关于辽宁的搜索结果，"辽宁　2004　2005"会显示同时包含两个年份的网页。检索式中，"逻辑或"算符"OR"可以用"|"来代替。

"逻辑非"运算。要求检索结果中不包含某些特定字词，可在字词前紧靠该字词加一个减号，做"逻辑非"运算，表示您不希望搜索结果中出现包含该字词的网页。减号应该紧靠相应字词，并且减号的前面应该加一个空格。例如，在查询"anti - virus software"中，减号用作连字符，因此不会被解释为"逻辑非"算符；而查询"anti - virus - software"会搜索单词"anti - virus"，但是排除包含"software"的网页。可以根据需要排除任意多个字词，只需在它们前面都加上减号(-) 即可，例如"美洲虎 - 汽车 - 足球 - 操作系统"。减号(-)不仅仅用于排除字词。例如，在" - site:cnki. com. cn"，可以从搜索结果中排除 cnki. com. cn 网站内容。

③ 精确搜索 (+)。Google 搜索自动采用同义词，因此会返回包含同义词的搜索结果，例如查询"儿童 看护"(包含空格)会同时查找"儿童看护"，查询"加州历史"会同时查找"加利福尼亚州历史"。不过，Google 的这种帮助有时似乎是多余的，反而传回并不想要的同义词搜索结果。在搜索字词前边加一个加号 + (+ 与搜索词间不要添加空格)，Google 将会搜索与您输入的内容完全匹配的字词。这与在单个字词上加双引号的作用是一样的。

④ 通配符搜索(*)。如果在查询中使用 *，则 Google 会尝试将该星号视为任意未知字词，然后查找最佳匹配结果。例如，用"Asia - Europe Meeting *"、"Asia - Europe * Meeting"会比"Asia - Europe Meeting"获得更多搜索结果。需要注意，* 操作符只能代表整个单词，不能代表单词的一部分。

⑤ Google、百度等还有一些特殊的限定检索功能，可以更精确、快速实现检索要求。

限定网站搜索。使用关键词“site:”，指定搜索结果必须来自特定网站或网站频道。例如，用检索式“红楼梦 site:edu. cn”，只会返回 edu. cn 网站(中国教育科研网)上的命中结果。一般情况下，使用比较简单的查询(如：红楼梦 edu. cn m)就可以了，但是这可能会从其他提及“红楼梦”和“edu. cn”的网站回传搜索结果，换取的是输入检索词的方便、快速。

限定标题栏搜索。如用“intitle：红楼梦”检索式查询，则会将查询范围限定于网页标题栏。

限定网址搜索。单个关键词前加“inurl:”，多个关键词前加“allinurl:”。如搜索“inurl:sina”将返回网址里含有“sina”的网页结果；“allinurl：sina search”将返回网址里含有 sina 和 search 的网页结果，“北京 inurl：sina”则将返回页面内容里含有北京并且页面网址里含有“sina”的结果。

限定文档类型搜索。关键词“filetype:”会限定查询结果的文件类型。例如，用“红楼梦 filetype：pdf”检索，会返回有关“红楼梦”的 PDF 文档。

类似上面的一些限制检索，简便实用，须灵活掌握。更多的技巧，可以在网站的帮助文档中获取，这里不赘述。

7. 5. 3. 3　Google 高级搜索

高级搜索提供了大量选项，可以使搜索更加精确并能获得更多有用的结果，可以实现更强大的搜索功能，多种搜索指令、逻辑运算可以在同一个界面、同一次搜索中完成，相当于构建了一个复杂的检索式，而且界面友好。高级搜索中提供的常用限定搜索功能有：逻辑运算，包括“逻辑与”、“逻辑或”、“逻辑非”；词组限定搜索；网页语种、地区、日期、文档格式限定；关键词所处网页位置限定；网页所属网站限定，等等。

7. 5. 3. 4　Google 垂直搜索服务

为使搜索服务专业化，搜索结果更准确和有针对性，Google 等搜索引擎相继提供多种垂直搜索服务，如博客搜索、财经搜索、地图搜索、视频搜索、图片搜索、图书搜索、学术搜索、音乐搜索等。

7.6　电子图书和书目信息查询

电子图书是相对于传统的纸质图书而言的，指以数字代码方式将图、文、声、像等信息存储在磁、光、电介质上，通过计算机或类似设备使用，并可复制发行的大众传播体。电子图书的出现，改变了纸质图书的发行模式，改变了人们传统的阅读习惯，极大地推动了网络出版和信息传播业的发展。

与传统印刷型图书相比，电了图书具有的优势有：容量巨大，能节省藏书空间；多媒体形式，兼具图、文、声像等特点；检索方便，可实现全文检索；容易复制，便于传播等。

下面介绍几个常用的电子图书平台。

(1) 书生读吧(http://www. du8. com)

书生公司 1996 年创立，致力于以数字技术取代传统纸张应用，提供相关产品技术和服务。书生读吧是书生公司建设和运营的网站，通过在线书评、读书社区、作者专区、出版社专区、期刊社专区等服务，在达到“为书找读者，为读者找书”功能的基础上，让作者、读者、出版机构能够通过多种方式交流和沟通，极大地促进了电子书产业链各环节的互动。

书生读吧的业务包括快眼看书和 VIP 专区两大板块。快眼看书是读吧旗下的小说搜索引擎，具有章节自动聚合、图文自动识别、定时更新、更新快、抓取站点全等功能和特点；正版 VIP 专区拥有二十余万作者的授权，数十万本正版图书授权的图书保有量。与出版社合作，制作提供小部分全文电子新书，注册用户可阅读全部图书。

（2）超星数字图书馆（http://www.ssreader.com/）

成立于 1994 年，是国内最早从事纸质资料的数字化以及制作电子出版物的公司之一，于 2000 年建成世界最大的中文数字图书馆，2000 年 5 月超星数字图书馆被列为国家 863 计划中国数字图书馆示范工程，目前藏书量超过百万种，每天以 800—1000 本的速度递增。超星电子图书以各学科的中文电子图书的数字化资源为主要对象，包括将印本图书数字化或与出版社合作进行电子出版，内容包含文学、经济、工程技术、计算机等五十余个学科门类。

超星数字图书馆提供注册用户有偿阅读、下载服务和部分图书免费阅读服务。网站提供分类导航和检索两种书目查询途径，非注册用户只能试读图书的一部分。超星数字图书采用的是 PDG 格式，即利用图像扫描将已出版的纸质图书转换成数字信息。

（3）方正 Apabi 电子图书（http://ebook.lib.apabi.com）

方正 Apabi 数字图书系统由北大方正电子有限公司制作，收录了全国 400 多家出版社出版的最新中文图书，大部分为 2000 年以后出版的新书，并与纸质书同步出版。

阅读 Apabi 电子图书，必须注册，或购买在 Apabi 电子图书数据库的机构授权，并且安装专用的阅读器软件。

（4）中文在线（http://www.chineseall.com）

于 2000 年在中国的清华大学由著名作家巴金、余秋雨、余华等著名作家联合发起。中文在线从出版社、作者等权利人手中获得图书的信息网络传播权，经过加工整理，这些数字图书通过数字图书馆、互联网以及无线通信网络等多渠道销售到机构用户及个人用户手中，先后与三百余家出版社、超过 1000 名知名作家以及上万名原创作者建立了版权合作关系。目前，中文在线拥有数字图书超过 100000 册，同时每年新增正版数字图书 2—4 万种。中国每年出版的大众领域适读图书中文在线能提供 70%。这些图书，每本都得到了权利人的授权。

（5）书目信息查询

书目是揭示与报道图书等出版物的目录，包括现行书目和回溯性书目。书目信息查询的目的是了解文献的基本概况和馆藏信息，查询途径有以下几个：

① 通过联机公共目录查询系统（OPAC，Online Public Access Catalogue）检索书目。OPAC 是文献收藏机构的书目检索系统，提供本机构的书目信息检索服务。这类机构主要包括各种类型的图书馆，读者可以实现图书的互联网远程书目查询和借阅。一般提供多种检索入口，如分类检索、书名检索、作者检索、ISBN 检索、年份检索、出版社检索等。OPAC 的正确使用可以有效提高书目查询效率。

② 网上书店。提供了丰富的书目信息和友好的在线检索界面，方便网上订购图书，同时也是书目信息检索途径之一。如当当网、蔚蓝网、亚马逊等网络书店都有丰富的书目信息，可以提供书目信息检索、图书订购和图书递送等服务。

③ 书目数据库。是指存储二次文献信息的数据库，也称二次文献数据库。可分为题录数据库、目录数据库、索引与文摘数据库等。书目数据库既有图书信息，也可包含期刊论文等文献信息，可用于查询关于某个学科(主题)有哪些出版物，某个著者出版了哪些著作，某文献的题名、著者、出版情况等信息。如：

CALIS 联合书目数据库(网址 http://opac.calis.edu.cn)。CALIS 联合书目数据库是全国“211 工程”100 所高校图书馆馆藏联合目录数据库，它的主要任务是建立多语种书刊联合目录数据库和联机合作编目、资源共享系统，为全国高校的教学科研提供书刊文献资源网络公共查询，支持高校图书馆系统的联机合作编目，为成员馆之间实现馆藏资源共享、馆际互借和文献传递奠定基础。

OCLC 之 FirstSearch 中的数据库 WorldCat(网址 http://www.oclc.org)。OCLC(Online Computer Library Center)，即联机计算机图书馆中心，总部设在美国的俄亥俄州，是世界上最大的提供文献信息服务的机构之一，它是一个非赢利的组织，以推动更多的人检索世界上的信息、实现资源共享并减少使用信息的费用为主要目的。它的 WorldCat 数据库是世界上最大的文献书目数据库，它储存着 4700 万条记录和 8 亿条地点目录，76 个国家的 37000 多家图书馆都在使用 WorldCat 数据库系统进行目录分类、馆际互借及参考引用业务。

④ 文献出版机构、发行商网站或数据库。此类网站或数据库，是为文献出版和发行服务，一般具有商业性质，但不妨碍我们查询书目文献信息。

(6) 网络百科全书

网络百科不同于传统百科全书，具有条目编写开放，条目编写、更新速度快，网民平等参与制作等特点。网络百科，一般说来，起源于 Wiki 技术的应用。Wiki 站点可以有多人(甚至任何访问者)维护，每个人都可以发表自己的意见，或者对共同的主题进行扩展或者探讨。

目前知名的基于 Wiki 技术的开放网络百科网站有：维基百科，百度百科，搜搜百科，互动在线，和讯百科等。

1) 维基百科

维基百科网址：http://www.wikipedia.org/

维基百科(Wikipedia)是一个基于 Wiki 技术的多语言的百科全书协作计划，也是一部用不同语言写成的网络百科全书，其目标及宗旨是为全人类提供自由的百科全书。

维基百科全书成立于 2001 年 1 月 15 日，由维基媒体基金会负责维持，截至 2011 年，维基百科已有 390 万个条目，而各种语言的版本共突破 1200 万个条目。中文维基百科于 2002 年 10 月 24 日正式成立，截至 2011 年，中文维基百科已拥有 42 万个条目。

维基百科将自己定位为一个包含人类所有知识领域的百科全书，而不是一本词典、在线的论坛或其他任何东西。中文维基百科采用了 GFDL 自由文档许可证，在开放编辑的同时，允许免费复制、修改及再发布材料的任何部分或全部，充分实现了知识的有效共享。同时，维基百科对于非自由版权下的内容，或者版权、来源不明的文章和图片，则保有极为严格的审查制度。

与传统百科全书相比，维基百科具有以下特征：

高度开放互动。维基百科不设专职的编辑队伍，人人都可以成为百科全书的编者，没有编辑方面的审核限制，使得编辑队伍在理论上可以无限扩展，任何一位网络用户都可能成为它的潜在使用者和编辑者，其内容的开放性、互动性得到充分挖掘。

自由平等原则，实现知识自由交流与沟通。维基百科的理想是建设一个自由开放的平台，任何人在互联网上都是平等的，维基百科的一个词条内容一旦发表，任何人都有权去补充、修改、反对，甚至删除。

免费共享原则。使用维基百科完全免费，任何人都可以无偿阅读、下载、引用和收藏它的内容，这一原则提高了它的影响力，使其成为世界上最大的知识交流库。

完备性，维基百科有相对完善的安全保护机制。高度开放性产生了许多安全问题，为此，维基百科发展出一套相对完善的安全保护机制，例如页面锁定和版本对比技术，对于重要的网页，可以锁定其内容，每个网页都有更新记录等。

条目内容即时发表。维基百科没有集中的质量审查，任何新词条内容一旦编辑、修改完成，即刻呈现在用户面前。

去权威性。高度开放和自由平等使得任何人都可以表达自己的观点和看法，但其价值要由大众来判断和决定，发表的内容只有被广大用户接受和认可后才能保存下来，不存在权威性的观点，这种非集中式的思维模式是对传统百科全书的权威思维模式的颠覆和挑战。

维基百科网站有很多，包括多种语言、不同代理和镜像网站。维基百科网站提供搜索和导航两种检索方式。

① 搜索条目。

在网站内页面上设置有搜索框，填写搜索词即可进行简单搜索，简单搜索快捷、方便。

Wikipedia 系统也支持逻辑运算符“AND”(与)、“OR”(或)、“NOT”(非)以及括号等算法。例如使用检索式“美国 NOT 英国”搜索，会返回所有含有字符串“美国”但同时不含字符串“英国”的文章。而用“(阿道夫 OR 阿道浮) AND 希特勒”搜索则会返回所有含有字串“希特勒”以及“阿道夫”或“阿道浮”的文章。使用布尔运算符可以有效地减少不相干的条目。

排除重定向页面。通过取消选择搜索页面尾部“List redirects(重定向列表)”，可以排除所有重定向页面。网页重定向就是将网络页面请求转到其他网站或位置中。

② 分类导航。

维基百科提供分类导航查询方式，通过分类或主题途径查找我们需要的信息。不同语言网站在类目设置上不尽相同。中文维基百科设置了“生活、艺术与文化”、“中华文化”、“社会”等九个大类，可根据检索内容的不同按类逐级查询。

2）百度百科(http://baike. baidu. com)

百度百科是一部内容开放、自由的中文网络百科全书，旨在创造一个涵盖所有领域知识、服务所有互联网用户的中文知识性百科全书。百度百科本着平等、协作、分享、自由的互联网精神，提倡网络面前人人平等，所有人共同协作编写百科全书，让知识在一定的技术规则和文化脉络下得以不断组合和拓展。为用户提供一个创造性的网络平台，强调用户的参与和奉献精神，充分调动互联网所有用户的力量，汇聚上亿用户的头脑智慧，积极进行交流和分享，同时实现与搜索引擎的完美结合，从不同的层次上满足用户对信息的需求。

百度百科所提供的，是一个互联网所有用户均能平等地浏览、创造、完善内容的平台。很多时候，用户在百度百科都能找到自己想要的全面、准确、客观的定义性信息。可以在百度百科查找感兴趣的定义性信息，创建符合规则、尚没有收录的内容，或对已有词条进行有益的补充完善。同时，每一位用户为百科做的贡献都将得到完整的记录，百度百科的词条同其他网络开放百科一样，是在动态中不断完善的。

在使用上，百度百科借鉴了维基的概念和方式，百度成长于中国，对我们更具有亲和度，百度百科已经成为最具代表性和影响力的中文网络百科全书之一。

① “进入”与“搜索”词条。在百度百科的每个页面的顶端都可以看到百度搜索框，在搜索框中输入您要搜索的词条名称，例如输入“世博会”，点击搜索框后面的“进入词条”按钮或回车，就可以打开相应词条内容。如果要查看的词条还未被创建，则会进入一个词条创建页面。

如果点击“搜索词条”按钮，就会搜索包含“世博会”的词条，并返回列表。如图 7－7 示例，共搜索到“世博会简史”、“世博会会徽”等 5578 个词条：

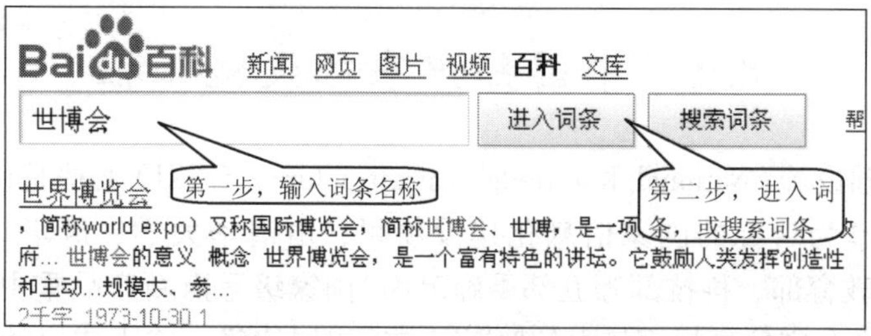

图 7－7 百度百科

② 搜索“开放分类”下的词条。

“开放分类(tag)”是百度百科、搜搜百科等百科里一个特定的词汇，是指比传统的目录式分类更灵活、更具自主性的分类方式，直接根据词条内容来添加描述其相关线索或特征的关键词，由这些关键词构成类目名称，系统允许为一个词条灵活地添加多个开放分类。浏览这些开放分类的时候，就能同时看到属于该类的多个词条。开放分类增加了相近词条间的关联和互动，也开阔了浏览词条时的视野。

搜索开放分类的方法与搜索关键字的方法类似，在搜索框输入“tag：开放分类名称”并搜索。如要查看开放分类包含“人物”的词条，就搜索“tag：人物”。

习题

1. 广义上讲，计算机信息检索包含哪两个过程？请简要说明。
2. 简述计算机信息检索的发展？
3. 什么是文献数据库，可以划分为哪些类型，其基本结构是怎样的？
4. 计算机信息检索基本技术有哪些？
5. 常用的网络检索工具有哪些，其功能、特点是什么？
6. 如何使用好搜索引擎进行网络信息搜索？

§8　文献数据库

8.1　中国知识基础设施工程

国家知识基础设施(National Knowledge Infrastructure，CNKI)工程是以实现全社会知识信息资源传播共享为目标的国家信息化建设项目，由清华大学、清华同方发起，始建于1999年6月，被教育部、科技部等五部委确定为“国家级重点新产品重中之重”项目。现已建成了世界上中文全文信息规模最大的“CNKI数字图书馆”，并正式启动建设《中国知识资源总库》及CNKI网络资源共享平台，涵盖了我国自然科学、工程技术、人文与社会科学期刊、博硕士论文、报纸、图书、会议论文等公共知识信息资源，涉及全国传统出版物与非传统出版物、音像电子出版物资源的数字化建设与网络出版、全球互联网资源的专业化整合、多媒体教育教学资源库的研制、信息资源共享技术开发及网络会议、网络教学等资源交互式应用系统的开发等诸多领域。

CNKI经过多年建设，现已形成巨大的信息资源体系，囊括的资源总量达到全国同类资源总量的80%左右，并开发了大量的用于教育教学的多媒体素材和多媒体知识元库。

目前，CNKI已建成的数据库有中国学术期刊网络出版总库(CAJD)，中国博士学位论文全文数据库(CDFD)，中国优秀硕士学位论文全文数据库(CMFD)，中国重要会议论文全文数据库(CPCD)，中国重要报纸全文数据库(CCND)，中国引文数据库(CCD)，中国专利数据库，国家科技成果数据库，中国标准数据库等22个。同时，在CNKI源数据库的基础上，还研制挖掘中国企业知识仓库、中国基础教育知识仓库、医院知识仓库、中国城市规划知识仓库、中国建筑知识仓库、农业知识仓库、法律知识仓库等知识仓库。

CNKI中的所有数据库均可免费检索，免费浏览题录、摘要和文献细览。如果需要浏览、下载全文，则需要注册个人用户，并通过知网卡、银行卡等方式给账户充值，有偿使用；或由机构用户办理包库、镜像网站等团购，在机构的局域网内浏览下载。

8.1.1　CNKI总库资源结构

CNKI提出了总库资源超市的概念。总库资源超市为数字资源出版商提供展示、出版、整合资源的平台，为各类读者、各类研究机构及行业机构提供订阅资源、情报服务的平台。总库结构如表8－1所示。

表 8-1 CNKI 平台资源总库结构

<table>
<tr><th>总库平台</th><th>包含的子总库</th></tr>
<tr><td rowspan="18">中国学术文献网络出版总库
总库内容：面向各领域学术研究，整合学术类期刊、博硕士学位论文、工具书、重要会议论文、年鉴、专著、报纸、专利、标准、科技成果、知识元、哈佛商业评论数据库、古籍等；还可与德国 Springer 公司期刊库等外文资源统一检索</td><td>中国学术期刊网络出版总库</td></tr>
<tr><td>中国年鉴网络出版总库</td></tr>
<tr><td>中国统计年鉴数据库</td></tr>
<tr><td>中国工具书网络出版总库</td></tr>
<tr><td>中国大百科全书全文数据库</td></tr>
<tr><td>中国专利全文数据库</td></tr>
<tr><td>国家科技成果数据库</td></tr>
<tr><td>中国标准数据库</td></tr>
<tr><td>国外标准数据库</td></tr>
<tr><td>中国博士学位论文全文数据库</td></tr>
<tr><td>中国优秀硕士学位论文全文数据库</td></tr>
<tr><td>中国重要会议论文全文数据库</td></tr>
<tr><td>中国重要报纸全文数据库</td></tr>
<tr><td>德国 SPRINGER 公司期刊数据库</td></tr>
<tr><td>国学宝典数据库</td></tr>
<tr><td>哈佛商业评论数据库</td></tr>
<tr><td>中国图书全文数据库</td></tr>
<tr><td>中国引文数据库</td></tr>
<tr><td rowspan="7">国际学术文献数据库
总库内容：整合国外合作文献数据库，提供外文文献检索</td><td>德国 Springer 期刊数据库</td></tr>
<tr><td>国外标准数据库</td></tr>
<tr><td>德国 Springer 图书数据库</td></tr>
<tr><td>Frontiers in China 期刊数据库</td></tr>
<tr><td>外文会议论文库(NSTL)</td></tr>
<tr><td>外文期刊库(NSTL)</td></tr>
<tr><td>外文学位论文库(NSTL)</td></tr>
<tr><td>中国经济信息文献总库
总库内容：完整、及时汇编全国经济信息类期刊，精选收录报纸重要经济新闻，向各行业经济工作者提供文献</td><td>中国经济信息文献总库</td></tr>
<tr><td>中国高等教育文献总库
总库内容：面向高校教育教学改革，遴选 300 多门基础和专业课程的教学研究成果、优秀教案等文献</td><td>中国高等教育文献总库</td></tr>
<tr><td>中国精品科普文献总库</td><td>中国精品科普期刊文献库</td></tr>
<tr><td>中国精品文化文献总库</td><td>中国精品文化期刊文献库</td></tr>
<tr><td>中国精品文艺作品总库</td><td>中国精品文艺作品期刊文献库</td></tr>
<tr><td>中国党建文献总库</td><td>中国党建期刊文献总库</td></tr>
<tr><td>中国政府公报文献总库</td><td>中国政报公报期刊文献总库</td></tr>
<tr><td rowspan="6">工具书与知识元总库</td><td>中国工具书网络出版总库</td></tr>
<tr><td>人文社科类数值型</td></tr>
<tr><td>科技类概念型</td></tr>
<tr><td>科技类数值型</td></tr>
<tr><td>翻译助手双语语料库</td></tr>
<tr><td>人文社科类概念型</td></tr>
</table>

例如《中国学术文献网络出版总库》总库平台，对学术数字化文献进行多种方式的编辑处理，规范为统一导航、统一检索平台、统一知网节的出版总库，并根据文献的学科范畴建立学科导航，分为10大专辑和168个专题分类。用户可以通过学科导航进行文献系统调研和文献精准查询。

系统提供了单库检索和统一跨库检索。单库检索是指在CNKI系列数据库中的任一单独的库内检索。跨库检索，读者可选择多个数据库的资源进行检索，能够在同一个检索界面下完成对期刊、学位论文、报纸、会议论文、年鉴等各类型数据库的统一跨库检索。

8.1.2 CNKI文献检索平台提供的检索方式

CNKI每一个文献出版总库都向用户提供一个独立的数字出版平台，平台针对各总库资源的特点提供统一检索、统一导航以及统一知网节。为网络出版商提供资源展示的空间，为用户提供资源检索、定制的功能。

以下主要以《中国学术文献网络出版总库》检索平台为例，介绍不同的检索方式及其功能。

图8-1是《中国学术文献网络出版总库》平台首页，具体结构功能如下。

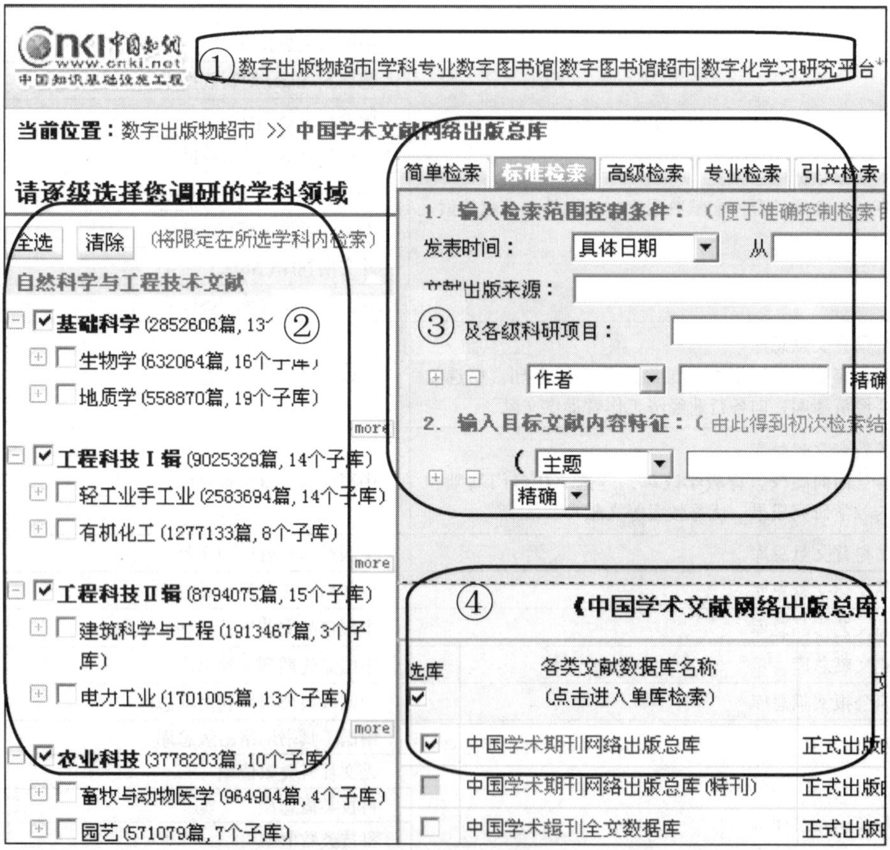

图8-1 《中国学术文献网络出版总库》平台首页

① 通用菜单，提供了在数字出版超市、专业数字图书馆等版块间的切换功能；

② 文献资源学科导航，按学科领域分为10大专辑和168个专题分类，可以通过学科导航进行文献系统调研和文献精准查询；

③ 统一检索平台，总库平台根据其收录文献特征，提供相应的统一检索平台；

④ 总库文献出版报表，首页中提供包含各个数据库的文献来源、文献覆盖率、文献产出起讫、文献量、文献收全率、当日产出文献等数据的出版总报表，帮助用户了解各总库内文献分布情况、文献来源以及最近更新的文献信息。

基于学术文献检索需求，平台提供了简单检索、标准检索、高级检索、专业检索、引文检索、学者检索、科研基金检索、句子检索、工具书及知识元搜索、文献出版来源检索，构成了检索方式齐全的检索平台。

8.1.2.1 简单检索

简单检索仅提供了一个简单的“搜索框”，用户只需输入检索词，点击按钮就完成一次检索过程。

8.1.2.2 标准检索

在标准检索中，将检索过程规范为三个步骤(图8－2)：

第一步：输入检索范围控制条件，包括发表时间、文献出版来源、国家及各级科研项目、作者及作者单位等；

第二步：输入目标文献内容特征，如文献全文、题名、主题、关键词、分类号等内容检索条件；

第三步：对检索结果进行分组分析和排序分析，反复筛选修正检索式得到最终结果。

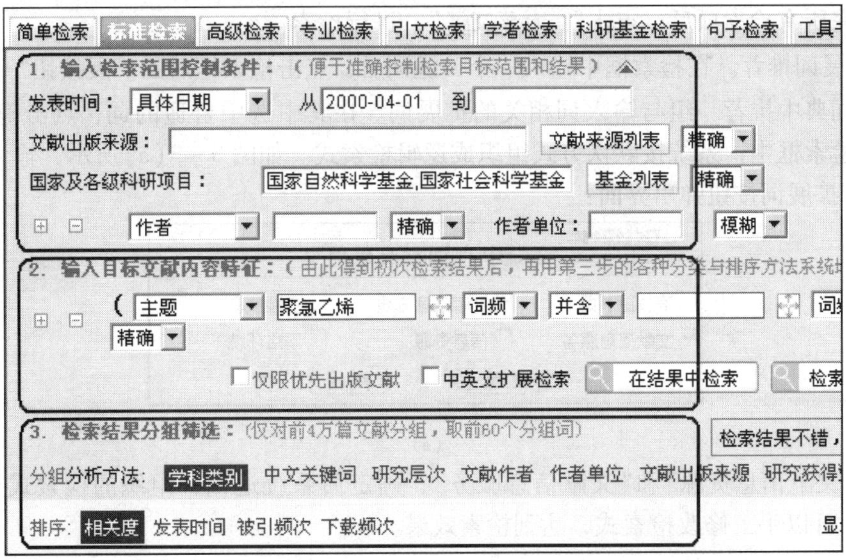

图8－2 标准检索步骤

如果对结果仍不满意，可改变内容检索条件重新检索，或在检索历史面板中选择返回历史检索。

检索过程中，可以利用“检索范围控制条件”和“目标文献内容特征”对检索范围、检索字段等进行限定，便于准确控制检索结果。

① 文献“发表时间”，限定目标文献的发表时间，可以限定在最近一周、一个月、半年、一年内发表的文献，或限定具体时间段内发表的文献。如果不限定，默认检索数据库中的全部文献记录。

② 文献出版来源，限定文献的出版来源范围，例如限定在某几种学术期刊范围内检索。可直接在检索框中输入出版媒体、机构的名称，也可以点击检索框后的“文献来源列表”按钮，选择文献来源。提供选择的媒体、机构包括“学术期刊、博士硕士授予点、会议论文集、报纸、年鉴、图书出版社”等。可以输入多个文献出版来源，例如“经济研究，会计研究，中国法制出版社”。

③ 国家及各级科研项目，可限定文献的支持基金，可直接在检索框中输入基金名称的关键词，也可以点击检索框后的“基金列表”按钮，选择支持基金。

④ 发文作者控制条件。在检索中可限定文献的作者或第一作者；作者单位限定，可排除不同机构学者同名的情况。若要检索多个作者合著的文献，点击检索项前的“ + ”号，添加另一个发文作者控制条件，并且可以限定多个作者之间的逻辑关系。

⑤ 目标文献内容特征控制条件，提供基于文献的内容特征(如全文、篇名、主题、关键词、中图分类号)的限定。

在下拉框中，选择一种检索项，例如选择“全文”，在其后的检索框中填入一个检索词。如果这个检索项需要两个关键词做控制，可以在第二个检索框中继续输入检索词，并设定两个检索词的逻辑关系。至此，一个内容特征控制条件设定完成。

点击检索项前的“ + ”号，可添加另一个内容特征控制条件。多个控制条件之间需要设定逻辑关系。

添加完所有检索项后，点击“检索文献”，进行检索。

⑥ 扩展词推荐。在检索框中输入一个关键词后，点击检索框后的扩展按钮“ ”，系统会从相关词典中推荐一组与输入词相关的扩展词。在其中选中合适的词，点击确定，可将其添加到检索框中，系统按默认方式组织成逻辑检索式。如图 8 - 3(a)所示，输入“文献信息”后点击扩展词按钮弹出界面：

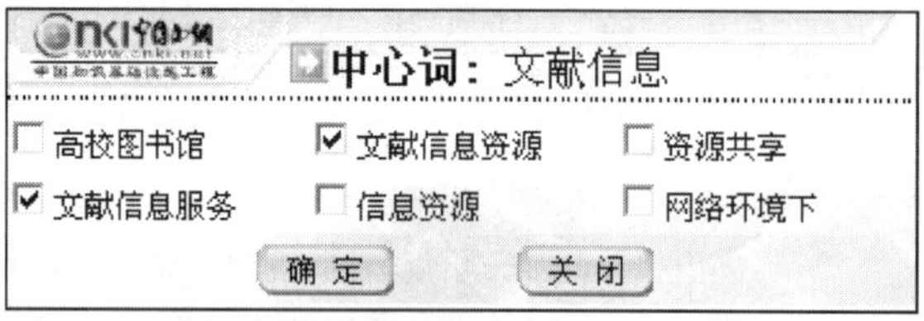

(a)

选中“文献信息资源”和“文献信息服务”，确定后系统返回，组织的检索式如图 8 - 3(b)所示。可以手工修改检索式，达到检索效果。

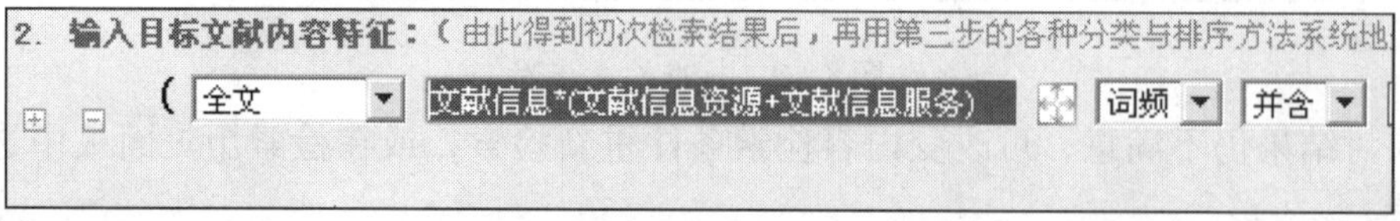

(b)

图 8 - 3　扩展词检索

⑦ 精确模糊检索。多处检索项后有“精确”按钮，下拉框可以选择“精确”或“模糊”，用来控制该检索项的检索词的匹配方式。不同的检索项，精确模糊检索规则有细微差异，总体规则是：精确匹配要求检索词完全匹配，模糊匹配要求检索词部分匹配即可。如在全文检索中，精确匹配要求全文中完整包含检索词，不能将检索词拆分，切分词顺序不能打乱。用“转基因水稻”查询，查询结果都包含“转基因水稻”这一关键词串，不能按“水稻转基因”检索；模糊匹配用“转基因水稻”查询，可能将包含有“水稻经过转基因以后会高产”这样词串的文献也查出来。

⑧ 词频控制。在使用全文检索、主题词检索时，检索词输入框后的词频控制下拉框“词频”可控制该检索词在检索项中出现的次数大于等于选择的次数，才算检索命中。

⑨ 中英文扩展检索。勾选“中英文扩展检索”功能，系统将自动使用检索词对应的中文扩展词和英文扩展词进行检索，帮助用户查找更多更全的中英文文献。

8.1.2.3　高级检索

高级检索方式可以灵活、方便地构造检索式。

如图 8－4 所示，点击加号“⊞”，最多可以增加到 7 行检索条件，可使用的检索项包括全文、题名、主题、关键词、作者、第一作者、作者单位、文献来源等，可限定文献发表时间范围条件，以缩小检索范围。

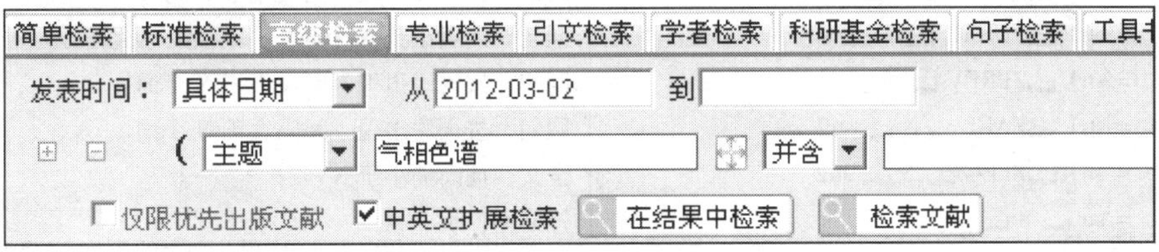

图 8－4　高级检索

提供的其他扩展功能有：扩展词检索、精确模糊匹配限定、中英文扩展检索功能等。

8.1.2.4　专业检索

专业检索用于图书情报专业人员查新、信息分析等工作，使用逻辑运算符和关键词构造检索式进行检索，检索界面如图 8－5 所示。

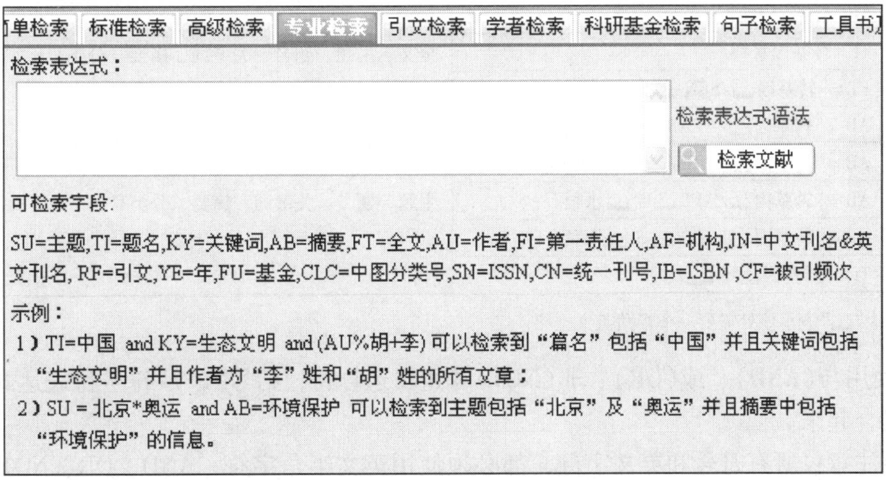

图 8－5　专业检索

构造检索式，遵循以下步骤和规则。

① 选择检索项，使用英文大写字母代表字段。跨库专业检索支持对以下检索项的检索：

SU = 主题，TI = 题名，KY = 关键词，AB = 摘要，FT = 全文，AU = 作者，FI = 第一责任人，AF = 机构，JN = 中文刊名 & 英文刊名，RF = 引文，YE = 年，FU = 基金，CLC = 中图分类号，SN = ISSN，CN = 统一刊号，IB = ISBN，CF = 被引频次。

② 使用运算符构造一个或多个字段表达式，可使用的运算符见表 8 - 2：

表 8 - 2 运算符构造

	运算符及语法	检索功能及含义
(1)	= str1 * str2	并且包含，包含 str1 和 str2
(2)	= str1 + str2	或者包含，包含 str1 或者 str2
(3)	= str1 - str2	不包含，包含 str1 不包含 str2
(4)	= str	精确，精确匹配词串 str
(5)	= 'str ␣/SUB ␣ N'	序位包含，第 n 位包含检索词 str
(6)	% str	包含，包含词 str 或 str 切分的词
(7)	= str	包含，包含检索词 str
(8)	= 'str1 ␣/SEN ␣ N ␣ str2'	同段，按次序出现，间隔小于 N 句
(9)	= 'str1 ␣/NEAR ␣ N ␣ str2'	同句，间隔小于 N 个词
(10)	= 'str1 ␣/PREV ␣ N ␣ str2'	同句，按词序出现，间隔小于 N 个词
(11)	= 'str1 ␣/AFT ␣ N ␣ str2'	同句，按词序出现，间隔大于 N 个词
(12)	= 'str1 ␣/PEG ␣ N ␣ str2'	全文，词间隔小于 N 段
(13)	= 'str ␣ $ ␣ N'	检索词出现 N 次

	举　　例	适用检索项（字段）
(1)	TI = 转基因 * 水稻	所有检索项
(2)	TI = 转基因 + 水稻	
(3)	TI = 转基因 - 水稻	
(4)	AU = 袁隆平	作者、第一责任人、机构、中文刊名 & 英文刊名
(5)	AU = '袁隆平␣/SUB ␣ 1'	
(6)	TI% 转基因水稻	全文、主题、题名、关键词、摘要、分类号
(7)	TI = 转基因水稻	
(8)	FT = '转基因␣/SEN ␣ 0 ␣水稻'	
(9)	AB = '转基因␣/NEAR ␣ 5 ␣水稻'	主题、题名、关键词、摘要、分类号
(10)	AB = '转基因␣/PREV ␣ 5 ␣水稻'	
(11)	AB = '转基因␣/AFT ␣ 5 ␣水稻'	
(12)	AB = '转基因␣/PEG ␣ 5 ␣水稻'	
(13)	TI = '转基因␣ $ ␣ 2'	

注：表中“␣”表示该处需要一个半角英文空格。

③ 使用与（AND）、或（OR）、非（NOT）等逻辑运算符，括号“（ ）”符号将表达式按照检索目标组合起来。

需要注意：所有符号和英文字母，都必须使用英文半角字符；AND、OR、NOT 三种逻辑运算符的优先级相同，前后需要一个英文半角空格；如要改变组合的顺序，请使用英文半角圆括号“( )”将条件括起；使用“序位、同段、同句、全文、词频”时，需用一组英文半角单引号将多个检索词及其运算符括起，如：TI = '转基因 $ 2'。

例 1：要求检索钱伟长在清华大学或上海大学时发表的文章。

检索式：AU = 钱伟长 and (AF = 清华大学 or AF = 上海大学)

例 2：要求检索钱伟长在清华大学期间发表的题名或摘要中都包含“物理”的文章。

检索式：AU = 钱伟长 and AF = 清华大学 and (TI = 物理 or AB = 物理)

8.1.2.5 引文检索

引文检索以检索参考文献为出发点，根据文献的引用关系，找到引用文献。引文数据库中的所有文献都与其他文献具有引用或被引用的关系，引文检索是通过这些关系检索到相关文献。

图 8 - 6(a)是检索“钱伟长发表的，摘要中含有‘物理’，并且被引频次大于等于 3 的文献”示例，检索结果如图 8 - 6(b)，点击被引文献，则列出该文献的引用情况。

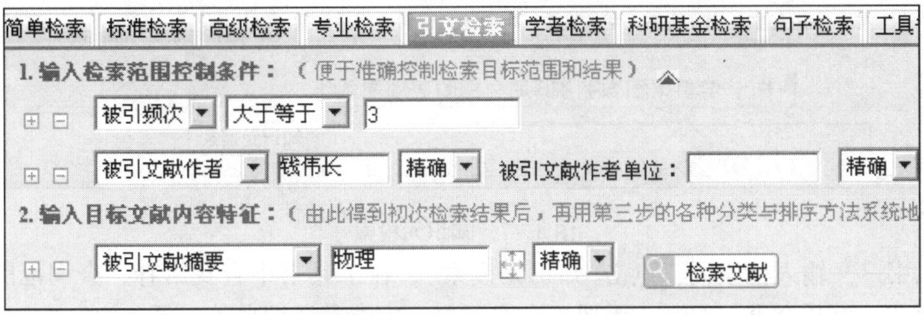

(a)

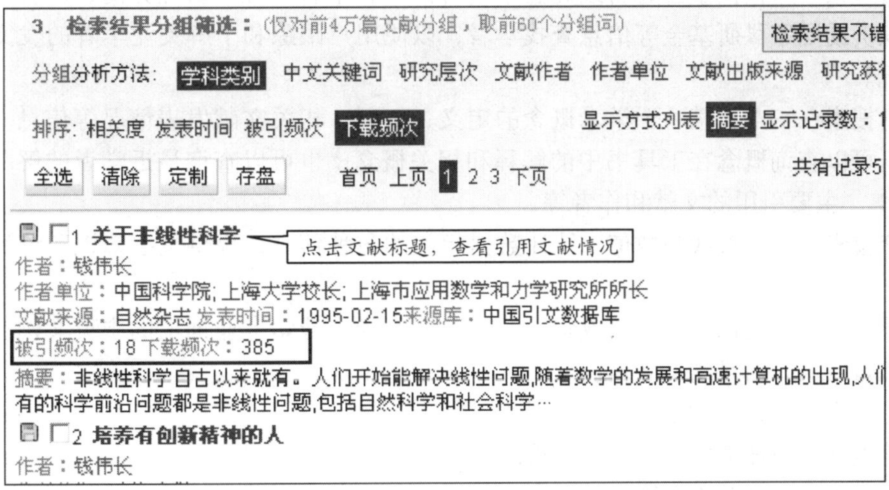

(b)

图 8 - 6 引文检索示例

8.1.2.6 学者检索

学者检索是通过学者姓名、单位、研究方向、关键词等信息，查找学者发表的全部文献及被引、下载等情况。通过学者知网节可以全方位的了解学者主要研究领域、研究成果等情况。

8.1.2.7 科研基金检索

科研基金检索是通过科研基金名称，查找科研基金资助的文献。通过对检索结果的分组筛选，还可全面了解科研基金资助学科范围，科研主题领域等信息。

8.1.2.8 句子检索

句子检索是通过用户输入的两个关键词，查找同时包含这两个词的句子。由于句子中包含了大量的事实信息，通过检索句子可以为用户提供有关事实的问题的答案。使用句子检索方式，检索得到的检索结果以摘要的形式展示，并把在文献中出现关键词的句子摘出来，起到解释或回答问题的作用。

8.1.2.9 工具书及知识元搜索

知识元检索是将文献总库中的作者、学术术语、概念、数字、图形、表格等知识元信息抽取出来，为用户提供有关知识元的事实或数据检索。检索界面如图 8-7 所示，选择检索项，在搜索框中输入检索词，然后点击搜索按钮即可完成一次搜索。

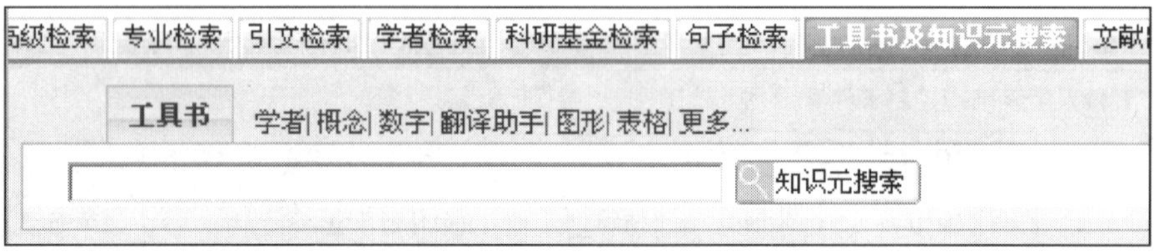

图 8-7 知识元检索

工具书——输入检索词，点击“知识元搜索”，在工具书中查找解释，查询范围包括各种专业辞典、百科全书、图谱、手册、中文词典、中外翻译词典等工具。

学者检索——根据学者姓名或姓名中包含的字、学者单位、研究方向、发表文献的关键词、获资助国家科研基金等信息查找学者，以便用户跟踪和了解关注学者的发文和研究进展情况。

概念搜索——查找某一个学术概念的定义、解释、相关文献发表情况等信息。概念型知识元既可以查询概念在工具书中的解释和相关概念，也可以查询最近学者的解释、被使用的规律 、主要引用的文献和作者等。

数字检索——可查找与数值、统计数据相关的各种信息，提供数字知识和统计数据搜索服务。

翻译助手——提供专业术语或句子的中英文互译，搜索专业词汇的中英文例句，其专业词汇数量巨大，而且动态更新。

图形搜索——搜索学术文献中出现的图形。

表格搜索——搜索学术文献中出现的表格。

8.1.2.10 按文献来源检索

图 8-8 是“通过来源检索文献”界面。文献来源检索包括检索学术期刊、博士学位授予点、硕士学位授予点、会议论文集、报纸、年鉴(种)和图书出版社。通过确定这些文献来源，可查找到其出版的所有文献，再利用分组、排序等工具，可对这些文献进一步分析和调研。还可以利用统一导航功能控制检索范围检索文献来源；也可以使用检索筛选历史可返回前次检索结果。

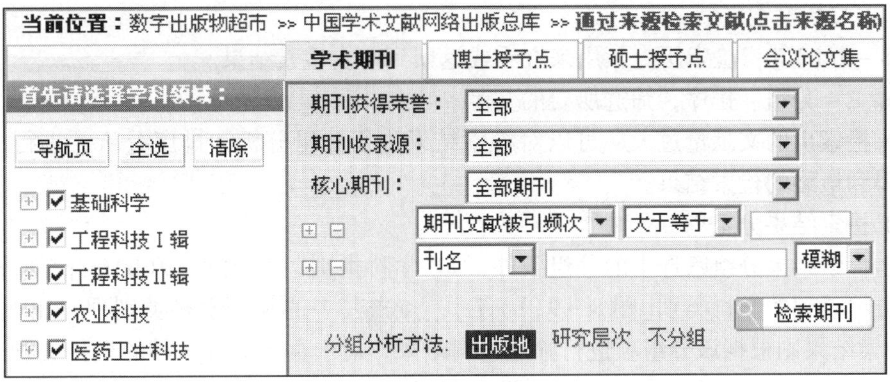

图 8－8　来源检索

8.1.3　CNKI 检索步骤

在 CNKI 数据库平台上完成一个课题检索，从系统操作角度大致可分五个步骤：限定学科领域，精确检索范围，选择数据库；选择检索方式，设定限定条件，输入检索词或检索式进行检索，检索过程中根据检索结果实时修正、调整检索词或检索式，得到初步检索结果；检索结果处理，利用分组、排序等方法，筛选出所需文献；保存检索结果；获取原文。下面以示例来演示检索过程。

例：利用《中国学术文献网络出版总库》检索 2000 年之后发表的有关建筑结构与抗震方面的文献，包括期刊论文、专利等文献。

步骤一：限定学科领域，精确检索范围，选择数据库。

平台根据每篇文献的主题将之分入一个学科领域。限定学科领域检索可以排除掉大量相关度不高的文献。当对所要检索的条件不明确，而想了解一个学科时，可以只限定学科领域，进一步分组，排序找到该学科领域的主要文献。

图 8－9(a)是中国学术网络出版总库的检索首页页面，图 8－9(b)、图 8－9(c)演示检索结果及对检出文献分组、排序，进而筛选出所需文献。

图 8－9(a)①：在总库检索首页左侧的导航中，选择 基础科学 > 地质学、工程科技Ⅱ辑 > 建筑科学与工程。

图 8－9(a)②：然后选择要检索的数据库，进行统一(跨库)检索，本例中选择了中国学术期刊网络出版总库、中国博士学位论文全文数据库、中国优秀硕士学位论文全文数据库、中国专利全文数据库、国家标准全文数据库、中国行业标准全文数据库、国家科技成果数据库。

步骤二：选择检索方式，设定限定条件，进行检索。

图 8－9(a)③：选择标准检索方式，输入检索控制条件和文献内容特征。这里限定发表日期为 2000－1－1 到当前日期。检索文献主题中包含“建筑结构”和“抗震”的文献。

进行检索，检出 2145 条记录，检索结果可以用列表或摘要两种方式显示。根据用户在文献来源、作者、内容检索项等输入的检索词及选择的模糊精确匹配方式，系统自动在检索结果中将相应的文字进行标红处理，帮助用户更清晰地分析检索结果。

图 8－9(b)④：如果检索效果不理想，可以重新设定检索条件进行二次检索(在结果中

检索），或重新检索文献。

图 8 -9(b)⑤：检索历史，用来查看或返回到前次检索结果。

步骤三：分组、排序，筛选所要的文献。

如果检索出的文献量过大，可以对检索结果进行分组分析和排序分析，进行反复的精确筛选得到最终的检索结果。

（1）检索结果分组

点击检索结果分组筛选中的分组条件，如“学科类别”项[图 8 -9(b)⑥]，检索结果左侧显示分组得到的学科类别[图 8 -9(b)⑦]；点击其中的某个学科类别项，比如“建筑工程”，检索结果则根据该分组项进行筛选得出结果，对于存在下级学科的学科类别，可以继续展开查看下级分类的分组情况；若需取消分组，点击“不分组”。

图 8 -9(c)是分别按学科类别、中文关键词对检出文献进行分组的情况，括号中的数字表示在该类中或该关键词下的文献数量。点击前面的“ + ”，会显示下一级分组。

系统提供的分组类型包括：按学科类别分组，是将检索结果按照 168 个专辑、近 4000 个学科类目进行分组，可以查看检索结果所属的更细的学科专业；按来源数据库分组，列出文献集合在不同资源类型之间的分布，有期刊文献、学位论文、会议论文、报纸文献、国家科技成果、专利、标准、外文文献、年鉴等。学术文献总库包含的所有数据库，这些数据库具有不同的文献出版特点和用户群体；按研究层次分组，在学术文献总库中，每篇文献还按研究层次和读者类型，分为自然科学和社会科学两大类，每一类下再分为理论研究、工程技术、政策指导等多种类型。可以通过分组查到相关的国家政策研究，工程技术应用成果，行业技术指导等，实现对整个学科领域全局的了解；按文献来源分组，可以帮助科研人员查到好的刊物，因为好文献大部分都发表在优秀刊上，可以从总体上判断这一领域期刊的质量；按中文关键词分组，将文献、知识进行聚类成簇，揭示了背景，方便学习和研究。关键词分组比学科导航更细，更深入，更具有时效性，使得文献选择更精细，更准确；按研究获得资助分组，是指将研究过程中获得国家基金资助的文献按资助基金进行分组，可以了解国家对这一领域的科研投入情况，研究人员可以对口申请课题，国家科研管理人员也可以对某个基金支持科研的效果进行定量分析、评价和跟踪；此外，还可按文献作者、作者单位、发表年度等条件分组和筛选检出文献。

（2）检索结果排序

除了分组筛选，数据库还为检索结果提供了相关度排序，以及发表时间、被引频次、下载频次、浏览频次等评价性排序。

相关度排序，根据检索结果与检索词相关程度进行排序，反映了结果文献与用户输入的检索词相关的程度；发表时间，一般是反映出文献的新旧程度；下载频次和被引频次，都一定程度地反映文献被学术同行认可程度。点击检索结果页中的排序条件[图 8 -9(b)⑧]，系统则按条件降序排列结果。

检索结果的分组、排序筛选，可以在检出文献量巨大时，较容易地限定文献，缩小范围，筛选出所需文献。

步骤四：保存检索结果。

对于检索结果，常有三种处理方式：一是“生成检索报告”，二是检索结果“存盘”，三是不做处理，直接查看文摘并获取原文。

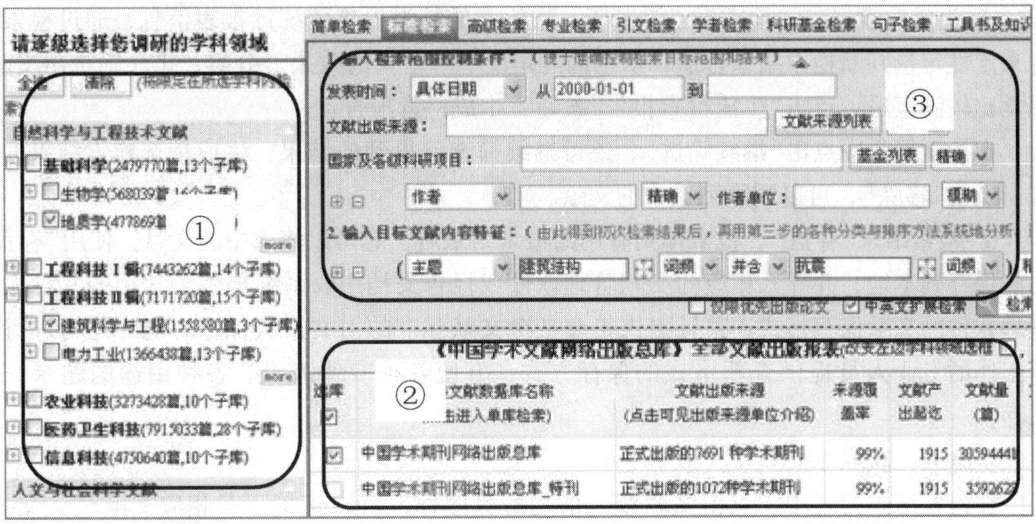

(a)

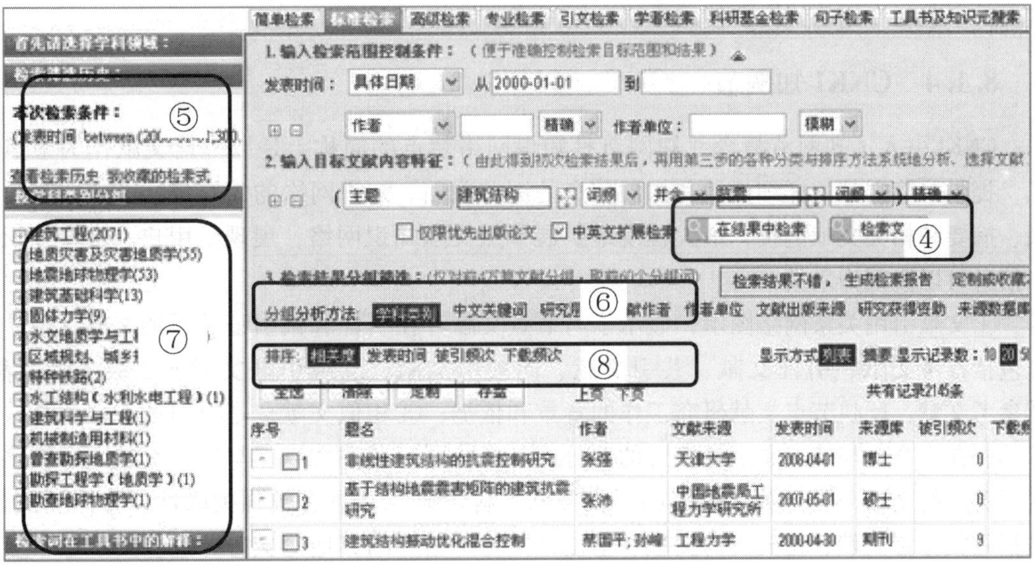

(b)

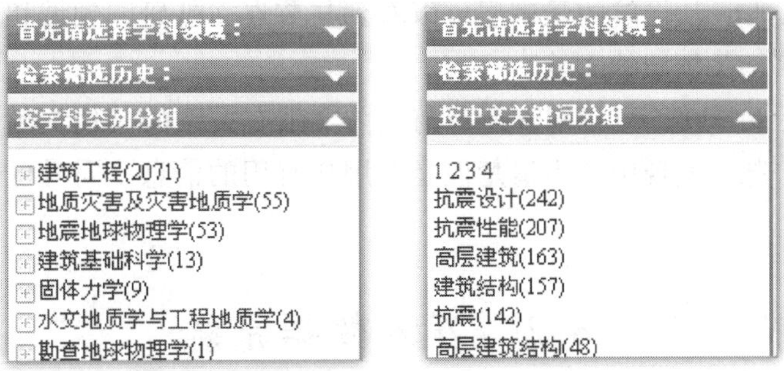

(c)

图 8－9 CNKI 检索实例

① 生成检索报告。检索报告是基于一次检索的结果提供的统计报表信息，通过检索报告来定性定量判断检索结果价值，从全局的角度了解检索的效果。分组、排序筛选出文献，感觉比较满意后，点击“生成检索报告”按钮，生成检索报告。

在检索报告中点击“继续筛选”，还可继续筛选已得到的结果，生成精选检索结果的报告；点击“移除”，可以删除筛选中的文献。

② 检索结果“存盘”。检索得到有用的检索结果后，您可以将选中的文献，使用“存盘”功能保存到本地，并导入相应的文献管理软件或报告文档中。系统提供了常用的几种文献管理软件的文献保存格式，并且提供符合参考文献标准的引文格式保存功能，还为进行查新工作的专业人员提供查新格式的保存方式，方便各种专业人员、各种用途的题录信息保存。

步骤五：获取原文。

在检索结果列表中，点击文献题名前的磁盘图标，可以直接下载相应文献全文文件；点击文献题名，会打开相应文摘，提供全文下载。系统提供 CNKI 系统专用格式和 .PDF 格式文件下载，专用格式需要使用系统专用阅读器打开。

8.1.4 CNKI 知网节

CNKI 引入了知网节概念，知网节是知识网络节点的简称，是以一篇文献作为节点文献，提供单篇文献的详细信息和扩展信息的浏览页面。知识网络的内容包括节点文献的题录、摘要和相关文献链接，最大程度地扩展节点文献知识网络，展现给用户。这些知识网络信息可以概括为六类：

①文献引用关系网络图示，显示了与节点文献存在引证和被引证关系的文献计量，主要包括参考文献、引证文献、共引文献、同被引文献、二级引证文献、二级参考文献；②参考文献，反映节点文献研究工作的背景和依据；③相似文献，是根据动态聚类算法获得的、在内容上与节点文献最接近的部分文献；④同行关注文献，与节点文献同时被多数读者关注的文献，同行关注较多的一批文献在科学研究上具有较强关联性；⑤同源文献，包括相关作者文献、相关机构文献、学位论文导师指导的其他论文等，这些文献通常会与节点文献在学术领域、研究方向上具有联系；⑥文献分类导航，是依据一定分类标准分类汇集而成的文献类群，从导航的最底层可以看到与节点文献研究领域相同的文献，从上层导航可以浏览更多相关领域的文献。

通过这些提示和链接，可了解到所有与当前文献有关系的其他文献信息，了解到这些文献之间的来龙去脉，发现用户不清楚但是对用户有用的信息，同时可以在系统中直接查找出相关文献。

8.2 万方数据系统

万方数据股份有限公司是国内第一家以信息服务为核心的股份制高新技术企业，它所提供的万方数据资源系统，是建立在因特网上的大型科技、商务等综合信息检索平台。万方以其巨大的信息量和方便的检索查询功能成为我国信息界的知名品牌。目前万方的数据库有学位论文全文、会议论文全文、数字化期刊、科技信息、商务信息等十大种类，100 多个数据库，面向不同的用户群提供信息服务。

万方数据库系统主页网址是 http://www.wanfangdata.com.cn。

8.2.1 万方数据系统收录的内容

（1）学术期刊论文

总记录数 19902870 条(2012 年 4 月 1 日统计)。期刊论文是万方数据知识服务平台的重要组成部分，收录自 1998 年以来国内出版的各类期刊 6000 余种，其中核心期刊 2500 余种，每年约增加 200 万篇，每周两次更新。内容包括论文标题，论文作者，来源刊名，论文的年、卷、期，中图分类法的分类号，关键字，所属基金项目，数据库名，摘要等信息，并提供全文下载。

（2）学位论文

总记录数 2153843 条(2012 年 3 月 23 日统计)。学位论文收录了国家法定学位论文收藏机构——中国科技信息研究所提供的自 1980 年以来我国自然科学领域各高等院校、研究生院及研究所的硕士、博士研究生及博士后论文。其中 211 高校论文收录量占总量的 70% 以上，每年增加约 20 万篇。内容包括：论文题名、作者、专业、授予学位、导师姓名、授予学位单位、馆藏号、分类号、论文页数、出版时间、主题词、文摘等信息，提供全文下载。从侧面展示了中国研究生教育的庞大阵容以及中国科学研究的整体水平和巨大的发展潜力。

（3）会议论文

总记录数 1986623 条(2012 年 4 月 1 日统计)。会议论文收录由中国科技信息研究所提供的国家级学会、协会、研究会组织召开的各种学术会议论文，每年涉及 1000 余个重要的学术会议，范围涵盖自然科学、工程技术、农林、医学等多个领域，每月更新。内容包括：数据库名、文献题名、文献类型、馆藏信息、馆藏号、分类号、作者、出版地、出版单位、出版日期、会议信息、会议名称、主办单位、会议地点、会议时间、会议届次、母体文献、卷期、主题词、文摘、馆藏单位等，为用户提供最全面、详尽的会议信息，是了解国内学术会议动态、科学技术水平、进行科学研究必不可少的工具。

（4）外文文献

总记录数 18733995 条(2011 年 8 月 26 日统计)。外文文献包括外文期刊论文和外文会议论文。外文期刊论文是全文资源，收录了 1995 年以来世界各国出版的 12634 种重要学术期刊，部分文献有少量回溯；每年增加论文约百万余篇，每月更新。外文会议论文是全文资源，收录了 1985 年以来世界各主要学协会、出版机构出版的学术会议论文，部分文献有少量回溯；每年增加论文约 20 余万篇，每月更新。

（5）专利技术

总记录数 30083524 条(2012 年 4 月 1 日统计)。收录了国内外的发明、实用新型及外观设计等专利，内容涉及自然科学各个学科领域，每年增加约 25 万条，每两周更新一次；是科技机构、大中型企业、科研院所、大专院校和个人在专利信息咨询、专利申请、科学研究、技术开发、以及科技教育培训中不可多得的信息资源。

(6) 中外标准

总记录数 288798 条(2011 年 12 月 14 日统计)。综合了由国家技术监督局、建设部情报所、建材研究院等单位提供的相关行业的各类标准题录。包括中国行业标准、中国国家标准、国际标准化组织标准、国际电工委员会标准、美国国家标准学会标准、美国材料试验协会标准、美国电气及电子工程师学会标准、美国保险商实验室标准、美国机械工程师协会标准、英国标准化学会标准、德国标准化学会标准、法国标准化学会标准、日本工业标准调查会标准等，每月更新。目前已成为广大企业及科技工作者从事生产经营、科研工作不可或缺的宝贵信息资源。

(7) 科技成果

总记录数 711494 条(2012 年 3 月 29 日统计)。主要收录了国内的科技成果及国家级科技计划项目。内容由《中国科技成果数据库》等十几个数据库组成，内容涉及自然科学的各个学科领域，每月更新。

(8) 政策法规

总记录数 432301 条(2012 年 3 月 13 日统计)。主要由国家信息中心提供，信息来源权威、专业，对把握国家政策有着不可替代的参考价值。收录自 1949 年新中国成立以来全国各种法律法规。内容不但包括国家法律法规、行政法规、地方法规，还包括国际条约及惯例、司法解释、案例分析等，关注社会发展热点，更具实用价值，被认为是国内最权威、全面、实用的法律法规数据库。

(9) 机构名录

总记录数 208632 条(2012 年 3 月 29 日统计)。收录了国内外企业机构、科研机构、教育机构、信息机构各类信息，每月更新。

(10) 科技专家

总记录数 11183 条(2012 年 1 月 13 日统计)。收录了国内自然科学技术领域的专家名人信息，介绍了各专家的基本信息、受教育情况及其在相关研究领域内的研究内容及其所取得的进展，为国内外相关研究人员提供检索服务，有助于用户掌握相关研究领域的前沿信息。

8.2.2 万方数据系统检索技术

万方数据系统提供普通检索、浏览检索和高级检索三种检索方式。

8.2.2.1 普通检索

如图 8-10(a)所示，系统首页提供了普通检索界面，在①处直接输入检索词或检索式，例如输入“废水处理”，然后点②检索按钮，进行检索。检索过程中，可通过③筛选不同文献类型，此处可筛选的文献类型有：学术论文、期刊、学位、会议、专利、标准、成果、新方志、法规、机构、科技专家，其中“学术论文”是跨文献类型搜索，可以同时搜索中外文期刊论文、学位论文、中外文会议文献。

检索结果如图 8-10(b)所示，在该页面提供了进一步缩小检索范围和筛选检出文献的功能。

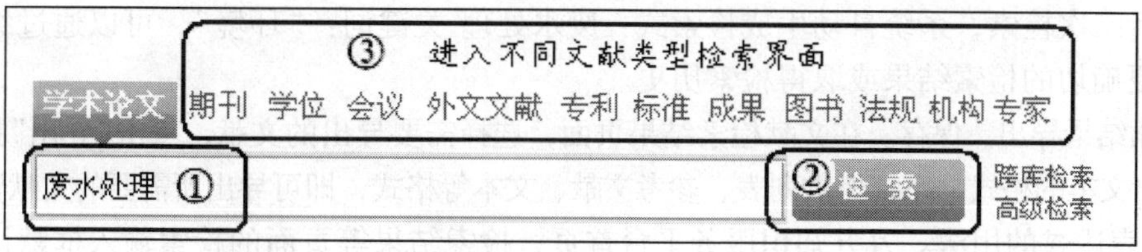

(a)

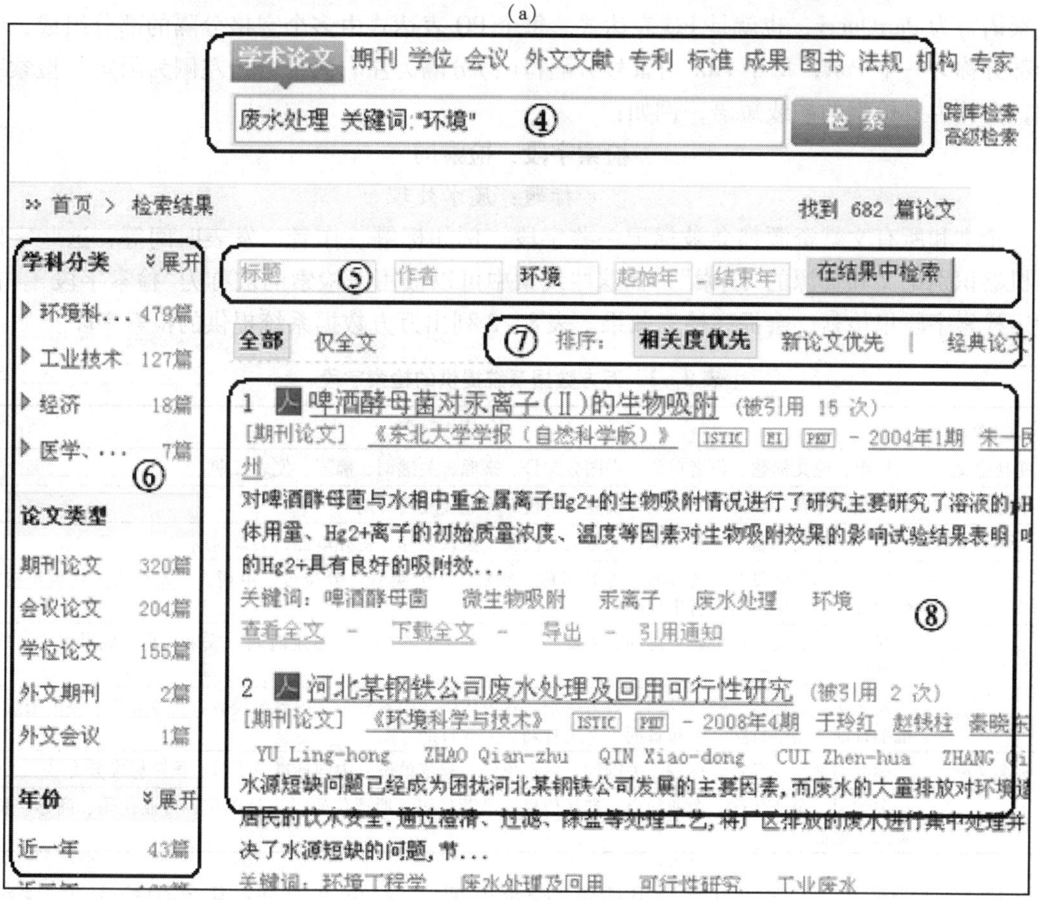

(b)

图 8－10　万方数据系统普通检索实例

④ 可以输入检索词(式)再次检索，或以当前检索词(式)检索不同类型文献。

⑤ 缩小检索范围，提供了二次检索功能。

⑥ 对当前检索结果进行筛选，提供按学科、论文类型、发表时间、期刊等进行分类筛选。

⑦ 检索结果排序。“相关度优先”是指与检索词最相关的文献优先排在最前面；“新论文优先”指的是发表时间最近的文献优先排在前面；“经典论文优先”是指被引用次数比较多，或者文章发表在档次比较高的期刊上的、有价值的文献排在前面。

⑧ 文摘。提供检出文献信息，包括文献类型、文献出处、被引用次数等，期刊论文包含被 PKU、EI、SCI、CSSCI、ISTIC 等重要检索工具收录情况。在文摘中有链接，授权用户可以查看和下载全文。

检索历史。在二次检索中，每进行一次检索，系统都会自动组织相应检索式，检索式显示在检索框中，图 8－10(b)④是对“废水处理”进行学术论文检索后，又增加了“环境”关键词进行二次检索，系统自动生成检索式：废水处理 关键词："环境"，可以通过编辑检索式取得更确切的检索结果或取得检索历史。

检索结果导出、保存。在文献检索结果页面，选择需要导出的文献，点击"导出"按钮，并选择导出文本的格式，系统提供列表、参考文献、文本等格式，即可导出所需要的文献资源。

PQ 表达式的用法。万方知识服务平台首页、检索结果等页面的检索输入框默认接受的检索语言为 PairQuery，也就是 PQ 表达式。每个 PQ 表达式由多个空格分隔的部分组成，每个部分称为一个 Pair，每个 Pair 由冒号分隔符(:)分隔为左右两部分，左侧为限定的检索字段，右侧为要检索的词或短语，例如：

检索字段：检索词

标题：废水处理

论文和所有文献资源都会被标记一些字段，例如标题、作者、发表时间等，这些字段是机器识别论文和资源的"线索"，而这些线索中可以被用来检索的被称为"检索字段"。在特定检索字段里检索，会提高检索效果。表 8－3 列出万方数据系统提供的检索字段。

表 8－3 万方数据系统提供的检索字段

文献类型	检索字段
期刊论文	作者、论文标题、作者单位、中图分类号、来源、关键词、摘要、发表日期
学位论文	标题、作者、导师、关键词、摘要、学校、专业、发表日期
会议论文	作者、论文标题、中图分类、关键词、摘要、会议名称、主办单位、会议时间
专利文献	申请号、申请日期、公开号、专利名称、摘要、主分类号、分类号、申请人、发明人、代理机构、代理人、主权项、国别省市代码
成果文献	成果名称、完成单位、关键词、摘要、公布时间、所在地区、鉴定时间、成果类别、成果水平、成果密级
法规文献	发文文号、标题、颁布部门、效力级别、效力代码、内容分类、内容分类码、行业分类、终审法院、批准日期、签字日期、颁布日期、实施日期、失效日期
标准文献	标准类型、标准号、标题、关键词、发布单位、起草单位、中国标准分类号、国际标准分类号
企业信息	关键词、企业名称、企业简介、产品信息、经营代码、股票代码、主管单位、行业代码、商标、负责人、地址

图 8－11 例中：①在所有字段里检索"废水处理"，结果多而全；用②中检索式，检索结果会更准确一些。

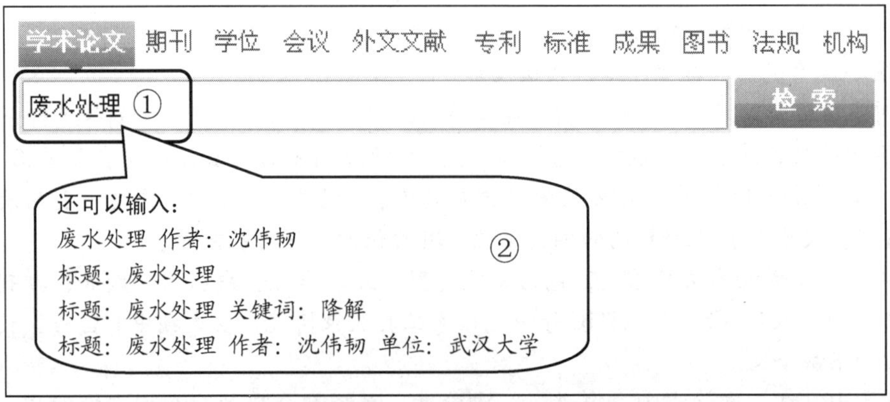

图 8－11 PQ 表达式用法实例

PQ 表达式检索时，在检索词部分使用引号“”或书名号《》括起来，表示精确匹配。例如作者：“沈伟韧”，表示作者字段中含有并且只含有“沈伟韧”的结果。

PQ 表达式检索时，日期范围的检索采用 Date：1998 - 2003 的形式，“ - ”前后分别代表限定的年度上下限，上限和下限可以省略一个，代表没有上限或下限，但“ - ”不可省略。

PQ 表达式中的符号(空格、冒号、引号、横线)可任意使用全角、半角符号及任意的组合形式。

8.2.2.2 浏览(导航)检索

如图 8 - 12 所示，在系统首页，检索框中不输入内容，直接点击“期刊”、“学位”等，会进入相应文献浏览导航界面。不同文献类型提供的导航途径也不相同，例如期刊论文提供按“学科分类、地区分类、期刊名称”等导航，专利文献提供“IPC 国际专利分类”导航。导航过程中，也可以在检索框输入检索词或检索式，直接检索。

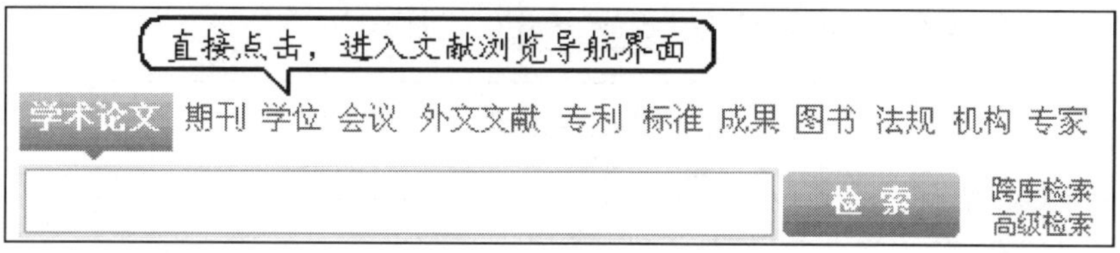

图 8 - 12 浏览导航检索

8.2.2.3 高级检索

在高级检索中，系统提供了三种检索界面：高级检索、经典检索、专业检索。

(1) 高级检索

在各检索项中输入检索词或限定条件进行检索[图 8 - 13(a)]。检索项依文献类型不同而不同，图 8 - 13(b)是会议论文高级检索，可限定检索项除标题、作者等项外，还有会议名称、主办单位、会议时间等。

(2) 经典检索

以会议文献为例，最多限定五个检索条件，每条限定条件的检索项可通过下拉菜单来选择，包括标题、作者、会议名称、主办单位、中图分类、关键词、摘要、全文。限定条件之间是“逻辑与”的关系。

(3) 专业检索

图 8 - 13(c)为以组织检索式的方式进行检索。检索表达式使用 CQL 检索语言，含有空格或其他特殊字符的单个检索词用引号("")括起来，多个检索词之间根据逻辑关系使用“and”或“or”连接。各类型文献提供的检索字段和可排序字段不同，以期刊论文为例，提供检索的字段有 Title、Creator、Source、KeyWords、Abstract；可排序字段有 CoreRank、CitedCount、Date、relevance。

下面是检索式示例：

① 激光 and KeyWords = 纳米。

② Title All “电子逻辑电路”。

③ 数字图书馆 and Creator exact 张晓林 sortby CitedCount Date/weight = 3 relevance。

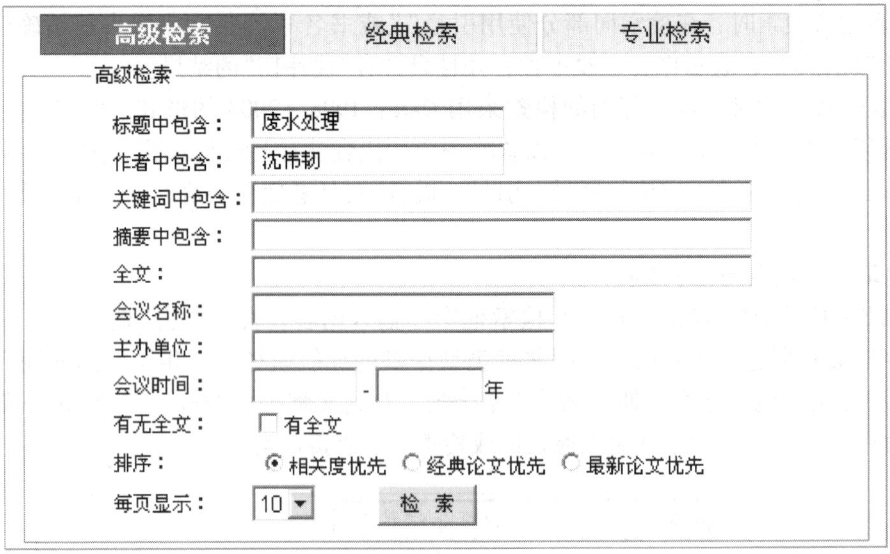

(a)高级检索

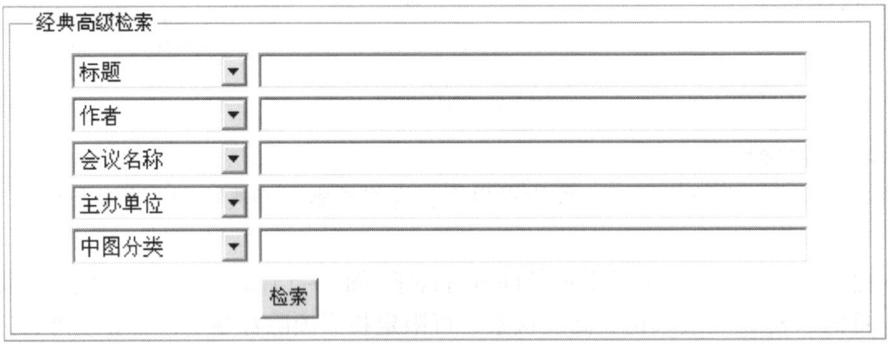

(b)经典高级检索

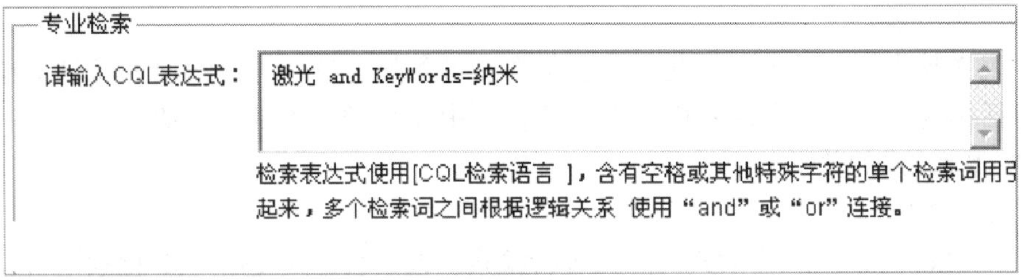

(c)专业检索

图 8－13 高级检索三种检索界面

8.2.3 原文的获取

检索出的每条结果，一般都提供基本信息、在线阅读文摘，授权用户可以阅读全文、全文打包下载。万方数据系统提供的全文资源中，除少量早期加工的期刊全文采用 HTM 格式外，其他均采用国际通用 PDF 格式。采用简体中文版 Acrobat Reader 5.0 以上版本或其他 PDF 阅读器阅读 PDF 全文。Acrobat Reader 可免费得到，在 Internet 上很多网站均提供此软件的下载链接，在万方数据库上也可下载。

8.3 中文科技期刊数据库

重庆维普资讯有限公司《中文科技期刊数据库》源于该公司 1989 年创建的《中文科技期刊篇名数据库》，是维普期刊资源整合服务平台数据库之一，收录中文期刊 12000 余种，全文 3000 余万篇，引文 4000 余万条，分八个专辑(社会科学、自然科学、工程技术、农业科学、医药卫生、经济管理、教育科学、图书情报)定期出版发行。

数据库专业版网址，http://lib. cqvip. com/。专业版提供了基本检索、传统检索、高级检索、期刊导航等检索方式。

8.3.1 基本检索

基本操作过程简单快捷，如图 8－14 所示，①设置好时间、期刊范围、学科范畴选项；②选择检索项，输入检索词，根据需要可以增减检索条件；③检索，显示检索到的文章列表。

在检索到的文章列表结果页面，可以选择“在结果中检索”、“在结果中添加”、“在结果中去除”等项，进行二次检索，或者“重新检索”。

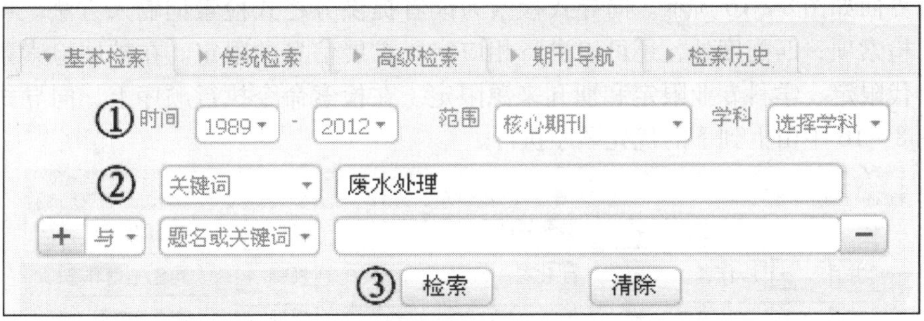

图 8－14 基本检索

8.3.2 传统检索

传统检索包含三个步骤：按专辑导航或分类导航，圈定文献范畴；字段检索，初步检索所需文献；二次检索，进一步精确检索结果。

首先按“专辑导航”(图 8－15 ①)或“分类导航”(图 8－15 ②)筛查文献，点击页面左侧的导航链接，逐级选中某一专辑或学科分类。

然后进行字段检索，在“检索入口”下拉列表中选择合适的字段(系统提供题名、关键词等十种检索字段)，在“检索式”处输入关键词或检索式，设置好年限等选项，点击“检索”。

最后进行二次检索，检索结果中如果出现大量干扰文献，或检出文献量过少，说明检索条件设置不当，这时就要考虑二次检索。重新选择检索字段，输入检索词，设置年限、期刊范围等条件，运用“与、或、非”逻辑运算设定与当前检索结果的逻辑关系，进行二次检索，直到得到满意查询结果。

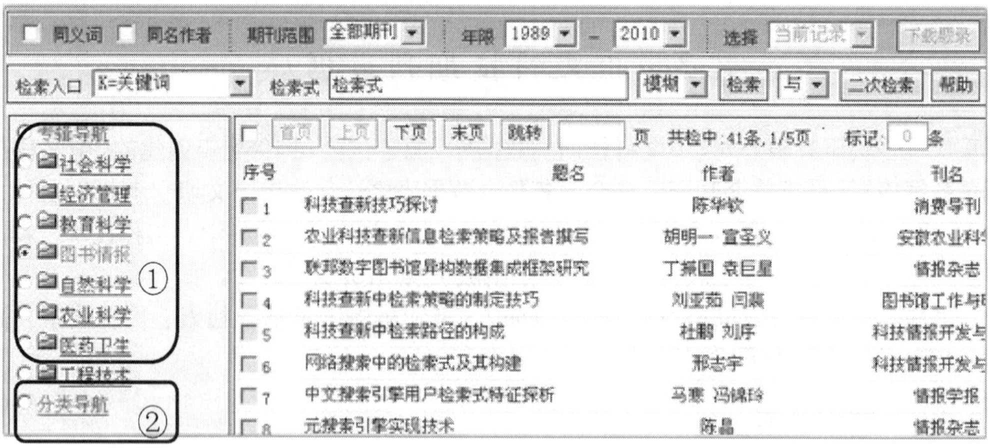

图 8－15　传统检索

8.3.3　高级检索

高级检索提供了两种方式供读者选择使用：向导式检索和直接输入检索式检索。

（1）向导式检索

检索界面如图 8－16 所示。向导式检索为读者提供分栏式检索词输入方法。可选择逻辑运算、检索项、匹配度外，还可以进行相应字段扩展信息的限定。在扩展检索条件中可以进行年代限定、学科专业限定和期刊来源限定。在检索命令执行顺序上，向导式检索严格按照图 8－16 中由上到下的优先顺序执行。

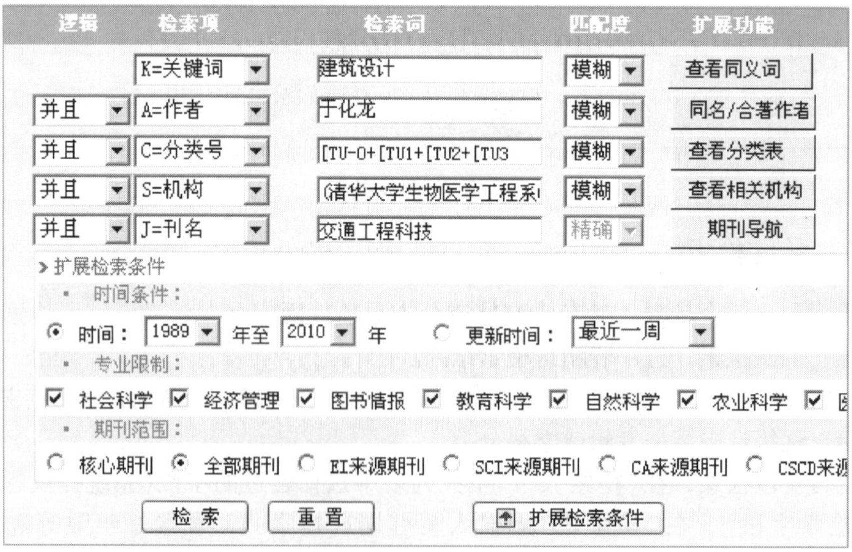

图 8－16　向导式检索

（2）直接输入检索式检索

读者可在检索框中直接输入逻辑运算符、字段标识等，点击“扩展检索条件”并对相关检索条件进行限制后点“检索”按钮即可，如图 8－17 所示。检索式输入有错时检索后会返回“查询表达式语法错误”的提示。

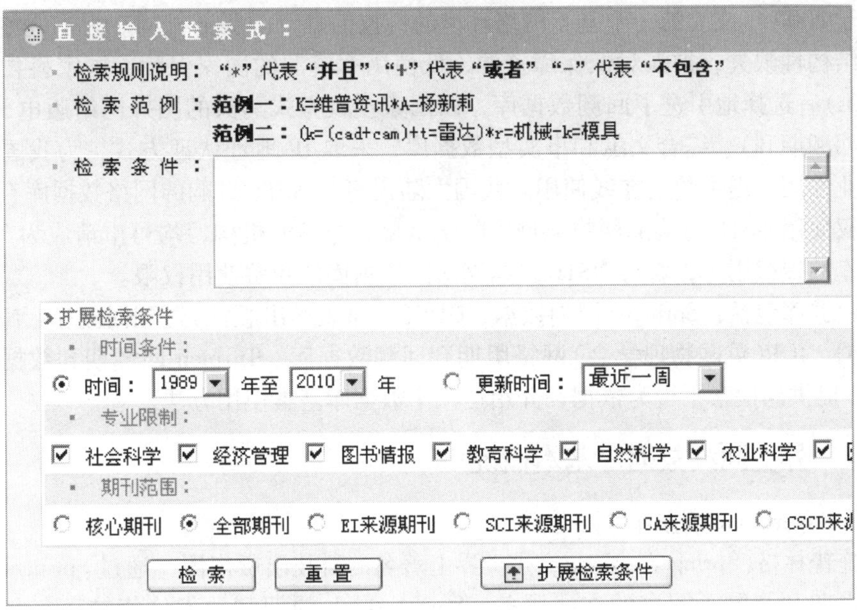

图 8－17 直接输入检索式检索

表 8－4、表 8－5 分别列出系统可用字段和逻辑算符。

表 8－4 字段代码表

代 码	字 段	代 码	字 段
U	任意字段	S	机构
M	题名或关键词	J	刊名
K	关键词	F	第一作者
A	作者	T	题名
C	分类号	R	文摘

表 8－5 逻辑运算符

逻辑运算符	( )	*	+	-
逻辑关系	括号、组合	并且、与、and	或者 、or	不包含、非、not
检索优先级	1	2	3	

8.3.4 期刊导航

期刊导航分检索和浏览两种方式。检索方式提供刊名检索、ISSN 号检索查找某一特定刊，按期次查看该刊的收录文章，可实现刊内文献检索、题录文摘或全文的下载功能，同时可以查看期刊评价报告；浏览方式提供按刊名字顺浏览、期刊学科分类导航、核心期刊导航、国内外数据库收录导航、期刊地区分布导航，其中新增核心期刊导航，反映最新核心期刊收录情况，同时更新最新国内外知名数据库收录期刊情况。

8.4 NSTL 订购的外文数据库

国家科技图书文献中心(National Science and Technology Library，缩写 NSTL)，是经国务

院批准，于2000年成立的一个基于网络环境的科技信息资源服务机构。为了调整科技文献数字资源结构性缺失，加强对低保障资源、低使用率资源的国家保障，国家科技图书文献中心（NSTL）有选择地引进了回溯数据库，以国家授权方式购买的国外网络版电子期刊（包括现刊和回溯期刊）、综合文献和事实型数据库，采取IP地址认证方式，为我国大陆学术型、非商业性用户提供免费在线使用。我国大陆任何对NSTL订购的网络数据库有需求并申请获得授权使用NSTL订购的网络数据库的学术型、非商业机构，均可申请成为NSTL订购网络数据库的授权用户，获得NSTL订购网络版数据库的免费使用权限。

这些数据库包括：Springer回溯数据、OUP（牛津大学出版社）过刊回溯库、Nature周刊的回溯数据、IOP（英国物理学会）网络版期刊回溯数据库、Turpion回溯期刊数据库等。本节以NSTL提供的检索平台为依据，介绍这几个数据库基本使用方法。

8.4.1 外文回溯数据库基本概况

（1）SpringerLINK数据库

德国施普林格（Springer－Verlag）是世界上著名的科技出版集团，通过SpringerLink系统提供其学术期刊及电子图书的在线服务。SpringerLink的期刊学术价值较高，大部分是被SCI、SSCI和EI收录的核心期刊，这些期刊是科研人员的重要信息源。SpringerLink所有资源划分为12个学科：建筑学、设计和艺术；行为科学；生物医学和生命科学；商业和经济；化学和材料科学；计算机科学；地球和环境科学；工程学；人文、社科和法律；数学和统计学；医学；物理和天文学。

2002年7月开始，Springer公司在国内开通了SpringerLink服务。国家科技图书文献中心（NSTL）已于2008年5月购买了Springer回溯数据库（Springer Online Archive Collections，简称OAC）全国使用权，目前包含了自然科学、医学、商业、技术、建筑和运输六个主要出版领域，包括Springer回溯期刊库和Springer回溯丛书库两个部分，时间从1854到1996年，跨越了140多年。期刊库包括968种期刊，3万余期，覆盖了生物医学与生命科学、行为科学、商业与经济等11个学科包。回溯丛书库中包括了14种著名丛书，4513个卷期和8万8千个章节。

（2）OUP（牛津大学出版社）过刊回溯库

牛津大学出版社（Oxford University Press，简称OUP）始创于15世纪末，是牛津大学的一个部门。牛津大学的目标直指研究、学术和教育的一流水准，出版社则通过在全世界开展出版活动来推动这一宗旨的实施。五百多年来，牛津大学出版社通过高质量的研究与出版活动，已发展成每年在50多个国家出版4500多种新书的世界最大的大学出版社。

牛津大学出版社出版学术期刊已有百年的历史，现出版230多种学术期刊，其中相当数量的期刊是与学会、协会及国际组织合作出版的。牛津期刊（Oxford Journals）覆盖非常广泛的学术领域，包括生物、医学、化学、心理学、数学、物理、工程、政治、经济、法律、语言、文学、艺术、哲学、社会科学等学科，包括世界上享有很高盛誉的刊物，其中Human Reproduction Update、Brain、Human Communication Research、Public Opinion Quarterly等期刊的影响因子均在相关领域内排名第一。

NSTL目前购买了其中的过刊主要覆盖数学和物理学、医学、生命科学、社会科学、人文科学、法律等领域，包括142种期刊，数据时间范围为1849—1995年，包括4500多卷，

3 万多期，80 多万篇全文，300 多万页。

（3）Nature 周刊回溯数据库

Nature，英国著名杂志，1869 年创刊，是世界上最早的国际性科技期刊，兼顾学术期刊和科学杂志，即科学论文具较高的新闻性和广泛的读者群。论文不仅要求具有“突出的科学贡献”，还必须“令交叉学科的读者感兴趣”。自创刊以来，始终如一地报道和评论全球科技领域里最重要的突破。

NSTL 目前仅购买了 Nature 出版集团旗下 Nature 周刊的回溯数据。Nature 周刊及相关出版物具有极高的影响因子，是生物学及物理学等自然基础科学各学科领域的核心刊物，每年出版 51 期，时间范围为 1869 年到 1996 年。目前，其过刊主要由四个阶段组成，1997 年 1 月至今、1987 年 1 月—1996 年 12 月、1950 年 1 月—1986 年 12 月，1869 年—1949 年。

（4）IOP（英国物理学会）网络版期刊回溯数据库

英国皇家物理学会（Institute of Physics，简称 IOP）成立于 1874 年，是国际性的学术协会和专业机构，其使命是促进物理学的发展和其在全世界的传播。英国物理学会出版社是全球领先的专注于物理学及相关学科的科技出版社，是英国物理学会的重要组成部分，主要出版物理学、生物医学和材料科学领域的图书、杂志。

IOP（英国物理学会）网络版期刊回溯数据库覆盖学科包括：应用物理，计算机科学，凝聚态和材料科学，物理总论，高能和核能物理，数学和应用数学、数学物理，测量科学和传感器，医学和生物学，光学、原子和分子物理，物理教育学，等离子物理等。NSTL 购买的 IOP 回溯数据库，时间范围从 1874 年到 2002 年，包括 66 种刊，1200 多卷，191901 篇全文，共 200 多万页。

（5）Turpion 回溯期刊数据库

Turpion 出版社由 Pion 公司和 IOP（英国物理学会）出版社共同拥有，其目的是为了制作著名的俄罗斯科技期刊的英文翻译版本，这些期刊也是俄罗斯科学院、英国物理学会、伦敦数学学会和英国皇家化学学会高效合作的产物。

Turpion 回溯期刊数据库包括了物理、数学和化学方面最顶尖的研究论文。其中涉及的期刊在俄罗斯的基础科学发展史上起到了关键的作用，出版学科包括：数学和应用数学，物理总论，化学，计算机科学，凝聚态和材料科学，数学物理，医学和生物学，光学、原子，等离子物理等。本期刊回溯数据库包括 12 种期刊，200 多卷次，29615 篇全文，共 30 多万页，时间从 1958 年到 2002 年。

8.4.2 相关网址

（1）NSTL 外文期刊回溯库检索平台

http://archive.nstl.gov.cn

（2）SpringerLINK 数据库相关网址

Springer 中文网站	http://www.springer.com
SpringerLink 网站	http://www.springerlink.com
	http://springerlink.com
	http://springer.metapress.com
	http://china.springerlink.com
	http://springer.lib.tsinghua.edu.cn

（3）OUP 过刊回溯库相关网址

牛津期刊主页　http://www.oxfordjournals.org

牛津期刊简体中文主页　http://www.oxfordjournals.org/china

（4）Nature 周刊回溯数据库相关网址

Nature 出版集团　http://www.nature.com

Nature 期刊　http://www.nature.com/nature

http://www.nature.com/nature/archive/

CALIS 镜像站　http://nature.calis.edu.cn

（5）IOP 网络版期刊回溯数据库相关网址

IOP 主页　http://www.iop.org

IOPscience 新平台　http://iopscience.iop.org

CALIS 镜像站　http://iop.calis.edu.cn

（6）Turpion 回溯期刊数据库相关网址

Turpion 主页　http://www.turpion.org

8.4.3 NSTL 外文期刊回溯库检索方法

NSTL 外文期刊回溯库系统（图 8－18），通过主页提供 NSTL 回溯数据的检索与浏览功能。其中浏览包括按分类、字顺浏览；检索包括快速检索、高级检索、分库检索等。

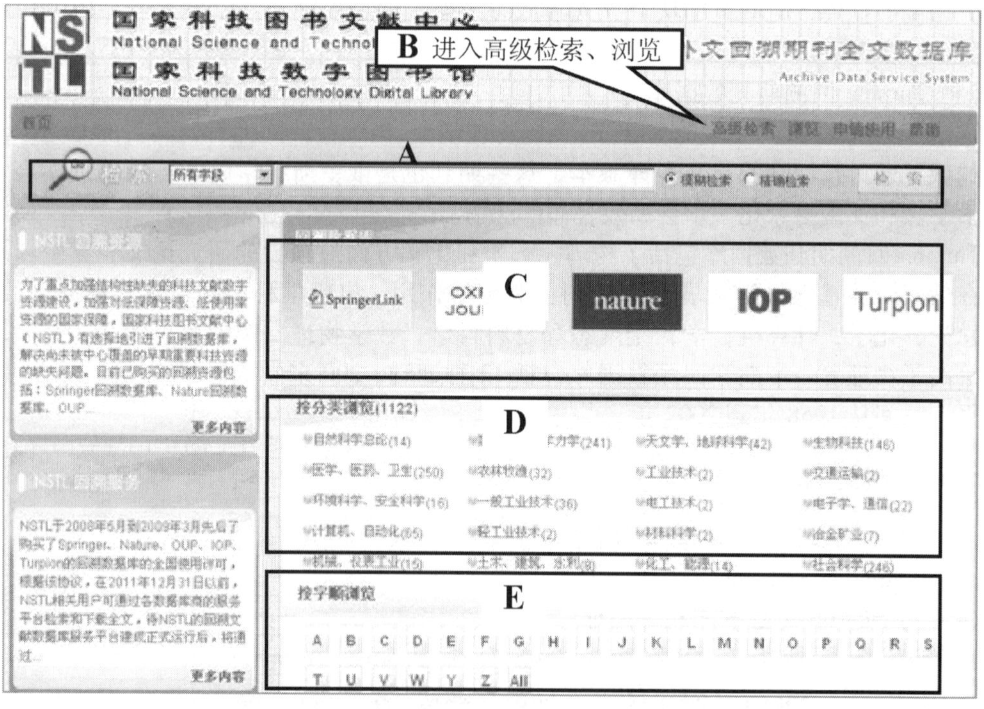

图 8－18　回溯库检索

A：快速检索，提供检索字段有题名、作者、文摘、全文、DOI、期刊名/丛书名、ISSN、ISBN，并提供“模糊检索、精确检索”两种匹配方式。B：进入跨库高级检索。C：回溯库列表，点击数据库则进入相应库的分库检索。D：按分类浏览。E：按字顺浏览。

8.4.3.1 NSTL 回溯数据浏览

(1) 按分类浏览

平台将文献按学科性质划分成 20 个类目：自然科学总论(14)、数学物理化学力学(241)、生物科技(146)、医学、医药、卫生(250)等，类目名称后括号内标明的是该类目下收藏的期刊数量。点击相关分类，即可浏览到回溯数据中收录的该专业刊名列表，展示包括刊名、ISSN 号、收录起止年、来源数据库名称。通过刊名，可以逐年、逐期进入，浏览每一期的目录、文摘以及 PDF 格式全文。

浏览过程中，用户可以选择期刊所在的数据库，或者键入刊名包含的检索词来检索期刊，快速进入指定期刊。例如，点击社会科学，则可浏览分类为社会科学的期刊，此时在检索框内键入"African"，则可进一步精确查找到"African Affairs"等刊(图 8－19)。

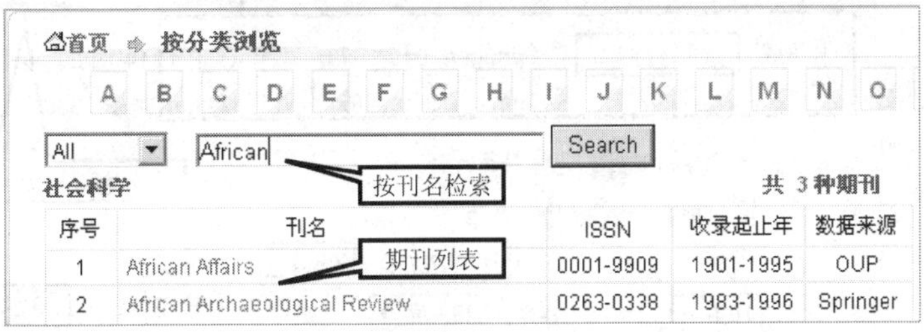

图 8－19 分类浏览

(2) 按字顺浏览

在"按字顺浏览"栏目，点击相应字母，即可浏览以该字母为首字母的刊名列表。进一步通过刊名即可看到该刊的所有收录年代。可以逐年、逐期进入，浏览每一期的目录、文摘以及 PDF 格式全文。

浏览过程中，用户可以键入刊名包含的检索词或字母，即可检索该首字母下的相应期刊。比如，点击首字母 A，则可浏览刊名以 A 为首的 126 种刊，此时在检索框内键入"software"，则可进一步精确查找到"Annals of Software Engineering"等刊。

首字母为"all"则列出了目前该回溯库中所有刊名列表。

8.4.3.2 NSTL 回溯数据检索

(1) 快速检索

在主页实现跨库快速检索，用户可以键入任意检索词，除了所有字段，还提供题名、作者、文摘、全文、DOI、刊名、ISSN、ISBN 检索(图 8－20)。

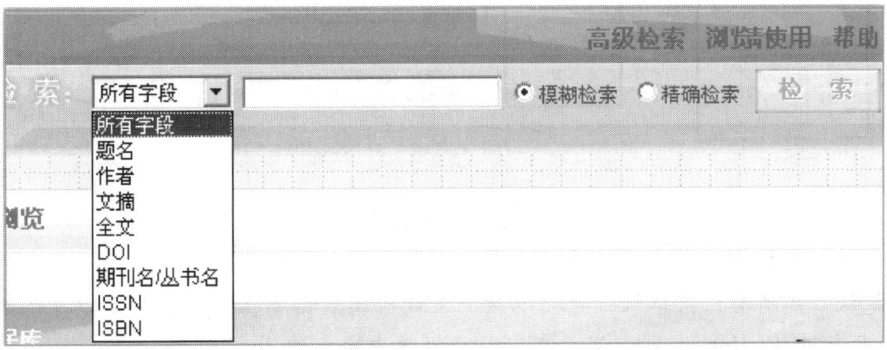

图 8－20 快速检索

默认检索为模糊检索，提供同义词或者同词根相关联检索。

例如：键入“computer”，则含有“computing”、“computation”以及“computational”等词的文献会一并检索出。

（2）高级检索

默认提供两个检索框，实现检索词的布尔逻辑运算。可以通过右侧的“+”小图标动态增减检索字段。检索字段包括：所有字段、题名、作者、文摘、全文、DOI、刊名、ISSN、ISBN 等。可以任意选择数据库、匹配方式、文献类型、文献年代等限定条件。

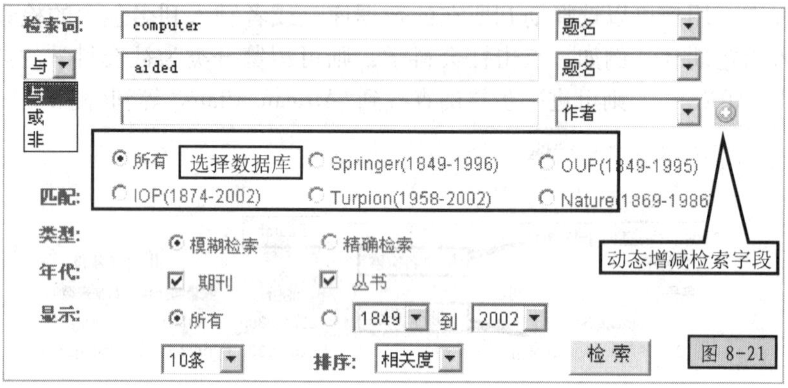

图 8－21　高级检索

图 8－21 示例：检索标题中含有 computer－aided 的文献，分别在两个检索框中键入“computer”、“aided”，检索字段选择“标题”，逻辑关系选择“与”，选择数据库，调整好匹配模式、文献类型等限定，点击“检索”按钮。

（3）检索结果显示

检索结果包括检出文献标题、刊名、年卷期、页码、作者、文摘以及 PDF 格式原文链接。如图 8－22 所示。

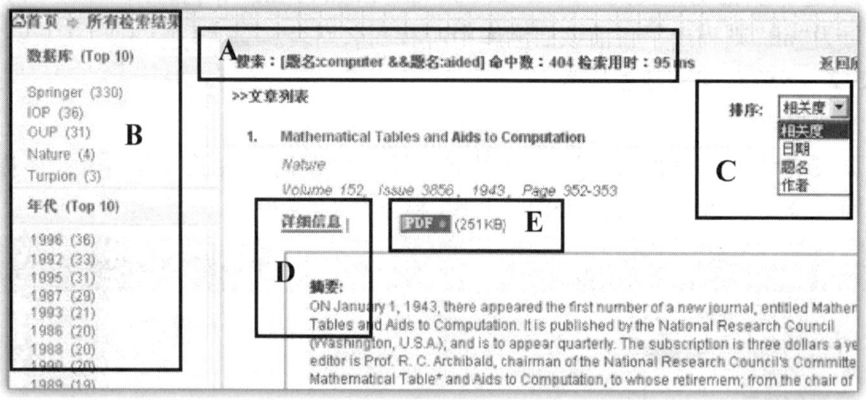

图 8－22　检索结果显示

A：系统根据检索过程生成检索式，命中文章数量等。

B：默认显示所有检索结果，也可以按照文献所属数据库、年代、刊名以及作者分别显示，例如点击“IOP(36)”，则会显示在 IOP 数据库中检出的 36 篇文章。

C：排序，可按照相关度、发表日期、作者以及标题任意选择排序。

D：点击“详细信息”，可以查看文章摘要和其他信息。

E：如果是申请授权用户，点击此处可以下载 PDF 格式全文。

8.4.3.3 分库检索与浏览

NSTL 外文回溯库首页提供各库的链接，点击可以进行分别检索与浏览。分库检索中，不同的数据库遵循原有检索与数据结构，检索界面不尽相同，检索功能有更强的特性，限定条件更细致。

8.4.3.4 检索功能说明

无论在统一检索(快速检索、高级检索)，还是分库检索中，系统都有如下处理规则：

① 特殊字符处理。用户输入的特殊字符如 * + - _ \ / ^ $ ( ) { } [ ] :," 等特殊符号将被过滤。

② 停止词处理，用户输入的停止词，如 a、and、or 、the 等将被过滤。

③ 短语检索方式。如果用户想对输入的短语进行完全匹配，那么可以将短语前后加上引号(单、双引号均可)。短语匹配时，and、or、not 将被作为“与、或、非”逻辑标记处理，如输入:"optical communication" and "fibre" 将列出 optical communication 与 fibre 都同时出现的检索结果。

④ 检索匹配方式。精确检索采用完全匹配方式、模糊检索采用词根匹配方式，如检索 computer，则相同词根的 computing、computers、computation 等词汇也将作为检索结果列出。

8.4.4 NSTL 订购的外文现刊数据库

NSTL 订购 50 余种外文网络版期刊全文数据库，面向中国大陆学术界用户开放，用户为了科研、教学和学习目的，可少量下载和临时保存这些网络版期刊文章的书目、文摘或全文数据。每个数据库包含一种或几种期刊全文，一般都具有检索、浏览等功能。

NSTL 订购外文现刊的网址：http://www. nstl. gov. cn/NSTL/nstl/facade/exweb/electroicResource. jsp? i=1

8.5 SpringerLink 全文数据库的检索

SpringerLink 全文数据库在 8.4.1 节中作为 NSTL 外文回溯数据库的一部分，已有介绍。本节介绍该数据库的使用方法。数据库网址参见 8.4.2 节内容。

8.5.1 用浏览方式查找文献

浏览有两种方式，一是按收录文献的学科主题浏览，二是按文献类型浏览。

(1) 按文献学科主题浏览

图 8-23 为数据库系统主页，页面左侧是导航栏，同时能够在当前浏览结果中二次筛选文献，起到二次检索的作用。导航栏中默认显示学科主题内容，也可以点击图 8-23 中 B 所示的“BROWSE”打开按学科主题浏览界面，SpringerLink 包括建筑与设计、行为科学、生物医学和生命科学、经济及工商管理、化学与材料科学等十三个学科主题，依次展开主题；

C 中是已经选中的主题，多主题间是"逻辑与"关系，点击主题前面的"×"可以移除该主题；D 显示的是待选主题，可以对浏览结果做更多的筛选限定；E 中显示的限定条件分别是文献出版年、SpringerLink 上传日期、文献类型、语言。在右侧显示区列出相应主题和限定条件下的文献，包括期刊、图书等，点击查看文献信息，直到全文。

浏览过程中导航栏的布局会发生变化，也可以随时输入任意词在当前结果中检索(F 所示检索框)，合理使用导航工具，会很大程度上提高浏览效率。

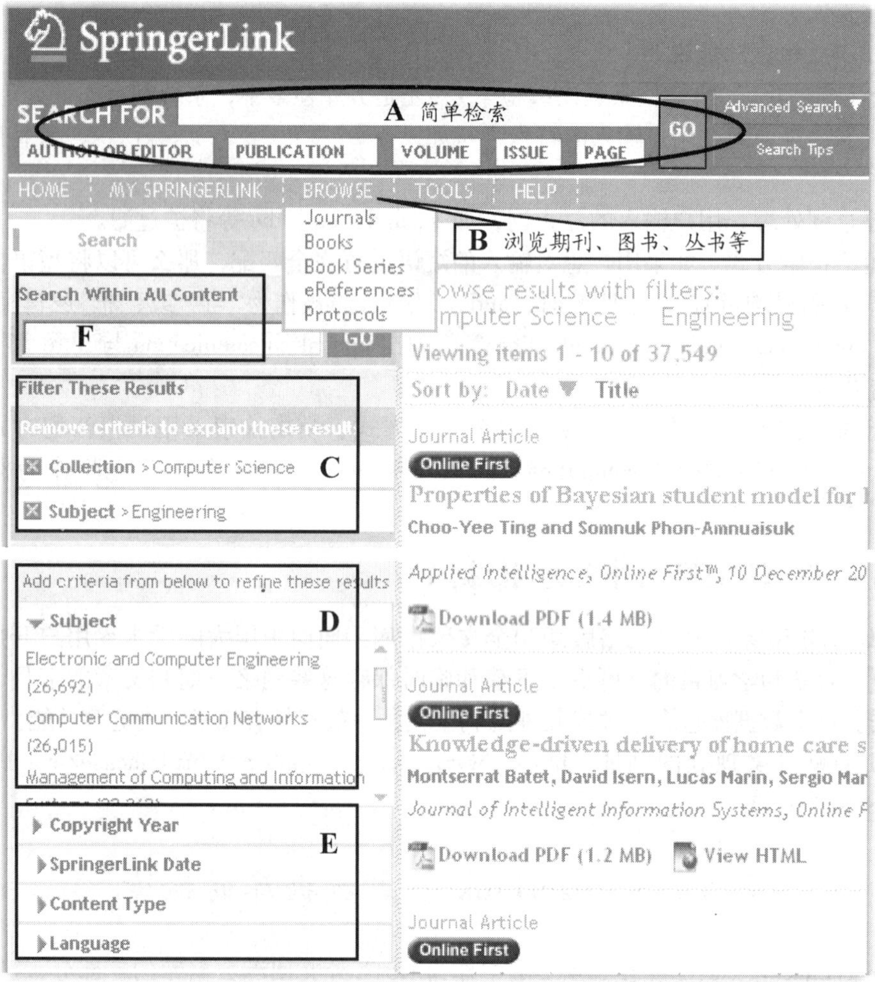

图 8 – 23　按文献学科主题浏览

(2) 按文献类型浏览

点击"BROWSE"菜单下拉列表中项目(图 8 – 23 B 所示)，可以浏览相应类型文献。以期刊为例，浏览结果如图 8 – 24 所示。点击期刊列表中链接，会打开相应期刊，列出收录论文及相关信息，直到获取全文。

G 显示浏览、检出期刊情况，点击字母则显示该字母为首的刊名；H 是期刊列表，可以选择按标题或日期排序方式；I 是导航栏，可以在期刊中检索文章，或按学科主题内容浏览限定浏览范围，也可以限定文献索取方式(如开放存取 Open Access)。

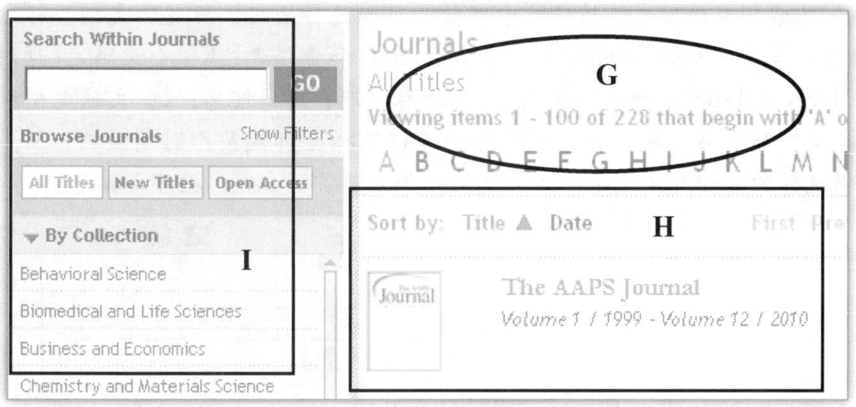

图 8－24 按文献学科主题浏览

8.5.2 用检索方式查找文献

系统提供简单检索和高级检索两种方式。查找某一主题的文章，但不知道文献的详细信息，这时可以使用简单检索功能；如果有文献相关信息，想从蛛丝马迹中准确找到你要的文章，高级检索功能是比较合适的选择。

（1）简单检索

简单检索是最简单、最快捷的方式，在网页顶部搜索框中(图 8－23 A)输入检索词，包括全文任意词、文献作者、出版年、卷、期、页码等，点击“go”进行检索，各检索框之间是“与”的关系。结果页面与图 8－24 相似，H 的位置是检索结果列表。此时左侧导航同样具有二次检索功能，可以依据学科主题内容、版权、语言等条件筛查文献，或输入检索词在结果中检索。

（2）高级检索

点击简单检索和高级检索切换按钮，可以展开高级检索界面，在一个或多个检索词输入框中键入检索词，对检索范围进行限定，以达到精确检索的目的，多个检索条件之间的逻辑关系为“与(AND)”，也可选择检索结果排序。图 8－25 是高级检索页面说明，图 8－26 是用“computer”检索的结果。

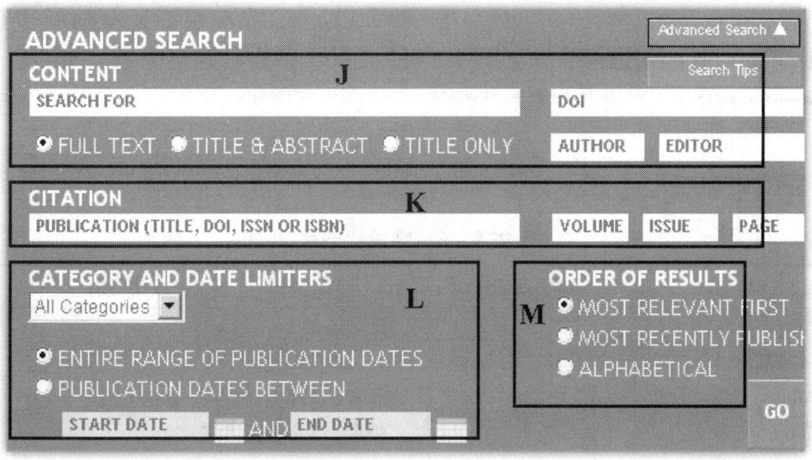

图 8－25 高级检索页面

J，输入检索词或检索式，选择检索字段，可以选择全文、标题和文摘、标题；可以限定 DOI(数字对象唯一标识，Digital Object Identifier)和责任者；K，引文限定(通过出版物标题、DOI、ISSN 或 ISBN 来确定出版物)，包括卷、期、页码信息；L，文献类型和出版时间限定，文献类型如图书、期刊等，出版时间可以选择全部或某个时间段内；M，检索结果排序，可供选择的有相关度优先、相关度优先并且是首页出版、按字母排序。

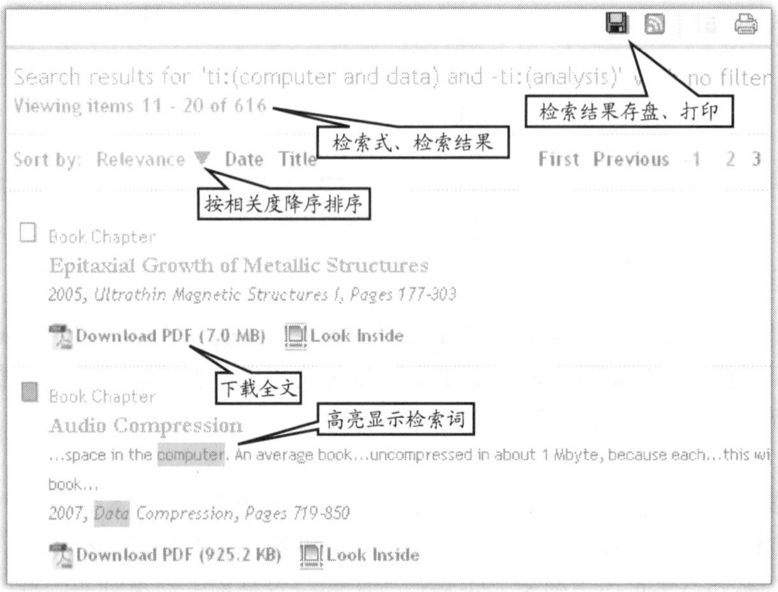

图 8－26 检索结果

8.5.3 构建检索式

系统在简单检索和高级检索中，可以使用任意词检索，也可以组织检索式检索。检索过程中，合理地使用检索字段和检索运算符，构造检索式，可以使检索结果更为精确。

(1) 检索式基本语法

检索式基本语法为：字段代码：(检索词) 逻辑算符 字段代码：(检索词)……

例如，ti：(peer－to－peer system) AND au：(bai)，表示检索文章篇名中包含“peer－to－peer system”，并且著者姓名中包含“bai”的文献，ti 表示题名字段，au 表示著者字段，“AND”表示两个字段是“逻辑与”关系。

(2) 系统字段代码

系统字段代码如表 8－6 所示。

表 8－6 字段代码表

字段名称	字段代码	字 段 说 明
Title	ti	论文篇名
Title&Abstract	ab、su	论文标题或摘要
Author	au	著者，文献责任方式
Editor	ed	编者，文献责任方式
Publication	pub	出版物，指定出版物名称

续表

字段名称	字段代码	字 段 说 明
Volume	vol	卷，例如 vol：(11)指定在第 11 卷范围内检索
Page	p	页码，在指定页中检索
ISSN	issn	国际标准连续出版物号
ISBN	isbn	国际标准书号
DOI	doi	数字对象唯一标识(Digital Object Identifier)

(3) 检索算符

包括布尔逻辑运算符和系统专用的检索算符，如词组检索算符、截词符等。

① 布尔逻辑运算符(and、or、-)定义了检索词之间的关系，算符不区分大小写。

computer and data，表示检索出的记录同时包括 computer、data 检索词，“and”算符可用空格代替。

computer or data，表示检索出的记录包括 computer、data 检索词之一或全部。

computer -data，表示检索出的记录包括 computer，但不包含 data 检索词，注意，-与 data 之间不能有空格。

② 词组检索运算符(“”)，用英文半角双引号限定检索词，要求检出的记录完全匹配，达到精确检索。例如，检索“system manager”，只检索到 system manager 这个词组，system self -control manager 这个短语不会被检出。但是引号中词组的大小写变化是不受限制的，例如用“a key”也可以检索出包含 A key、a Key 等词形的文献。

③ 截词符，也叫通配符，可扩展检索范围。SpringerLink 并不需要截词符，系统会检出所有以检索词(或检索词包含的词根)开头的记录。例如：输入 key，可检索到包含 key、keys 等词的文献，用 keys 同样可以检索到包含 key 的文献。

④ 特殊符号。如果检索短语中包含标点符号或连词符等特殊符号，系统会将此特殊符号识别为空格，检索出包含标点符号、连词符和不包含标点符号、连词符的记录。例如：检索词“television：talk show”，既可以检索出包含 television talk -show 的记录，又可以检索出包含 television talk show 的记录；“computer - data”(减号与 data 间有一空格)中的减号会被系统过滤掉，而理解为“computer and data”。

⑤ 时间限制。系统支持检索式中时间段限定，但不建议用户在检索式中使用时间段限定，在高级检索中使用时间段限定更为方便。例如：'ti：(computer and data) -ti：(analysis)' published between '2 Dec 2009' and '1 Dec 2010'，表示文献篇名中包含 computer 和 data 但不包含 analysis 且发表于 2009 年 12 月 2 日到 2010 年 12 月 1 日时间段的文献。

8.6 HighWire Press

HighWire Press 是全球最大的提供免费全文的学术文献出版商之一，由美国斯坦福大学图书馆于 1995 年创立，最初仅出版著名的周刊“Journal of Biological Chemistry”，目前协助出版 1400 多种期刊、参考书籍以及数字化产品。截至 2010 年初已拥有 4500 多种 Medline 医学期刊、1200 多万篇文献，180 多万篇免费论文全文。HighWire Press 收录的期刊覆盖生命科学、医学科学、物理科学、社会科学等学科。

HighWire Press 网址：http://highwire.stanford.edu/

8.6.1 HighWire Press 期刊浏览

图 8－27 显示的是按字母顺序浏览期刊，页面中以列表方式显示期刊名称和相关信息。也可以按出版商(by Publisher)、主题(by Topic)顺序显示期刊列表，浏览期刊。

在期刊列表中，刊名后标注为“Free site”的期刊可以免费获得所有全文；标注为“Free trial”的期刊可以在试用期内获得全文；标注为“Free issues”的期刊可以在某个期限后免费获得全文，各刊规定期限不同，如图 8－27、图 8－28 所示。

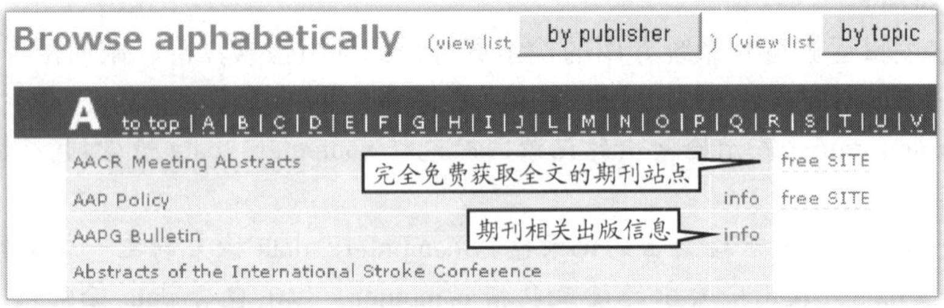

图 8－27 按字母顺序浏览期刊(a)

图 8－28 按字母顺序浏览期刊(b)

无论按什么方式浏览期刊(by Alphabetically、byPublisher、by Topic)，都可以逐级细分，最终到达某一具体网络版期刊站点，每一种刊提供各自的浏览和检索界面，一般可以逐年、卷、期浏览文章，也可以在该刊内通过关键词、作者、全文等进行检索。

8.6.2 快速检索和高级检索

在 HighWire Press 首页中提供快速检索(图 8－29)，可以输入任意检索词进行检索，或进入高级检索界面，做更多限定检索。

图 8－29 快速检索

高级检索提供的检索字段有任意词，标题和文摘，标题，作者，年、卷、期的限定等，并可选择各字段内输入的检索词的关系：any(相当于OR)、all(相当于AND)、phrase(输入的为词组)，图8－30是高级检索界面的局部，框线中三个单选项用于限定查找期刊的范围，分别表示在Highwire协助出版的期刊中检索、在Highwire和PubMed中检索、在自己设定的期刊中检索(需要注册并设定期刊)。检索结果可以按系统的标准格式或压缩格式显示，可选择每页显示的记录数，选择结果排序方式(按相关度、按出版时间)，图8－31是检索结果按压缩格式列表。全文一般提供HTML版面格式或PDF格式。

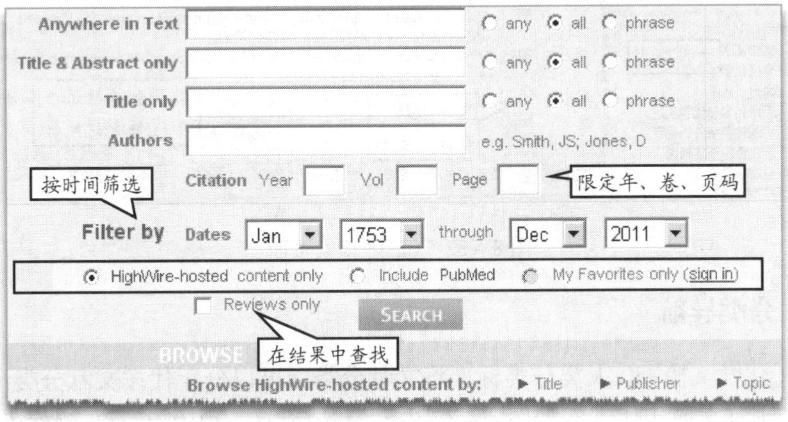

图8－30 高级检索

图8－31 检索结果压缩格式列表

8.7 化工文献检索服务全文保障系统(CISSS)

Chemical Information Search Service System(简称CISSS)，由中国化工信息中心(CNCIC)推出，是一套互联网文献服务平台系统。它以化工、化学领域二次文献数据为基础，利用全文检索和内容管理技术，为用户提供文献信息检索服务和原文请求服务。CISSS累积2200多万条二次文献数据，按年度划分为库，包含140多个国家的15000多种科技期刊、科技报告、会议论文、学位论文、资料汇编、技术报告等，以及30多个国家(美国、英国、德国、日本、中国、加拿大、澳大利亚、俄罗斯等)和两个国际专利组织(欧洲专利组织和世界知识产权组织)的专利说明书的文献信息。文献信息以无机化学、有机化学、分析化学、物理化学、高分子化学等为主，覆盖了全球98%以上的化工、化学相关领域的文献情报资源，并以每年100多万条的速度补充增长。

CISSS提供的检索方式有普通检索、高级检索、分类导航等。检索前需要登录到数据库，一般是由 IP 控制。用户登录以后，点击首页的“进入”，即可进入 CISSS 检索页面，如图 8 - 32 所示，左侧上部分是年代列表区，下半部分是化学分类列表区，右侧是记录显示区。

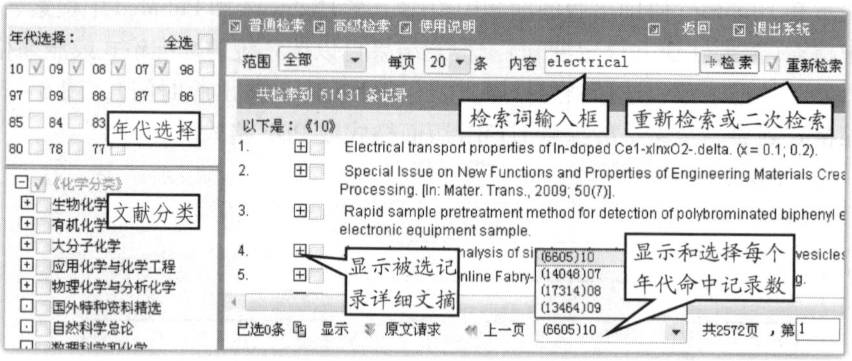

图 8 - 32 CISSS 检索页面

8.7.1 分类导航

CISSS 按《化学文摘》80 大类分类标准将文献分类，可以分年代按文献分类浏览文摘。

首先选择浏览文摘年代，例如图 8 - 32 中，复选 2007—2010 年；右侧检索框中保持空白，然后点击页面左侧下方文献分类栏中类目名称（点击类目前“ + ”可以继续打开子类目），就会在右侧记录区显示相应文摘标题。通过选择下方状态栏中文献年代分布下拉列表框内容，可以显示和选择某个年份命中记录数，如“(6605)10”表示在 2010 年中检索出 6605 篇文献。

8.7.2 普通检索

（1）基本检索方法

是在指定的范围内，按单一的检索表达式检索，快速定位到要查找的信息。如图 8 - 32 所示，检索步骤如下：

① 首先选择检索年代，可以选择一个或多个年份，本例中选择 2007—2010 年。

② 选择文献分类，这里选择全部化学分类。

③ 选择检索字段，可选择的字段包括标题、题录、关键词、普通主题、化学物质、更新日期、文摘、分类号，这里选择“全部”字段。

④ 输入检索词或检索式，本例中输入“electrical”，点击“检索”按钮，共检索出 51431 条记录。如果检出文献量过大，可以二次检索，缩小检索范围，将“重新检索”前面的对号去掉，输入新的检索词，点击检索，直到检索出合适的文献量。

⑤ 此时，如果点击左侧类目名称，系统会限定文献分类显示范围，在右侧记录显示区中列出相应分类下的检出文献记录。

⑥ 查看检索结果。在右侧记录显示区，点击每条标题前的“ + ”，可以打开相应文摘；点击标题，可以在新窗口打开该条记录的详细文摘，内容包括文献标题、题录（包含文献出处等信息）、关键词、普通主题、化学物质、更新日期、文摘、分类号、馆藏号等；勾选一

个或多个记录前的复选框，然后点击下方状态栏中的“显示”按钮，可以打开新窗口显示被选记录详细文摘。

(2) 构建检索式

普通检索中，既可以输入单词检索，也可以构建检索式代替单词检索，以获得更好的检索结果。检索式中支持逻辑运算和截词符，逻辑算符有“逻辑与”(＊)、“逻辑或”(＋)、“逻辑非”(!)；截词符，用“ $ ”表示一个字符串，包括左截词和右截词，如“ $ gas”、“oil $ ”；用方括号([ ])表示运算优先级。例如，检索式“gas ＊ ! oil”表示检索结果中包含“gas”，但不能包含“oil”。

8.7.3 高级检索

高级检索可以看作是普通检索的扩展功能。点击“高级检索”，打开检索界面，如图 8－33 所示。首先选择检索年代、文献分类，然后在右侧检索框中输入检索词，设置字段间逻辑关系，点击“检索”。“检索”后，系统会返回到普通检索界面，继续处理和查阅检索记录。

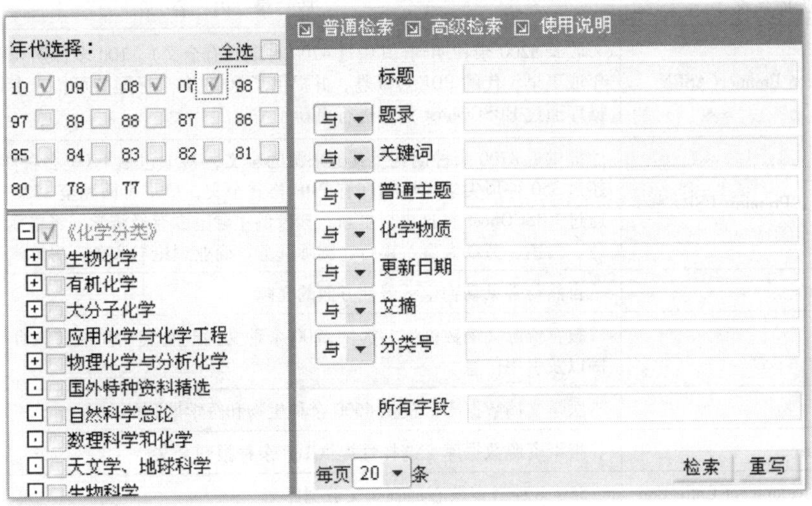

图 8－33 高级检索页面

8.7.4 原文请求

CISSS 是二次文献系统，只提供文献文摘，如果需要文献原文，可以通过原文请求方式与服务机构取得联系。

8.8 EBSCO

EBSCO 是美国一家大型文献服务专业公司，提供期刊、文献定购及出版等服务，创建于 1948 年。EBSCO 开发了近 100 多个在线文献数据库，涉及自然科学、社会科学、人文和艺术等多种学术领域。EBSCOhost 是 EBSCO 公司为数据库检索设计的系统，可以检索近 60 个数据库，其中全文数据库 10 余个；EBSCOhost 主要数据库如表 8－7 所示。

全文数据库中有两个重要数据库：

（1）Academic Search Premier（简称 ASP）

全球大型综合学科类数据库之一，是学术参考类（不包含商学文献）全文数据库，其收录文献涵盖政治、人文社会研究、教育、语言学、文学、艺术、信息科学、物理、化学、科技、工程、医药学及妇女研究、护理等学术领域，收录期刊共计 8200 余种，其中近 4700 种期刊收录全文，同行评鉴期刊（Peer－reviewed）3200 余种，有 1500 余种期刊为 ISI（Web of Science）来源期刊。

（2）Business Source Premier（简称 BSP）

该数据库是收录商业管理、财经类文献的全文数据库，包含的学科领域有经济学、经济管理、金融、会计、营销、劳动人事、银行、国际商务、商业理论与实务、房地产等。收录期刊 8700 余种，其中同行评鉴期刊（Peer－reviewed）1100 余种。BSP 的优势在于它对所有商业学科都进行了全文收录。

表 8－7　EBSCOhost 主要数据库

数据库名称	收　录　内　容
Academic Source Premier（ASP）	收录 8200 余种期刊（其中近 4700 种期刊有全文），100 多种期刊可回溯至 1975 年或更早年代的 PDF 过期卷，并提供了 1000 多个标题的可检索参考文献。该数据库通过 EBSCOhost 每日进行更新
Business Source Premier（BSP）	提供近 8700 余种期刊及其他来源的全文，其中包括 1100 多种学术商业刊物，超过 350 种顶尖学术性期刊有 PDF 格式全文，最早可回溯至 1922 年。该数据库通过 EBSCOhost 每日进行更新，涉及的主题范围有经济学、经济管理、金融、会计、营销、劳动人事、银行、国际商务、商业理论与实务、房地产等
EBSCO Animals	自然与常见动物生活习性方面的文献
ERIC	教育资源文摘数据库，提供 2200 余种文摘刊物和 980 余种教育相关期刊的文摘以及引用信息
MEDLINE	医学文摘数据库，提供 4600 余种生物和医学期刊的文摘
Newspaper Source	报纸资源数据库，选择性提供 180 余种报刊全文
Professional Development Collection	550 多种教育核心期刊全文数据库
Regional Business News	75 种美国区域商业文献全文数据库
World Magazine Bank	250 种主要英语国家的出版物全文汇总

EBSCO（ASP＋BSP）分期刊数据库检索和非刊类出版物检索，如图 8－34 所示，点击链接，进入相应检索页面。

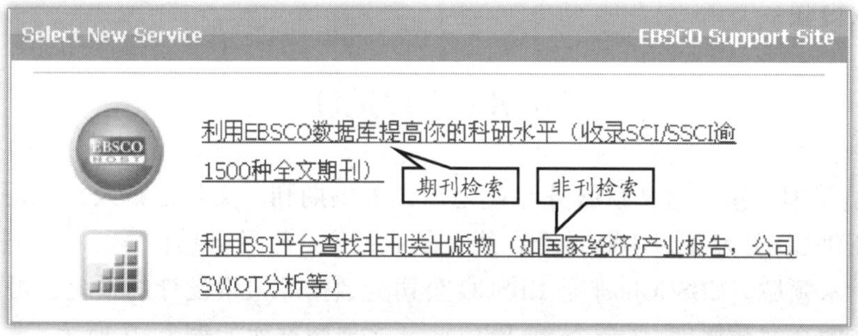

图 8－34　EBSCO 检索页面

8.8.1 期刊数据库的基本搜索和高级搜索

在图 8－34 中点击期刊数据库检索，进入数据库选择页面(图 8－35)，勾选要检索的数据库，点击“Continue”，进入基本检索页面。

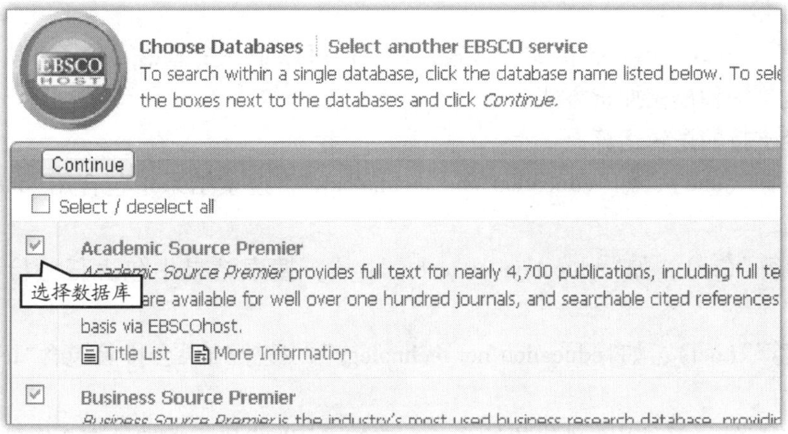

图 8－35 EBSCO 数据库选择页面

基本搜索为用户提供一个简单、快速的搜索方式，如图 8－36 所示，在搜索框中输入检索词或检索式，点击“Search”即可。点击“Search Options”打开搜索选项(图 8－37)，可进行一些必要的限制检索，包括检索模式的选择与限制，检索结果的限制，文献来源等限制。

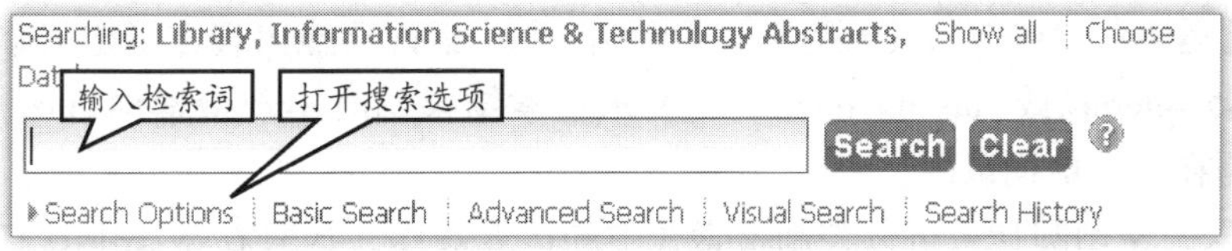

图 8－36 基本搜索页面

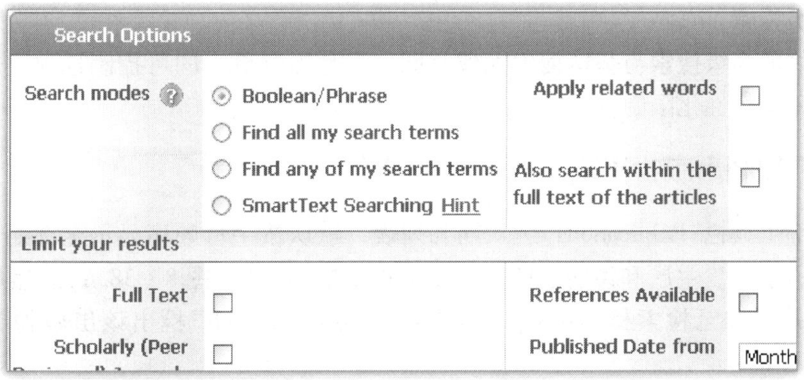

图 8－37 搜索选项页面

(1) 检索模式与限制

包括 Boolean/Phrase、Find all my search terms、Find any of my search terms、SmartText Searching 四种模式。

① Boolean/Phrase(布尔/短语)，支持检索词的布尔逻辑运算、短语检索等。

② Find all my search terms，检索结果中要求包含所有检索词，相当于所有检索词用“与运算符”连接。

③ Find any of my search terms，包含任意一个检索词，即为命中，相当于所有检索词用“或运算符”连接。

④ SmartText Searching，智能文本搜索，检索词可以是一个短语、句子、段落，甚至是整个页面，这是一种模糊搜索方式。

（2）系统支持的逻辑运算

① “与运算”(and)，如“education and technology”，搜索结果中包含用“and”连接的所有检索词。

② “或运算”(or)，如“education or technology”，搜索结果中包含任一检索词，即为命中。

③ “非运算”(not)，如“education not technology”，搜索结果会排除包含“technology”的记录。

④ 通配符运算。系统用“?”代替任意一个字符，用“#”代替连续的多个字符。例如，用检索词“ne? t”可以搜索出包含“nest”、“next”的结果；用检索词“colo#r”可以搜索出包含“color”、“colour”的记录。

⑤ 截词符，用一个星号(*)表示。截词符可以截断一个单词，也可以截断一个句子，如“comput * ”可以代表“computer”、“computing”，“a midsummer * dream”也可以代表“a midsummer night's dream”。

⑥ “临近运算”(n 或 N)，限制检索结果中两个检索词只能出现在指定的临近状态，如检索式“tax N5 reform”或“tax n5 reform”，要求检索结果同时出现检索词“tax”、“reform”，而且两词间隔在 5 个单词以内。

⑦ 圆括号，使用圆括号可以控制检索式中的运算顺序，括号在系统中具有最高的运算优先级。如果没有括号，搜索按从左至右的顺序执行。

（3）高级搜索

系统提供的高级搜索与基本搜索大致相同，只是提供更多的可控制选项，也包括针对所检索数据库的个性化限制。

8.8.2 期刊出版物浏览

点击顶部工具栏“Publications”进入期刊列表，默认按字母顺序显示全部期刊列表，可按出版物名称字顺、主题和说明、匹配任意词检索期刊列表(图 8 - 38 A)。然后勾选需要的出版物，并添加至检索框(图 8 - 38 B、C)，点击“Search”检出该出版物刊载的文章列表。

在文章列表中，可以再按作者、文献来源、相关性、说明等方式进行排序，也可以按照是否提供全文以及出版日期等条件进行筛选，当然也可以进行文章打印、下载全文或电子邮件邮送、保存、引用等操作。如要对多个结果操作，可将其添加至文件夹，进行批量处理。

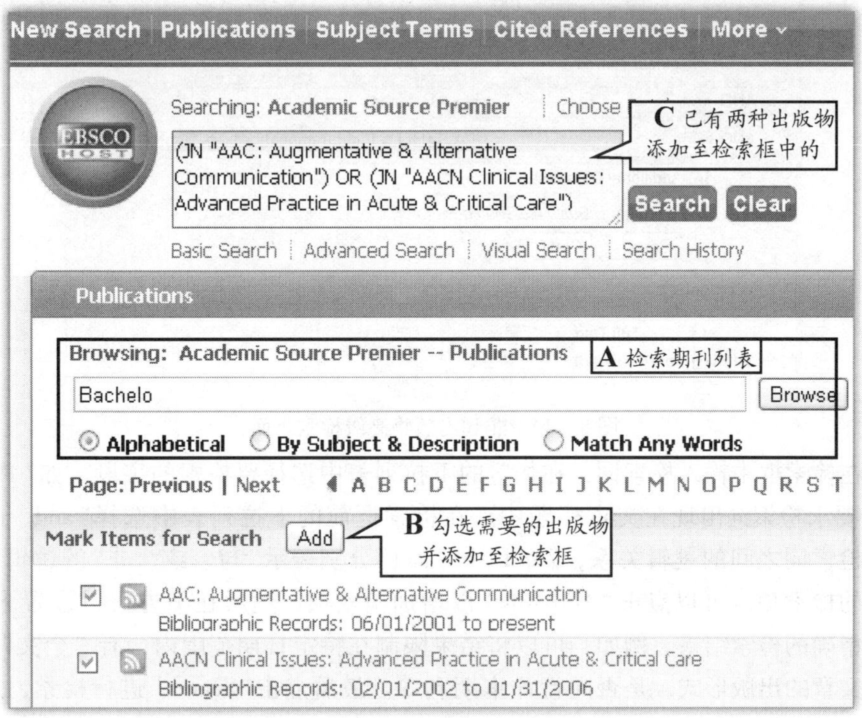

图 8－38　期刊出版物列表

8.8.3　期刊引文检索

系统提供期刊数据库引文检索，可从作者、标题、来源等途径进行引文检索。从工具栏中的“Cited References”进入，界面如图 8－39 所示，在相应检索框中输入检索词，如被引作者，可检出该作者文章的被引用情况。

图 8－39　期刊引文检索界面

8.8.4　非刊出版物的基本检索和高级检索

在图 8－34 中点击非刊出版物检索链接，默认打开基本检索页面。在基本检索中，只提供按关键词、作者、出版物等途径检索。

点击“Advanced Search”进入高级检索页面(图 8－40)。

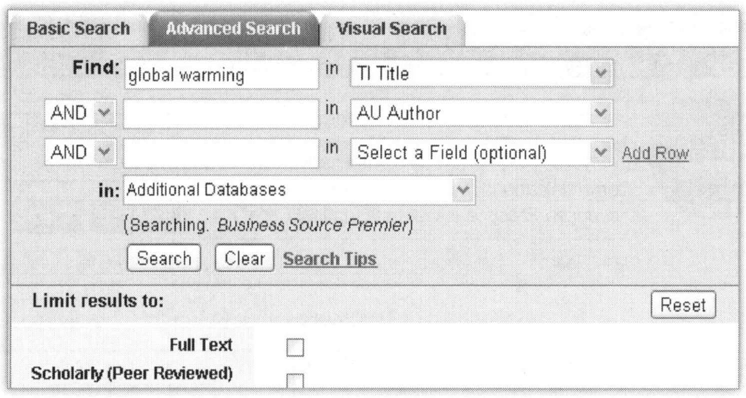

图 8－40　非刊出版物高级检索页面

首先在检索框中输入检索词，在相应的下拉列表中选择要检索的字段，如“TI Title(标题)”，即要求检索词出现在文章标题中。在检索框前的下拉列表中选择“and、or、not”，确定多个检索词之间的逻辑关系，“and、or、not”分别表示“与、或、非”的逻辑关系。如果有更多的检索项，可以点击“Add Row”以增加检索项。然后在下方可以设置限定条件，来取得更精确的检索结果。例如，可以将结果限制在特定日期范围内，有“全文”的文章。还可限定文章的出版形式，是否同行评审期刊等。最后点击“Search”进行检索，进入文章列表页面。

在文章列表中，可以方便地按出版日期、文献来源、作者或相关性等条件对结果进行排序，也可以按文献类型或主题分类浏览。系统提供“添加至文件夹”功能，将结果保存在临时文件夹中，方便保存、打印、下载等。

8.9　ISI Proceedings

ISI Proceedings 是 ISI(美国科技信息所)著名的学术会议录文献索引，包括科技会议录索引(ISTP)和社会科学与人文会议录索引(ISSHP)的 Web 版，收录了 60000 多个会议的 350 多万条记录，每年增加近 260000 条记录，其中三分之二是以图书形式出版的会议录，其他的三分之一来自期刊，数据每周更新。

会议文献是国际学术交流的重要组成部分，ISI Proceedings 汇集了世界上最著名的会议、座谈、研究会和专题讨论会的会议录资料。其文献来源包括专著、期刊、报告、学会、协会和出版商的系列出版物以及预印本等，其收录文献以英语居多，也包括其他语种文献。

ISI Proceedings 同时还收录了自 1999 年至今的文后的参考文献，其中 90% 以上的记录都含有参考文献。

科学与技术版本(ISTP)涵盖了所有科学与技术领域，包括农业与环境科学、生物化学与分子生物学、生物技术、医学、工程、计算机科学、化学与物理等。社会科学与人文科学版本(ISSHP)包含了来自于社会科学、艺术、与人文领域的所有学科，包括心理学、社会学、公共健康、管理学、经济学、艺术、历史、文学与哲学。

ISI Proceedings 的网址，http://www.isiknowledge.com。

8.9.1　ISI Proceedings 普通检索

(1) 检索步骤

进入 ISI Proceedings 网站，默认显示普通检索界面。例如，现在要了解 2007 年诺贝尔物理奖获奖课题“巨磁电阻效应”(Giant Magnetoresistance) 在材料科学 (MATERIALS SCIENCE) 领域的概况这一课题，如图 8－41 所示，①首先打开下拉菜单选择“主题”检索项；②输入课题名称，如 giant magnetoresistance *，为了防止漏检，后面使用了截词符(*)，如果有多个检索词，可以继续输入，并选择“AND、OR、NOT”限定检索项之间的逻辑关系，点击“添加另一字段”可以增加更多的检索条目；③点击“检索”按钮，可以出现相应的检索结果。

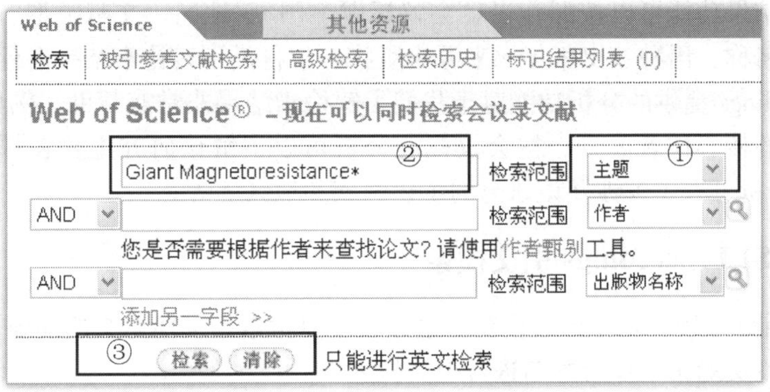

图 8－41　ISI Proceedings 普通检索

图 8－42 是检索结果页面，通过左侧的“精炼检索结果”功能可以快速地了解该课题的学科、文献类型、作者、机构、国家等，甚至通过学科类别选项锁定某一学科的相关文献。

④检索结果，列出文献基本信息和引用情况；⑤在检索结果内再检索，即二次检索；⑥精炼检索结果，包括学科类别、文献类型、作者、来源出版物、出版年、会议标题、机构、基金资助机构、语种、国家/地区等选项，可以使用；⑦检索结果分析，创建引文报告；⑧文献打印、邮送、保存等功能。

图 8－42　检索结果页面

（2）系统支持的语法

① 通配符。以下通配符可以用于检索词的变化形式：

*，可以代表0个到多个字母，例如Gene * 可检索到Gene、Genes、General、Generation；

?，代表1个字符，例如Car? 可表示Cars、Care；

$，代表0或1个字母，例如Cell $ 可以代表Cell、Cells、Cello。

② 布尔逻辑算符。系统支持"同句(SAME)、与(AND)、或(OR)、非(NOT)"逻辑运算，SAME表示它所连接的检索词出现在同一个句子中或者一个关键词短语里。在一个检索式中出现多个算符时，运算的优先级依次为：圆括号、SAME、NOT、AND、OR。

（3）分析检索结果

分析检索结果功能可以按照作者、会议标题、国家/地区、文献类型、基金资助机构、授权号、机构名称、语种、出版年、来源出版物、学科类别对检索结果进行重新排序。

ISI Proceedings提供的分析功能对于我们了解检索结果非常有帮助，例如按作者分析可以了解该研究的核心作者是谁，按会议标题分析可以了解该研究主要在哪些会议上发表，按国家/地区分析可以了解涉及该研究的主要国家和地区等等。

8.9.2 ISI Proceedings引文检索

引文检索是ISI Proceedings的重要检索方式。要检索到某篇论文的准确被引用情况，一般需要利用该论文的第一作者姓名进行引文检索。

例如，要查找1997年清华大学作者韩伟强、范守善等合作在《Science》杂志上发表的文章《Synthesis of gallium nitride nanorods through a carbon nanotube - conflned reaction》的被引用情况，我们以此题为例来说明检索步骤。

① 点击"被引参考文献检索"，进入检索页面，如图8-43所示；

② 输入第一作者韩伟强的英文名，作为检索词；

③ 输入年份，1997，并点击"检索"，检索结果如图8-44所示；

图8-43 检索页面

④ 图8-44中检索结果显示我们查询的文献被引用1003次，可以选中该文献或其他文献，也可以通过下方的选项进检索结果进一步限制；

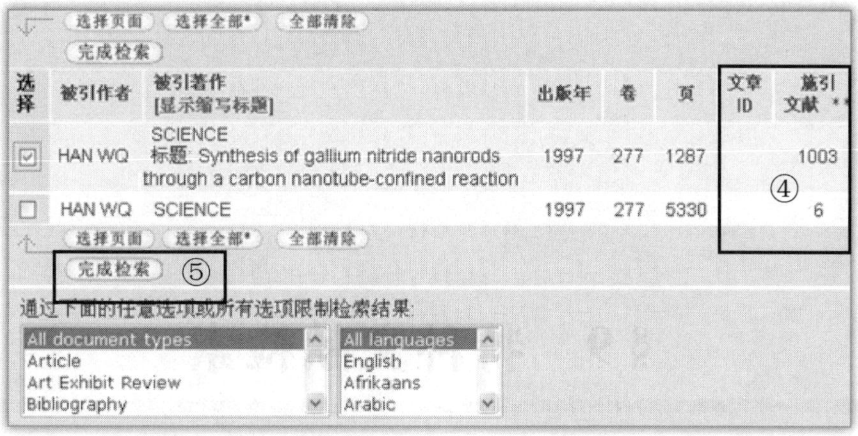

图 8-44 检索结果

⑤ 选中文献后，点击“完成检索”，会转到引用了作者 Han WQ 1997 年发表在期刊 Science 上论文的文章列表，同样可以对检索结果进行分析。

习题

1. 你目前可以使用的中、外文文献信息检索工具有哪些，试将这些资源整理出来。

2. 先拟定一个检索课题，然后围绕该题目，完成以下各题：

(1) 从 CNKI、万方等数据库中查找相关文献，包括期刊论文、学位论文等，要求理清检索过程，记录下各篇论文的篇名、论文作者、作者单位、文献出处、关键词、中文摘要。

(2) 在已经获得的论文基础上，通过引文等途径，扩大和细化相关文献信息，努力提高检索率，并记录检索过程。

(3) 在 1、2 题基础上，完成本次检索的《检索报告》。

3. 自行拟定一个检索课题，然后从 SpringerLink 数据库入手，检索包括期刊论文、学位论文、图书资料等各类文献信息，从中筛选出大约 10 篇，记录检索过程和结果。

§9　特种文献检索

特种文献是指出版发行和获取途径都比较特殊的科技文献资料，一般包括会议文献、科技报告、专利文献、学位论文、标准文献、政府出版物等。特种文献特色鲜明，内容广泛新颖，数量庞大，类型复杂多样，涉及科学技术、生产生活的各个领域，出版发行无统一规律，具有重要的科技价值。

检索特种文献，可以使用综合文献数据库平台，如 CNKI、万方等数据库既包含学术期刊论文，也收录了多种类型的特种文献，是比较全面的综合性检索平台。检索特种文献也可以使用专门的检索工具。

9.1　学位论文检索

学位论文是高等院校毕业生用以申请授予相应学位而提出作为考核和评审的文章。学位论文探讨的问题比较专一，对问题的阐述较为详细和系统，具有科研论文的科学性、学术性、新颖性，特别是博士、硕士论文能反映某一学科当前水平而成为科学研究的重要学术信息源。

学位论文一般不公开出版，印数有限，因而获取困难。

(1) 国家图书馆学位论文检索系统

网址 http://res4.nlc.gov.cn/home/index.trs?channelid=3

国家图书馆学位论文收藏中心是国务院学位委员会指定的全国唯一负责全面收藏和整理我国学位论文的专门机构，也是人事部专家司确定的唯一负责全面入藏博士后研究报告的专门机构。20 多年来，国家图书馆收藏博士论文达 20 多万种，此外，还收藏部分院校的硕士学位论文、台湾博士学位论文和部分海外华人华侨学位论文。

为了便于永久保存，国家图书馆着手开始学位论文全文影像数据建设。博士论文全文影像资源库以书目数据、篇名数据、数字对象为内容，提供简单检索、高级检索、二次检索、关联检索和条件限定检索。国家图书馆博士论文资源库现提供近 19 万种博士论文的展示浏览。资源库遵循“边建设边服务”的原则，后续建设的数字资源将逐步服务于读者。

国图馆藏博士论文库，可以检索国图博士论文，但仅供浏览前 24 页，不提供电子版的下载和打印服务。

(2) ProQuest 学位论文管理系统

网址 http://pqdt. calis. edu. cn/

PQDT 学位论文全文库提供国外高质量博士、硕士学位论文全文，主要收录了来自欧美国家 2000 余所知名大学的优秀博硕士论文，目前中国集团可以共享的论文已经达到 35 万余篇，涉及文、理、工、农、医等多个领域，是学术研究中十分重要的信息资源。

系统提供简单检索和高级检索，可以实现标题、摘要、全文、作者、学校、导师、来源、ISBN 号、出版号等多字段检索，支持“与”、“或”、“非”逻辑运算和精确匹配检索。

(3) 高校学位论文数据库

http://opac. calis. edu. cn/

该数据库收录了国内包括北京大学和清华大学在内的 83 个 CALIS(中国高等教育文献保障系统)成员单位的博士和硕士论文。

(4) 香港大学学术库

网址 http://sunzi1. lib. hku. hk/hkuto/index. jsp

收录了香港大学 1941 年以来的博士和硕士论文，涉及人文、教育、社会、医学和自然科学等多学科，部分文献可以免费获取原文。

(5) ProQuest Digital Dissertation(PQDD)

网址 http://www. proquest. com/、http://www. proquest. asia/zh - CN/

提供世界范围内学位论文检索服务。普通用户可以免费检索部分学位论文的索引和文摘；而机构订户则可以访问全部数据库，获得全文。

9.2 专利文献检索工具

专利权是工业产权的重要组成部分，是指国家专利主管机关授予申请人在一定时间内享有的不准他人任意制造、使用或销售其专利产品或者使用其专利方法的权利。专利文献则是实行专利制度的国家及国际性专利组织在审批专利过程中产生的官方文件及其出版物的总称，是由专利机构依据发明申请所颁发的一种文件，包括各种专利申请文件(专利申请说明书)、专利证书(专利说明书、实用新型说明书、工业品外观设计说明书)、专利公报、专利索引、专利题录、专利文摘、专利分类表等。

网上专利文献报道量极其庞大，主要通过数据库和网站查询。

(1) 中国国家知识产权局专利文献检索系统

网址 http://www. sipo. gov. cn

国家知识产权局(SIPO)，是国务院主管专利工作和统筹协调涉外知识产权事宜的直属机构。

在 SIPO 网站上，可以查询专利数据库，该库收录我国 1985 年 9 月 10 日以来公布的全部专利信息，包括发明、实用新型和外观设计三种专利的著录项目及摘要，并可浏览到各种说明书全文及外观设计图形。该数据库面向公众提供免费专利检索服务，专利说明书为 TIF 格式文件。SIPO 网站提供简单检索、高级检索和 IPC 分类检索三种检索方式，在线浏览说明书必须安装本网站提供的专用浏览器。

（2）中国专利文献数据库

网址 http://www.beic.gov.cn/database/patent.html

这是北京市经济信息中心和北京市专利局共同开发的，供网上用户免费查询的中国专利文献数据库。具有全面性、权威性和实用性。收录了自1985年以来中国专利局公布的所有发明专利和实用新型专利，总数约计47万件，包括专利题录、文摘、权利要求等。数据库中每条记录包含专利名称、文摘、权利要求、申请人等共计27个描述字段，用户可以根据需要选择其中某一个描述字段，输入关键词进行单项全文检索；也可选择两个以上描述字段进行与(AND)、或(OR)布尔检索。

（3）中国专利信息网

网址 http://www.patent.com.cn

因特网用户可以免费注册，得到有限的免费服务。在中国专利信息网上除可以检索中国专利外，还可以检索国外免费专利。

（4）美国专利商标局(United States Patent and Trademark Office)

网址 http://www.uspto.gov

美国是世界上最早实行专利制度的国家之一。美国专利局于1802年成立，1975年更名为美国专利商标局(USPTO)，是美国政府参与的一个非商业性联邦机构，主要服务内容是办理专利和商标，传递专利和商标信息。

美国专利商标局网站向公众提供全方位的专利信息服务，其中除了提供专利数据库检索服务外，还提供丰富的其他相关信息，如专利概述、专利申请、文献公布程序、US专利分类体系等。数据库内容每周更新一次。

USPTO包括的数据库有：专利授权数据库、专利申请公布数据库、专利法律状态数据库、专利转让数据库、专利公报数据库、专利分类表数据库、专利基因序列数据库、外观专利检索数据库。

以专利授权数据库为例，设置3种检索方式，即Quick Search(快速检索)、Advanced Search(高级检索)和Patent Number Search(专利号检索)。可提供从专利号和美国专利分类号两种检索入口检索1790年至1975年的各种美国授权专利，此阶段的数据只有全文图像页(Full - image)；从31种检索入口检索1976年以来的各种美国授权专利文献，除了全文图像页外，还包括可检索的授权专利基本著录项目、文摘和专利全文(Full - text)(包括说明书及权利要求)。

（5）IBM Patent Server(美国专利库)

网址 http://www.patents.ibm.com/ibm.html

1997年1月，IBM公司推出了向全球用户免费开放查询美国专利信息的网上服务器。它收录1971至1973年的部分专利和1974年以后美国专利商标局(USPTO)公布的所有专利文献，总计约200多万条，可分两个时段查词。

该库提供4种检索途径：①简单检索。按用户选择的时间和输入的关键词查询相关的专利号及专利名称。②专利号检索。按用户输入的专利号提取专利摘要及专利文件全文。③布尔检索。用户在下拉菜单中，对专利名称、摘要、权利要求、发明人、代理机构和任意项等7个项目进行限定，输入关键词，选择最大检索结果的数量，并执行“与、或、非”(AND、OR、NOT)的布尔检索操作，实现较复杂的检索。④高级检索。用户可在任意项、发明人、受让人、专利名称、摘要、权利要求和代理机构相应项填入关键词检索特指的专利。高级检索与布尔检索的不同之处是：可以进行两个项以上的“与”(AND)检索，其优点是查准率更高；但各项之间无法执行“或、非”(OR、NOT)操作。

这是一个较好地查找美国专利的网址，完全免费检索并可将专利文献全文免费下载，给网上用户提供了一个便捷的专利获取途径。

(6) Micro - Patent

网址 http://www.micropat.com

Micro - Patent 公司提供的专利网页，1997 年底由美国 InFORMation Ver - tures 公司购买。该系统拥有 1994 年以来的美国专利、1992 年以来的欧洲专利和 1988 年以来的世界专利；1998 年又增加了 1964—1974 年间的美国专利以及日本专利文献的首页数据信息。系统还提供最近两周的最新专利的免费首页查询，检索结果给出专利号和专利名称。

(7) 欧洲专利局与欧洲专利局专利数据库

① 欧洲专利局(EPO)，是 1977 年根据《欧洲专利公约》(简称 EPC，允许根据申请人的要求将欧洲专利的保护扩展到所有缔约方)建立的政府间机构组织，旨在加强欧洲国家间发明保护合作。截至目前，EPO 已有 32 个成员国和 5 个延伸国(阿尔巴尼亚、克罗地亚、波斯尼亚与黑塞哥维那、马其顿共和国以及塞尔维亚)。随着马耳他于 2007 年 3 月的加入，EPO 的授权专利在 37 个欧洲国家生效，覆盖人口达 5.6 亿。

欧洲专利局的网址：http://www.epo.org/，http://www.european.patent - office.org。在 EPO 网站上提供了专利检索功能。

② 欧洲专利数据库。

网址 http://ep.espacenet.com/，http://ec.espacenet.com/

该库收录 70 多个国家或地区的专利文献，能检索 EP、WO 及世界范围内的专利文献。能进行专利全文说明书的浏览、下载和打印。数据库提供的检索方式有：QUICK SEARCH (快速检索)、ADVANCED SEARCH(高级检索)、NUMBER SEARCH(号码检索)和 CLASSIFICATION SEARCH(分类号检索)。

该库包含三个子库：Worldwide、WIPO 和 EP。

世界专利数据库(Worldwide)收录约 70 多个国家和地区的专利文献。

WIPO 数据库收录近两年 WIPO(世界知识产权组织)公开的国际专利文献。

EP 数据库收录近两年欧洲专利局公开的专利文献。

从数据源角度看，欧洲专利局并不能保证和其他各国同步更新，因而不可避免的可能存在数据缺失，而且对于一些不大的国家也只提供著录信息，不提供专利全文甚至只提供专利名称。另外，在其他信息，比如法律状态等，各本国专利数据库也有欧洲专利局不能比拟的数据优势。不过欧洲专利数据库已经能足够满足一般用户查询世界范围专利的需求，为专利文献的推广应用做出了巨大的贡献。

③ 欧洲专利局 epo@line

网址 http://www.epoline.org/portal/public

这里包含全部欧洲专利的法律状态及更新数据。可以查询到专利的三种信息：专利申请被撤回或视为撤回、专利是否提前失效、专利权期限是否届满(授权专利自申请之日起 20 年)。

9.3 科技报告及科技成果检索工具

科技报告是在科研活动的各个阶段，由科技人员按照有关规定和格式撰写的，以积累、传播和交流为目的，能完整而真实地反映其所从事科研活动的技术内容和经验的特种文献。它具有内容广泛、翔实、具体、完整，技术含量高，实用意义大，而且便于交流，时效性好等其他文献类型所无法相比的特点和优势。

科技报告是继图书、期刊、档案等类型文献之后出现的一种文献，它是人类科技发展和信息文化发展的产物，在人类的知识信息传播和利用中起着越来越重要的作用，世界各国在科技文献信息交流中都将它列于首位。我国的国防科学技术的发展已经历了五十年的历程，并取得了举世瞩目的成就，但建立系统、完善的科技报告法规制度以及相应的管理体制，还是近些年的事情。

（1）国家科技成果网

网址 http://www. nast. org. cn，http://www. tech110. net/dengji/

国科网是由国家科技部创建的国家级科技成果创新服务平台。旨在促进科研单位、科研人员、技术需求方的交流、沟通，加快全国科技成果进入市场的步伐，促进科技成果的应用与转化，避免低水平的重复研究、提高科学研究的起点和技术创新能力。所拥有的全国科技成果数据库内容丰富、权威性高，已收录全国各地区、各行业经省、市、部委认定的科技成果20余万项，库容量以每年三至五万项的数量增加，充分保证了成果的时效性。同时提供方便、快捷的免费上网查询，还可进行全国科研单位查询，发布科技成果供求信息等。自1996年6月向社会开放以来，在国内外产生了较大影响，在全国各省市建有几十个科技成果信息服务中心，直接用户达数万人。

（2）GrayLIT Network 数据库

网址 http://graylit. osti. gov/

世界上著名的科技报告是美国的四大报告：美国政府的PB(Office of Publication Board)报告、军事系统的AD(ASTIA Documents)报告、国家宇航局的NASA(National Aeronautics and Space Administration)报告、能源部的DOE(U. S. Department of Energy)报告。

GrayLIT Network是由美国能源部(DOE)科技信息办公室(OSTI)联合美国国防科技信息中心(DTIC)、美国航空总署(NASA)、美国环保总局(EPA)提供的科技报告数据库。由以下五个数据库组成：

① Defense Technical Information Center(DTIC) Report Collection 提供解密文件，超过42000篇全文报告，内容涉及国防研究和基础科学。

② DOE Information Bridge Report Collection 能够检索并获得美国能源部(Department of Energy)提供的研究与发展报告全文超过65000篇报告，内容涉及物理、化学、材料、生物、环境科学及能源。

③ EPA—National Environmental Publications Internet Site(NEPIS)超过9000篇报告，内容涉及水质、废水、生态问题、湿地等。

④ NASA Jet Propulsion Lab(JPL) Technical Reports 超过11000篇报告，内容涉及推进系统、外太空进展、机器人等。

⑤ NASA Langley Technical Reports 超过 2500 篇报告，内容涉及航天、太空科学等。

GrayLIT Network 作为一个免费公共服务，可以搜索到美国能源部的科学技术资料，包括科研进展、项目说明、成果技术报告等。搜索 GrayLIT Network 数据库文献，可用以下一些网址：

http://graylit. osti. gov/；

http://www. science. gov/(Science. gov)，可以检索并浏览原 GrayLIT NetWork 提供的报告，有部分全文；

http://www. scienceaccelerator. gov/(Science Accelerator)，可以检索并浏览原 GrayLIT NetWork 提供的报告，有部分全文；

http://www. osti. gov/ (Office of Scientific & Technical Information, U. S. Department of Energy)。

（3）NTIS

网址 http://www. ntis. gov

报道的科技报告主要是美国的四大报告，另外包括美国农业部、教育部、环保局、健康与人类服务部、住房与城市部等的科技报告；同时也收录世界其他许多发达国家，如加拿大、前苏联、日本和欧洲各国以及一些国际组织的报告。

（4）NASA Technical Reports Server（NTRS）

网址 http://ntrs. nasa. gov/search. jsp

提供有关航空航天方面的科技报告，可以检索并浏览，部分有全文。

（5）FedWorld

网址 http://www. fedworld. gov/

可免费检索美国政府科技报告(NTIS)的文摘题录，全文需订购。

（6）DOE Information Bridge

网址 http://www. osti. gov/bridge/

可以检索并获得美国能源部(Department of Energy)提供的研究与发展报告全文，内容涉及物理、化学、材料、生物、环境、能源等领域。

（7）STINET

网址 http://www. dtic. mil/dtic/search/tr/

美国国防技术情报中心报告数据库，可检索和浏览文摘信息，可下载全文。

（8）The Congressional Research Service Reports

网址 http://www. ncseonline. org/NLE/CRS/

这是 Committee for the National Institute for the Environment 的站点，提供了许多环境方面的报告全文。

（9）NBER Working Paper

网址 http://www. nber. org/

这是美国国家经济研究局(National Bureau of Economic Research)的研究报告文摘。

（10）Documents & Reports of the WorldBank Group

网址 http://www－wds. worldbank. org

世界银行组织的文件与报告库，可以免费看全文。

9.4 会议信息及会议文献检索工具

会议文献主要指在学术会议上宣读和交流的论文、报告及其他有关资料。会议文献多数以会议录、会议论文集等形式出现。会议文献传递情报比较及时，内容新颖，专业性和针对性强，种类繁多，出版形式多样。它是科技文献的重要组成部分，一般是经过挑选的，质量较高，能及时反映科学技术中的新发现、新成果、新成就以及学科发展趋向，是一种重要的情报源。

会议文献可分为会前、会中和会后三种：①会前文献包括征文启事、会议通知书、会议日程表、预印本和会前论文摘要等。其中预印本是在会前几个月内发至与会者或公开出售的会议资料，比会后正式出版的会议录要早1~2年，但内容完备性和准确性不及会议录。有些会议因不再出版会议录，故预印本就显得更加重要；②会议期间的会议文献有开幕词、讲话或报告、讨论记录、会议决议和闭幕词等；③会后文献有会议录、汇编、论文集、报告、学术讨论会报告、会议专刊等。其中会议录是会后将论文、报告及讨论记录整理汇编而公开出版或发表的文献。

会议文献没有固定的出版形式，有的刊载在学会协会的期刊上，作为专号、特辑或增刊，有些则发表在专门刊载会议录或会议论文摘要的期刊上。据统计，以期刊形式出版的会议录约占会议文献总数的50%。一些会议文献还常常汇编成专题论文集或出版会议丛刊、丛书。还有些会议文献以科技报告的形式出版。此外，有的会议文献以录音带、录像带或缩微品等形式出版。

为更好地利用会议文献，一些国家出版有各种会议文献检索工具或建立数据库，如美国出版的预告、报道和检索世界重要学术会议文献的《世界会议》(1963年创刊)、《会议论文索引》(1973年创刊)、《在版会议录》、《科技会议录索引》(1978年创刊)，英国的《近期国际会议》(1966年创刊)，中国的《国内学术会议文献通报》(1982年创刊)及其数据库等。

(1) 中国学术会议在线

网址 http://www.meeting.edu.cn/

“中国学术会议在线”是经教育部批准，由教育部科技发展中心主办，面向广大科技人员的科学研究与学术交流信息服务平台。平台本着优化科研创新环境、优化创新人才培养环境的宗旨，针对当前我国学术会议资源分散、信息封闭、交流面窄的现状，通过实现学术会议资源的网络共享，为高校广大师生创造良好的学术交流环境，以利于开阔视野，拓宽学术交流渠道，促进跨学科融合，为国家培养创新型、高层次专业学术人才，创建世界一流大学做出积极贡献。

平台网站利用现代信息技术手段，将分阶段实施学术会议网上预报及在线服务、学术会议交互式直播、多路广播和会议资料点播三大功能。为用户提供学术会议信息预报、会议分类搜索、会议在线报名、会议论文征集、会议资料发布、会议视频点播、会议同步直播等服务。

(2) 中国会议网

网址 http://www.chinameeting.com、http://www.chinameeting.cn

由北京金谷田经济顾问有限公司主办，创立于1999年，是国内最早专门针对会议产业的资讯服务平台，致力于提供各行各业的第一手会议资讯，发布各地各行业会议、展览会、博览会消息，发布展览、会议、培训信息、报名、国内外展馆、展览公司、企业展示等，向办会者和参会者提供双向信息服务。

此外，关注专门机构、学会、协会的网站，也可以了解到最新的动态信息。

(3) IEEE/IEE Electronic Library(IEL)

网址 http://ieeexplore. ieee. org

提供美国电气电子工程师学会(IEEE)和英国电气工程师学会(IEE)1988 年以来出版的 5670 多种会议录全文，此外，该库还可以查到 IEEE/IEE 的期刊和标准的全文。

(4) ACM Digital Library

网址 http://dl. acm. org

收录了美国计算机协会(Association for Computing Machinery)1985 年以来的各种会议录以及电子期刊、快报等文献。

9.5 标准文献检索工具

标准文献是按照规定程序编制并经过一个公认的权威机构批准的，供在一定范围内广泛而多次使用，包括一整套在特定活动领域必须执行的规格、定额、规划、要求的技术文件。标准涉及工农业、工程建设、交通运输、对外贸易和文化教育等领域，反映出经济政策、技术政策、生产水平、加工工艺水平、标准化水平、自然条件、资源情况等内容，是一种重要的参考资料。

标准文献检索途径主要有标准号、标题、关键词、发布日期、发布单位、实施日期、采用关系、被替代标准等。

(1) 国家标准化管理委员会

网址 http://www. sac. gov. cn

中国国家标准化管理委员会(中华人民共和国国家标准化管理局)为国家质检总局管理的事业单位。国家标准化管理委员会是国务院授权的履行行政管理职能，统一管理全国标准化工作的主管机构。

通过中国国家标准化管理委员会网站，可以查询到国家标准目录、国家标准计划、废止国家标准目录、强制性国家标准电子全文、标准公告、国家标准修改通知、法律法规、标准化管理等信息。

(2) 国家科技图书文献中心(NSTL)

网址 http://www. nstl. gov. cn

NSTL 的标准文献、计量检定规程数据库包含三个子库。

① 中国标准库：包含中国国家标准数据库(标准代码为 GB)。国家标准数据库数据，其内容涉及科学研究、社会管理以及工农业生产的各个领域。中国国家标准的颁布以国家质量监督检验检疫总局批准，标准化管理委员会发布为准，中国国家标准分为强制性标准和推荐性标准。

② 国外标准数据库：包含国际标准化组织数据库(标准代码为 ISO)，国际电工委员会标准数据库(标准代码为 IEC)，英国标准学会标准数据库(标准代码为 BS)，德国标准化学

会标准数据库(标准代码为 DIN)，法国标准化协会数据库(标准代码为 NF)，日本工业标准数据库(标准代码为 JIS)，美国机械工程师协会标准数据库(标准代码为 ASME)，美国电气电子工程师学会标准数据库(标准代码为 IEEE)，美国机动工程师协会标准数据库(标准代码为 SAE)，美国保险商实验室标准数据库(标准代码为 UL)。

③ 计量检定规程：该数据库以“规程名称”和“规程号”的形式报道我国从 1972 年以来公开发行的 2000 多种计量检定规程、计量检定系统、技术规范及计量基准、副基准操作技术规范等，涵盖已出版的全部国家计量检定规程及一些部门的计量检定规程。学科范围涉及自然科学各专业领域。此数据库提供单位为中国计量科学研究院。

(3) 中国标准服务网(CSSN)

网址 http://www.cssn.net.cn

中国标准服务网是国家级标准信息服务门户，是世界标准服务网的中国站点。中国标准化研究院标准馆负责网站的标准信息维护、网员管理和技术支撑。

该站的标准信息主要依托于国家标准化管理委员会、中国标准化研究院标准馆及院属科研部门、地方标准化研究院(所)及国内外相关标准化机构。中国标准化研究院标准馆收藏有 60 多个国家、70 多个国际和区域性标准化组织、450 多个专业学(协)会的标准以及全部中国国家标准和行业标准共计约 60 多万件。此外，还收集了 160 多种国内外标准化期刊和 7000 多册标准化专著，与 30 多个国家及国际标准化机构建立了长期、稳固的标准资料交换关系，还作为一些国外标准出版机构的代理，从事国外和国际标准的营销工作。每年投入大量经费和技术人员，对标准文献信息进行收集、加工并进行数据库和信息系统的建设、维护与相关研究。

中国标准服务网的服务宗旨是：种类齐全、信息权威、更新及时、服务快捷。

中国标准服务网提供用户检索查询的数据库有：

① 国家标准(GB)、国家建设标准(GBJ)、中国 70 余个行业标准、台湾地区标准、技术法规；

② 国际标准(ISO)、国际电工标准(IEC)、国际电信联盟标准(ITU)、欧洲标准(EN)、欧共体法规(EC)、欧洲计算机制造商协会标准(ECMA)、欧洲电子元器件协会标准(CECC)；

③ 德国标准(DIN)、英国标准(BS)、法国标准(NF)、日本工业标准(JIS)、美国标准(ANSI)、澳大利亚国家标准(AS)、加拿大标准协会标准(CSA)、加拿大通用标准局标准(CGSB)；

④ 美国铝协会标准(AA)、美国国家公路与运输商协会标准(AASHTO)、美国船舶局标准(ABS)、美国音频工程协会标准(AES)、美国煤气协会标准(AGA)、美国齿轮制造商协会标准(AGMA)、美国航天工业协会标准(AIA)、美国航空与航天协会标准(AIAA)、美国信息与图像管理协会标准(AIIM)、美国核协会标准(ANS)、美国国家标准协会标准(ANSI)、美国石油协会标准(API)、美国空调与制冷学会标准(ARI)、美国航空无线电设备公司标准(ARINC)、美国声协会标准(ASA)、美国加热、制冷与空调工程师协会标准(ASHRAE)、美国机械工程师协会标准(ASME)、美国质量控制协会标准(ASQ)、美国卫生工程协会标准(ASSE)、美国材料与试验协会标准(ASTM)、美国焊接协会标准(AWS)、美国建筑小五金制造商协会标准(BHMA)、美国冷却塔学会标准(CTI)、美国电子工业协会标

准(EIA)、美国通用汽车标准(GM)、美国照明工程学会标准(IEEE)、美国连接电子学工业协会标准(IPC)、美国仪器、系统与自动化协会标准(ISA)、美国阀门及配件工业制造商协会标准(MSS)、美国全国腐蚀工程师协会标准(NACE)、美国电气制造商协会标准(NEMA)、美国国家信息标准协会标准(NISO)、美国全国卫生基金会标准(NSF)、美国制管学会标准(PFI)、美国电阻焊接机制造商协会标准(RWMA)、美国机动工程师协会标准(SAE)、美国电影与电视工程师协会标准(SMPTE)、美国钢结构油漆委员标准(SSPC)、美国保险实验室协会标准(UL)、美国联邦军用标准(DOD)、美国军用标准(MIL)及德国工程师协会标准(VDI)。

(4) 中国标准咨询网

网址 http://www.chinastandard.com.cn

中国标准咨询网是中国标准化研究院与其他技术单位合作创建的。它与中国标准服务网收藏的数据库区别是该网站没有美国保险商实验所(UL)制定的标准，但收藏了国家建设标准(GBJ)。

该网站的功能特色是电子信息的服务，包括提供各种标准数据库的购买和定制，另外独家提供三种国内行业标准(电子、机械和石油化工)的在线付费下载，原文传递服务只限于电子版标准，不提供印本资源的传递。此外，该网站也发布一些标准化的动态信息以及各类标准期刊和图书的定购。

(5) 标准网

网址 http://www.standardcn.com

标准网隶属于国家发改委工业司，该网站除了提供国家标准、国外先进标准等的检索查询外，主要是提供 19 个工业行业标准的网上管理、服务、相关技术咨询，但不提供标准原文的获取。

(6) 世界标准服务网

网址 http://www.wssn.net

世界标准服务网(WSSN)主要功能是提供国际、国家、地区标准化组织和标准主体的链接和搜索。通过它的成员网站，WSSN 提供关于国际的，地区的和国家的标准化活动和相关活动的信息，但不提供标准搜索。

(7) ISO 标准检索

国际标准化组织(ISO，International Organization for Standardization)是由各国标准化团体组成的世界性的联合会，是非政府机构，现由 91 个成员国和 173 个学术委员会组成。代表中国参加 ISO 的国家机构是中国国家技术监督局(CSBTS)。ISO 与国际电工委员会(IEC)有密切的联系。中国参加 IEC 的国家机构也是国家技术监督局。ISO 和 IEC 作为一个整体担负着制订全球协商一致的国际标准的任务。ISO 和 IEC 制订的标准实质上是自愿性的，这就意味着这些标准必须是优秀的标准，它们会给工业和服务业带来收益，所以他们自觉使用这些标准。

可能使用专用数据库检索 ISO 标准，也可以在 ISO 网站(网址 http://www.iso.org)查询。

(8) IEC 标准搜索

国际电工委员会(International Electro technical Commission，简称 IEC)成立于 1906 年，

是世界上成立最早的非政府性国际电工标准化机构，是联合国经济及社会理事会(ECOSOC)的甲级咨询组织。IEC 与 ISO 有密切的联系，IEC 负责有关电工、电子领域的国际标准化工作，其他领域则由 ISO 负责。IEC 的工作领域包括了电力、电子、电信和原子能方面的电工技术。IEC 网站网址：http://www.iec.ch/。

9.6 国际组织及政府出版物检索

(1) 联合国机构及文献信息检索

国际组织，也常被称为国际团体或国际机构，是具有国际性行为特征的组织，是若干国家或其他国际法主体之间为实现共同的政治经济目的，依据其缔结的条约或其他正式法律文件建立的有一定规章制度的常设性机构。联合国(the United Nations)是世界性、综合性的政府间国际组织，截至 2011 年有 193 个会员国。

联合国及其组织机构站点是查询和获取其相关文献的重要信息源，相关网站有：

① 联合国主页(网址 http://www.un.org/)，联合国网站拥有六种语言版本：阿拉伯文、中文、法文、英文、俄文及西班牙文，通过主页可以进入不同语种网站。

② 联合国(中文)主页(网址 http://www.un.org/zh/)。从主页可以直接访问联合国五大方面主要工作，即和平与安全、发展、人权、人道主义事务、国际法，同时也提供了联合国在该领域的主要工作信息。网站提供了基本搜索和高级搜索，高级搜索提供了比较全面优化搜索功能，支持常用的搜索技术和限制搜索、定制搜索结果等。

③ 联合国系统内各组织官方网站定位器(Official Web Site Locator for the United Nations system of organizations)，网址 http://www.unsystem.org/，中文网站网址 http://www.unsystem.org/cn/。该网站是联合国及其各专门机构网站的门户，可以快速链接到联合国的各个专门机构网站。

(2) 我国政府出版物查询

政府出版物(Government Publication)是指各国政府及其所属部门发表的各种文献的总称。联合国教科文组织对其的定义是：根据国家机关的命令，并由国家负担经费而出版的一切记录、图书、刊物等，均称政府出版物。

政府出版物信息一般可分为两类：一类是行政类政府出版物，这类文献主要有国家人民代表大会、议会或国会的会议公报、议案和决议、听证和辨词记录、法律和法令、解密的法院文档、司法文件、规章制度、各项政策、条例规定、调查和统计资料等。这类政府出版物往往涉及政治、经济和法律等方面，如各级政府工作报告、各级财政部门的国民经济预算和决算等；另一类是科学技术类政府出版物，这类文献主要是由政府出版的有关科技发展政策文件、科技研究报告、专利文献、标准文献、地质水文和航空航海线图以及解密的科技档案等。由于政府出版物反映政府的活动和观点，许多是政府在决策过程中产生的文献，因此，它对于研究国家的政治、社会经济情况和科研具有重要参考价值。

中央政府门户网站(网址 http://www.gov.cn/)，是国务院和国务院各部门，以及各省、自治区、直辖市人民政府在互联网上发布政府信息和提供在线服务的综合平台，是我国电子政务建设的重要组成部分，是各级政府面向社会的窗口，是公众与政府互动的渠道，对于促进政务公开、推进依法行政、接受公众监督、改进行政管理、全面履行政府职能具有重要意义。各省、地市、县区政府网站，可通过中央政府网站链接进入。通过中央政府和各级政府网站可以查询到我国政府信息。

一些综合性数据库和文献收藏单位也是查询国际组织和政府出版物的信息源，如国家图书馆收藏了大量国际组织和外国政府出版物，无论从收藏的历史、品种还是数量均为国内之最。国家图书馆也是国内最早成立的联合国文献保存馆，自 1947 年起开始收藏联合国资料。目前收藏范围包括：联合国及其专门机构、联合国相关机构、欧盟(欧共体)、经济合作与发展组织、美国和加拿大政府出版物、美国国会信息服务公司、美国兰德公司等国际组织与外国政府的出版物。国际组织和外国政府出版物主要由会议文献、统计资料和专题调查报组成，具有权威性强、信息广泛，内容新颖，见解独到等特点，因而具有特殊的参考价值，为国内研究各国际组织、各国政府以及关注国际社会动态提供了第一手资料。

习题

1. 了解和总结百度、Google 等搜索网站的使用方法和技巧。

2. 试着进入你熟悉的高校图书馆、公共图书馆，并查询感兴趣的图书信息。

3. 利用互联网查询今年召开的有关环境保护方面的国际会议信息，了解会议名称、会议主题、会议召开地点、主办者等信息。

4. 选择你感兴趣的学科领域，利用互联网查询该领域近两年来的相关技术标准、科技成果、专利技术等信息。

§10　学位论文的写作方法

10.1　学位论文

国家标准 GB 7713.1—2006《学位论文编写规则》中对学位论文所下的定义是："学位论文是表明作者从事科学研究取得创造性的成果或有了新的见解，并以此为内容撰写而成、作为提出申请授予相应学位时评审用的学术论文"。学位论文也称毕业论文，是学术论文中非常重要的一种。由于所申请的学位不同，学位论文可分为学士论文、硕士论文和博士论文三种。

学士论文是高等院校本科毕业生在申请学位的时候所递交的论文。国家标准 GB 7713.1—2006 规定，学士论文应表明作者已较好地掌握本学科的基础理论、专门知识和基本技能，并具有一定的从事科学研究工作或担负专门技术工作的初步能力。学士论文一般要求在 1 ~2 万字左右，写作时间约 3 ~6 个月。

硕士论文是高等院校或科研院所的硕士研究生在申请学位的时候所递交的论文。国家标准 GB 7713.1—2006 规定，硕士论文应表明作者确已在本学科上掌握了坚实的基础理论和系统的专门知识，并对所研究的课题有新的见解，有从事科学研究工作或独立担负专门技术工作的能力。硕士论文一般要求在 2 ~3 万字左右，写作时间约 1 年左右。

博士论文是高等院校或科研院所的博士研究生在申请学位的时候所递交的论文。国家标准 GB 7713.1—2006 规定，博士论文应表明作者确已在本学科上掌握了坚实宽广的基础理论和系统深入的专门知识，并具有独立从事科学研究的能力，在科学和专门技术上做出了创造性的成果。博士论文一般要求在 3 ~4 万字左右，写作时间约 2 年左右。

三种学位论文的深度和广度各不相同，篇幅也有较大的差异，但其写作方法和论文结构却基本一致。

10.2　学位论文的写作步骤

（1）论文的选题阶段

学位论文的选题，一般是指导老师命题与自己选题相结合。学生可以从指导老师公布的若干题目中选择一个合适的题目，或在公布的某个题目范围中选择一个更具体的题目。

选题是论文写作的起点。选题不等于论文的题目，也不等于论文的论点。选题是指选定学术研究中所要研究或讨论的主要问题。一般说来，选题的外延要比论文的题目或论点大得多。选题是论文工作的第一步，而且是关键的一步。所以，在选择题目之前，应该查阅大量的文献信息，仔细地调查研究，尽量选择那种适合自己、切实可行的题目。具体地说，选题应该考虑以下几条原则：

① 价值性原则。

价值性原则，是指选题是否具有科学价值。科学价值的体现在于是否是填补空白的课题、是否是急需解决的课题、是否是具有开创性的课题、是否是具有争鸣性的课题等等。

② 可行性原则。

可行性原则是指论文完成的现实可能性。这是论文完成的底线。这一条原则不能实现，其他的一切都是空谈。基于这一原则的考虑，选题时应该注意要在自己专业范围内选题；同时要对自己的选题产生浓厚的兴趣；此外，选题的大小要适中，且宜小不宜大。只有满足了这些条件，作者才能在自己力所能及的范围内，满怀写作激情和欲望，适时地完成自己的写作。

③ 合理性原则。

合理性原则是指选题是否合乎事物发展的客观规律。学位论文毕竟不同于其他的学术论文。学位论文最终要通过专家评委的审定，关乎学位能否获得的问题。所以，对那些标新立异的课题要做理性的分析，避免选择那些难以实现或涉嫌违反客观规律的课题。

（2）参考文献的收集与整理阶段

参考文献是学位论文写作的重要因素。论文最终题目的确定、实验方案的确定、实验结果的讨论都依赖于参考文献是否充实、准确、可靠。为此，论文大致的选题确定之后，需要用大量的时间和精力，去收集和整理参考文献。

参考文献的收集就是以初步认定的论文题目作为检索课题进行事实检索、数据检索和文献检索。

检索的时间范围依学位论文的类型不同而各异。如果是综述类的学位论文，参考文献的收集的时间范围要相对长一些，需要十年、二十年乃至于三十年以上；如果是研究性学位论文，参考文献收集的时间范围相对短一些，需要三年、五年，最多也就是十年。

检索的主题范围依初步选定的学位论文的题目中起关键作用的词汇而定。一方面可以借助于各种主题词表将初步确定的关键词核准规范，以便得到规范以后的主题词，使用主题词进行检索；另一方面可以找出关键词的所有同义词和近义词，使用关键词和它们的所有同义词及近义词进行检索。从而使检索更加系统，提高查全率，降低漏查率。

检索的学科范围依学位论文所属的学科范围而定。不同的检索工具对学科范围的划分不尽相同（例如美国《化学文摘》和《科学文摘》）；不同国家对学科范围的划分不尽相同（例如中图法和杜威十进制分类法）；不同的源文献对学科范围的划分也不尽相同（例如专利和标准文献）。所以，在依据分类途径进行检索的时候，一定要清楚学科范围的不同划分方法，以便在不同的情况下，都能得到一个尽可能准确的学科类属。必要的时候，检索人员可以同时使用两个或两个以上的学科类目进行检索，以适应那些学科划分不清，或者学科交叉渗透的检索课题。

检索所使用的检索工具依检索的要求而定。通常情况下，需要首先使用参考工具，尽可能找到与检索课题相关的一些数值型数据和事实性答案，使检索人员对检索课题有一个基本的了解；然后使用中文检索工具，检索出与检索课题相关的中文参考文献，详细阅读并加以归纳，以便清楚国内学者与课题相关的各种观点；最后检索国外检索工具，了解国外学者与检索课题相关的学术进展。

参考文献的检索不可能是一次性的。随着源文献的收集和阅读理解，检索人员会发现有些观点的参考文献需要补充；有些参考文献的参考文献需要追溯；一些实验过程中遇到的问题需要新的参考文献来加以解决或解释。为此，检索人员在整个学位论文的写作期间，需要不断地修改自己的检索方案，反复多次地进行文献信息检索。

采用各种检索方法，使用各种检索工具，全面、系统、科学地将与检索课题相关的参考文献尽可能地收集在一起的目的是为了阅读、理解和继承前人的工作经验，吸取前人失败的教训，以便使自己的研究更加合理、科学和富有创造性。为此，每一次检索之后，都需要对检索到的参考文献精心归类、详细阅读、认真总结。找出其中有价值的信息，然后加以利用。在研读参考文献的过程中，检索人员应该完成以下一些工作：

① 剔除没有价值或价值不大的参考文献。文献信息检索的结果中会包含看似切题、实际上没有太大关系的参考文献，剔除这部分参考文献，集中精力消化理解切题的参考文献，使得已掌握的参考文献少而精、精而准。

② 研读、吸收切题的参考文献。分别找出每一篇参考文献的主题观点，区分它们的异同，并将它们一一加以归纳、整理、浓缩，形成客观、准确的已有研究成果的概述。

③ 确立学位论文的主题。通过现有研究成果与初步选定的学位论文主题的分析比较，寻找那些可以填补空白的课题、急需解决的课题、具有开创性的课题或者具有争鸣性的课题，同时又避免重复的课题作为最终学位论文的主题。

(3) 科学研究与实验

学位论文最终的主题确定之后，需要用科学研究与实验的结果对主题加以讨论、论证，并得出合理的结论。科学研究和实验的数据要真实可靠；研究与实验的过程要标准规范；结果与结论要准确无误。

(4) 论文完成阶段

论文的完成阶段，也就是论文的写作阶段。经过前面的准备工作后，就可以编拟论文写作提纲，撰写初稿，反复修改，最后完成合乎要求的论文。

10.3 学位论文的写作格式

根据国家标准 GB 7713.1—2006《学位论文编写规则》的规定，一篇学位论文至少要包括以下八项内容，即：封面、目录、摘要、引言、正文、结论、致谢、参考文献等等。

(1) 封面

学位论文的封面内容主要有标题、作者及其单位、指导老师的姓名与职称、申请的学位、课题的专业方向、完成论文的日期等等。学位论文的封面一般都有其相应统一的格式，作者应该严格按照格式的要求填写各项内容。

（2）目录

目录由论文的篇、章、条、款、附录的序号、题名以及页码组成。一般应另页排在封面之后。

（3）摘要

摘要是论文内容不加注释和评论的扼要摘述，一般以200～400字为宜，外文摘要不宜超过250个实词，外文摘要一般放在中文摘要之后，也有要求放在论文全文之后的。

摘要是原文的浓缩，具有相对独立性。要使读者不用阅读全文，仅仅阅读摘要就能获得论文必要的信息。摘要应有数据、结论，应说明研究目的、实验方法、结果和最终结论，是一篇完整的短文。

摘要最好是在全文完成之后再写，这样可以概括的更加准确。

摘要不宜使用图表、化学结构式和非公知、公用的符号和术语。摘要一般采用第三人称的写法，根据国家标准省去“本文”、“作者”、“我们”一类的主语，不用“作者论述了”之类的文字开头。

“摘要”二字用黑体，不加任何标点符号，空一格之后即写摘要内容。

（4）关键词

关键词是从论文的题目和内容中选取的可以表达全文主题内容信息的单词和术语。每篇论文可选取3至8个词汇作为关键词。

关键词是为了文献标引工作的需要、用以检索文献信息的检索词。所以，在确定关键词的时候，一定要精选那些能够反映论文主要特征、具有实际意义的词汇和术语，避免使用没有实际意义的虚词。有条件的作者可以参照各种主题词表来确定关键词的词形。这样，可以大大地提高论文的被引用率。

关键词排在文摘下面，单独另起一行。多个关键词之间用分号隔开。

（5）引言

引言又称前言，是整篇论文的引论部分。引言主要包括以下四个方面的内容：

① 前人的研究成果与分析。

② 本研究的目的和意义。

③ 采用的研究方法和途径。

④ 主要的研究结果。

引言不宜过长，尽量做到言简意赅。

（6）正文

正文是学位论文的本论，是论文的主体部分，占论文的主要篇幅。

正文部分表述的主要内容包括：研究对象、实验和观察方法、仪器设备、材料原料、实验过程与结果、计算方法和编程原理、经过加工整理的图表、形成的论点和导出的结论等等。论文正文的写作必须做到实事求是、客观真切、准确完备、合乎逻辑、层次分明、简练可读。

由于研究工作涉及的学科很多，在选题、研究方法、工作进程、结果表达方式等方面会有很大的差异，所以，对论文正文内容不能做统一的规定，要视具体情况而定。无论如何，正文要具备论点、论据和论证三个要素。

论点，也就是论文的主题，是作者研究的目的。在逻辑学上，论点就是真实性需要加以证实的判断。它是作者对所论述的问题提出的见解、主张和表示的态度。它是整个论证过程的中心，担负着回答“论证什么”的任务，明确地表示着作者赞成什么，反对什么。

论据，是支持论点的理由，是用来证明论点的事实和理论。论据不仅要充分，还要真实可靠。尤其是采用的数据一定要准确，最好是自己亲自调查或实验的结果。论据有时也可以转自其他作者的参考文献，但转引时一定要忠实原著，并注明原著的出处，有条件的要对引用的原著数据进行验证以确保引用准确无误。所引用的原著尽量采用最新版本，出版时间越接近论文完成时间越好。

论证，是作者运用论据证明论点的逻辑推理过程和方式，是用一个或一些真实的命题确定另一命题真实性的思维形式。因此，论证必须遵守推理的规则。要切实依据论点、论据等内容与已知的理论进行分析、综合、概括，进行严密的逻辑推理，从而得出准确的结论。论证一定要做到实事充分，条理清楚，分析透彻。

（7）结论

论文的结论部分是最终的、总体的结果描述，不是正文中各段内容小结的简单重复。结论应该准确、完整、明确、精炼。结论部分的写作内容一般应包括以下几个方面：

① 本文研究结果说明了什么问题，得出了什么规律，解决了什么理论或实际问题；

② 对前人有关的结论作了哪些修正、补充、发展、证实或否定；

③ 本文研究的不足之处或尚未解决的问题，以及解决这些问题的可能关键点和方向。

（8）致谢及参考文献

在学位论文的最后，要对给予作者帮助的指导老师及其他相关人士致以诚挚的谢意。同时，为了尊重别人的学术成果、反映真实的科学依据，要将论文的写作过程中所借鉴过的参考文献罗列出来，以便于他人检索利用。

国家标准 GB 7714－2005《文后参考文献著录规则》中，对各种参考文献的著录方法和著录格式做出了规定。以下是几种主要出版物的著录项目和格式：

① 图书。

[序号]主要责任者. 书名[M]. 出版地：出版社，出版年：起止页数.

例如：[1]朱中南. 化工数据处理与实验设计[M]. 北京：烃加工出版社，1989：286－308.

② 期刊。

[序号]责任者. 论文题目[J]. 期刊名称(外文可缩写)，年，卷(期)：起止页数.

例如：[2]黄小明. 生物柴油的现状及发展[J]. 精细石油化工，2005，22(1)：59－62.

③ 学位论文。

[序号]责任者. 论文题目[D]. 学位授予地：学位授予单位，学位授予年.

例如：[3]耿承辉. 临氢异构脱蜡催化剂的研究[D]. 太原：中国科学院山西煤化所，2003.

④ 专利文献。

[序号]专利所有者. 专利名称[P]. 专利号(公开号). 公布日期(公开日期).

例如：[4]林华超. 一种生物柴油的生产方法[P]. CN1374370A. 2002－07－30.

⑤ 会议文献。

[序号]责任者. 会议论文集名称[C]. 开会地点，开会日期.

例如：[5]赵望前. 第十届中国有机硅学术交流会论文集[C]. 江西：庐山，2000.

⑥ 标准文献。

[序号]标准起草者. 标准编号，标准名称[S]. 出版地：出版者，出版年.

例如：[6]全国量和单位标准化技术委员会. GB 3100～3102，量和单位[S]. 北京：中国标准出版社，1997.

⑦ 电子文献。

[序号]主要责任者. 电子文献题目. [电子文献类型标识/载体类型标识]. 电子文献出处和可获得地址. 检索日期/引用日期(任选).

其中，电子文献类型标识包括：数据库[DB]，计算机程序[CP]，电子公告[EB]；电子文献载体类型：磁带[MT]，磁盘[DK]，光盘[CD]，互联网络[OL].

例如：[7]Herry R，Patel M. Application Profiles：Mixing and Mixing and Matching Metadata Schemas. http://www. ariadne. ac. uk/issue25/app－profiles/intro. html (Accessed Sept. 10，2002).

10.4 学位论文答辩及评价

学位论文完成之后，要上交导师和学位授予机构，由他们组织答辩并对论文的质量予以评价。

按照国家学位条例，学士论文、硕士论文和博士论文的要求各不相同，显然对它们的评价方法也不一样。这里主要介绍学士论文的评价指标和评价方法。

学士论文的质量评价由导师评分和答辩评分两部分构成，其比例可根据具体情况而定，一般为40:60比较合适。

导师评分主要侧重于对学生实际投入论文工作的时间和工作量、工作态度与协作精神、工作能力、论文完成情况、工作价值和能力的提高等不易在论文答辩过程中表现出来的那部分能力进行评价和考察。其具体的评价指标和所占比例大致如下：

(1) 严肃认真的工作态度(1分)

(2) 文献检索与利用技能(0.5分)

(3) 文献阅读与翻译能力(0.5分)

(4) 扎实的专业基础知识(0.5分)

(5) 一般科研工作方法(0.5分)

(6) 综合分析能力(1分)

(7) 创新意识与创新思维(1分)

(8) 实验动手能力、计算机处理能力或理论分析能力等工作能力(1分)

(9) 工作量及完成情况(1分)

(10) 论文结果与论文总体质量评价(1分)

答辩评分一般从以下几个方面来考虑：

（1）学会如何开展工作(5 分)

① 掌握有效的检索方法，能够较熟练地使用检索工具查阅文献资料。

② 学会分析文献，在文献基础上展开工作。

③ 在文献分析的基础上对进一步工作有合理化新思路。

④ 善于分析总结，思路开阔。

⑤ 具备较强的动手能力或运用新技术手段和新成果的能力。

（2）论文质量评价(4 分)

① 论文总体质量印象。

② 具有创新意识或创新思路。

③ 具有新的结果或工作思路。

④ 论文结果实际价值评价。

⑤ 工作量饱满度。

⑥ 有超出学士论文要求的独立工作能力和工作量。

（3）基础知识与表达(3 分)

① 基础知识及外语水平综合评价。

② 论文组织表达能力，包括逻辑清晰、概念准确、文笔简洁、指导正确、论文书写格式正确与否几个方面。

③ 语言表达能力，包括语言表述清晰、回答问题正确与否。

学员要顺利通过答辩，并在答辩时真正发挥出自己的水平，除了在答辩前充分作好准备外，还需要了解和掌握答辩的要领和答辩的艺术。

答辩前的准备，最重要的是答辩者的准备。要保证论文答辩的质量和效果，关键在答辩者一边。论文作者要顺利通过答辩，一定要注意一下几点：

第一，要写好毕业论文的简介，主要内容应包括论文的题目，指导教师姓名，选择该题目的动机，论文的主要论点、论据和写作体会以及本议题的理论意义和实践意义。

第二，要熟悉自己所写论文的全文，尤其是要熟悉主体部分和结论部分的内容，明确论文的基本观点和主论的基本依据；弄懂弄通论文中所使用的主要概念的确切含义，所运用的基本原理的主要内容；同时还要仔细审查、反复推敲文章中有无自相矛盾、谬误、片面或模糊不清的地方，有无与党的政策方针相冲突之处等等。如发现有上述问题，就要作好充分准备——补充、修正、解说等。只要认真设防，堵死一切漏洞，这样在答辩过程中，就可以做到心中有数、临阵不慌、沉着应战。

第三，要了解和掌握与自己所写论文相关联的知识和材料。如自己所研究的这个论题学术界的研究已经达到了什么程度？目前，存在着哪些争议？有几种代表性观点？各有哪些代表性著作和文章？自己倾向哪种观点及理由；重要引文的出处和版本；论证材料的来源渠道等等。这些方面的知识和材料都要在答辩前做到有比较好的了解和掌握。

第四，论文还有哪些应该涉及或解决，但因力所不及而未能接触的问题，还有哪些在论文中未涉及或涉及很少，而研究过程中确已接触到了并有一定的见解，只是由于觉得与论文表述的中心关联不大而没有写入等等。

第五，对于优秀论文的作者来说，还要搞清楚哪些观点是继承或借鉴了他人的研究成果，哪些是自己的创新观点，这些新观点、新见解是怎么形成的等等。

对上述内容，作者在答辩前都要很好地准备，经过思考、整理，写成提纲，记在脑中，这样在答辩时就可以做到心中有数，从容作答。

习题

1. 认真阅读两篇与本专业相关的学位论文，熟悉学位论文的写作格式及方法。
2. 试写一篇学位论文。

参 考 文 献

[1]李晓艳等．文献信息检索[M]．北京：中国石化出版社，2009.
[2]孟广均．信息资源管理导论[M]．北京：科学出版社，1998.
[3]篓策群，桂学文．信息经济学通论[M]．北京：中国档案出版社，1998.
[4]谷茂兰，黄云．信息检索与利用[M]．北京：北京理工大学出版社，2007.
[5]焦玉英，温有奎，陆伟等．信息检索新论[M]．武汉：武汉大学出版社，2008.
[6]吴志德，瞿其春，费业昆．信息检索的理论与实践[M]．北京：中国电力出版社，2008.
[7]许家梁，信息检索[M]．北京：国防工业出版社，2006.
[8]赵静．现代信息查询与利用(2版)[M]．北京：科学出版社，2008.
[9]徐天秀．信息检索[M]．北京：科学出版社，2007.
[10]王正烈，王元欣．化学化工文献检索与利用[M]．北京：化学工业出版社，2005.
[11]卢小宾，李景峰．信息检索[M]．北京：科学出版社，2007.
[12]赵泉等．信息检索[M]．北京：机械工业出版社，2008.
[13]王荣民．化学化工信息及网络资源的技术与利用[M]．北京：化学工业出版社，2003.
[14]张翠梅，周激．化学化工文献与信息检索[M]．北京：国防工业出版社，2008.
[15]喻萍，严而清等．实用信息资源检索与利用[M]．北京：化学工业出版社，2005.
[16]和正荣．信息检索与利用[M]．重庆：重庆大学出版社，2000.
[17]胡伟．信息检索与利用[M]．北京：中国科学技术出版社，2003.
[18]朱天俊，李国新．中文工具书基础[M]．北京：北京图书馆出版社，1998.
[19]黄晓斧．新史料检索与利用[M]．成都：四川大学出版社，1988.
[20]王世伟．中文工具书使用指南[M]．上海：华东师范大学出版社，1992.
[21]王铎，林淑华编著．社会科学文献检索方法释例[M]．北京：中国石化出版社，1996.
[22]樊爱国，薛德钧．现代信息检索[M]．北京：北京大学出版社，2006.
[23]章云兰，王学勤．现代信息检索与利用[M]．杭州：浙江科学技术出版社，2007.
[24]赖茂生等．计算机情报检索[M]．北京：北京大学出版社，1993.
[25]高生．手工检索与计算机检索比较研究[J]．农业图书情报学刊，2006.
[26]林豪慧，孙丽芳．信息资源检索与利用(第二版)[M]．北京：电子工业出版社，2007.
[27]陈英．科技信息检索[M]．北京：科学出版社，2008.
[28]曹彩英，左惠凯．化学化工信息检索与利用[M]．北京：海洋出版社，2008.